U0852673

当世界似乎要压倒你时

不妨学会理解和管理亲密关系

亲密关系

敏感的心灵该如何安放？

The Highly Sensitive Person in Love

Understanding and Managing Relationships When the World Overwhelms You

[美] 伊莱恩 · 阿伦（Elaine N. Aron）/ 著
梁宗保　张光珍 等 / 译

中国人民大学出版社
· 北京 ·

致我的丈夫阿特
致我的儿子以利亚
致我那些可爱的读者们

致　谢

我如此幸运地让特雷西·比哈尔(Tracy Behar)做了我的编辑，让贝特西·阿姆斯特（Betsy Amster）做了我的经纪人——在我那嗡嗡作响的高度敏感的头脑深入了解爱与气质的漫长过程中，他们两人劝我记下并弄清楚每件事情，他们温和而又智慧、严苛。编辑莎拉·惠特迈尔（Sarah Whitmire）与我的丈夫阿特（Art）认真核对了手稿。我也感激我的儿子以利亚（Elijah）在文字方面的工作。

同样感谢那些自愿被我“拷问”数小时的高敏感者们，让我了解了他们的爱情，也感谢那些参与了我的调查的人们。我也感谢来找我进行心理治疗的人们。在这本书里，当我需要讲述他们的故事的时候，我略过了具体事实，但是保留了故事的核心内容。只有通过这些故事，这本书才能达到它所需要的深度。我感觉非常幸运，在这些故事展开的同时，我能够亲历。

前 言

天生的高敏感人格特质对爱情的影响，对我来说并非纯粹的科研兴趣。我置身其中，无论我愿意与否，它都使我从中受教。因此，尽管我自身的经历只展现了敏感性影响两性关系的其中一种途径，但它的的确确深刻揭示了以往被人们忽视的那些影响爱情的方面。

受教育的差异

我丈夫阿特是一个社会心理学家，他属于闲不住的一类人。如果他独自出去散步，那便一定会带着随身听，但他更喜欢与我一起散步。而我则更喜欢独自散步。我能一个人开五个小时的车，而且从来都不听广播。我只是思考。

阿特在压力下应对自如。处于危机之中时我宁肯一个人，他会过来帮我处理好它。但他也可能会无数次进入一个房间却未注意到关掉荧光灯、放正小毯子会使其看上去更好一些。然而，对我来说，察觉到这些改善环境的细微方式，是再自然不过的事情。

当我们去参加会议时，他会出去参加社交活动，从早餐时间一直到凌晨两点，从一个圈子到另一个圈子。而我只会参与部分活动，或许会与他一起出席晚宴或社交聚会，但是大多数时间我都会待在房间里，或者出去走走，或者与某个同样孤独的人进行一番长谈。

对阿特来说，每次活动都是令人精神抖擞的，每天的生活都是神圣的。而我通常会回避，我经常会在外在要求与我转向内在时独自发现的那个丰富的、诱人的精神世界之间左右摇摆，犹豫不决。

当他询问我厨房里的“新”画来自何处时，我取笑他，因为那幅画已经挂在那里一年半了。但是他不会因任何事情取笑我——因为我会对此耿耿于怀。

如果有必要，我们俩都会连续工作 16 个小时。我讨厌这样，但他却泰然处之。当我去休息时，我却异常清醒，由于兴奋过度而无法入睡。而他上床后躺在我旁边，就像冬天里的一头大灰熊，不到半分钟就睡熟了。

阿特不像我一样经常做梦。他的梦是快乐的，要么就是在组织一些事情。而我的梦过于强烈，有时令人烦恼。

所以这么多年来，我们俩一致认为我会莫名紧张，他则“不怎么紧张”。当然，我思考任何问题时都很紧张。我有时候认为自己有病而我丈夫是一个心理健康的奇迹，有时候我又认为自己是个被丈夫的肤浅和缺乏自知束缚了的天才，我在这二者之间摇摆不定。在这两种看法中，我实际上更倾向于认为自己有问题。我深爱我的丈夫。但有时，我渴望一个灵魂深处的伴侣，一个能指引我通往上帝之人。同时，阿特或许可以拥有一个更主动、外向的伴侣——一个更健谈、更有生活情趣的伴侣。但是他并没有真正地被我们之间的差异困扰，而我会被困扰。

我也对自己感到不满。我的确认为自身有些问题，尽管他从不这样认为。他喜欢我情感强烈，有创造性、直觉力，以及喜欢深入思考、交谈、关注细节、情绪深沉的特点。我认为，这一切都是我那糟糕的、隐蔽的缺点以外界可接受的形式表现了出来，我一直都知道这些缺点的存在。尽管我有这么多缺点，他却仍然爱着我，这对我而言是一个奇迹。

当然，在其他方面我们很少完全相反。这本书不仅仅是关于高敏感者和非高敏感者之间的爱情的一本书。它更是关于高敏感者爱自己和爱他人的一本书。而且，阿特并非一个高度不敏感的人。他不喜欢拥挤，厌恶暴力电影，喜欢艺术。他非常善良，一直在寻求顺应他人、顺应自己的内心世界。在本书的高敏感人格自我测验中，他的得分接近9分——这是一个中间得分(中间得分实际上并不是最普遍的，大多数人都属于高敏感人格或者非高敏感人格)。他喜欢爱情、亲近、亲密。事实上，我们主要的研究领域一直以来都是爱情和亲密关系。

直到几年前，我才私下里确信自己想亲近并且能够亲近他人。多数情况下我会驾驭自己的消极情绪——这可能是我的另一个表面缺点——直到中年危机全面点爆了它。这一阶段对阿特来说非常困难，因为我通常会直言不讳地表达自己的不满。但是这一阶段也为我们解决自己的困难打开了另一扇门，于是有了这本书。

走近高敏感者

我在此时转行成为一名心理治疗家，这对我来说是一个突破，因为之前提到过，我是一个“高度敏感”的人。这会成为我的一个明显的缺点吗？或者这完全不是一个缺点？鉴于此，我开始了对高敏感者的研究。

对你们很多人来说这是一个新概念。高敏感者是指在人群中占15%~20%的比例，其神经系统生来受遗传影响而对细节更加敏感，更倾向于对内心体验进行深度思考，因而不可避免地更容易被外部事件压垮的一类人。我们将在第一章中论述高敏感特质的一些细节。顺便提一句，这可不仅是我的观点，也是建立在他人研究的基础之上的。在前言中我们要明白这一点，我要讨论的是整个神经系统功能在影响生活的各个方面时所表现出来的主要的、正常的和遗传的差异，而不是一些异于常人的古怪行为。大约有五分之一的人存在这些差异，而且在某种程度上这个比例会更大。因此，如果人们都是随机匹配的，那么亲密关系受高敏感特质影响的比例至少是36%。

此刻你最关心的肯定是你或你的伴侣是否是高敏感者。请进行前言中后面附的高敏感者自我测验和伴侣测验，然后完成正文第一章第4~5页的第二部分测验，该测验包含了另外一个遗传特质——感觉寻求，第一章也对该特质进行了讨论。附带说一句，虽然我们刻板地认为女性对细节更敏感，而男性更坚强，不太关注更多细节，但实际上很多男性和女性一样生来就高度敏感。第二章会对两性刻板印象以及敏感性进行探讨。

通过访谈、调查、咨询案例以及大样本的问卷调查，我发现不论是自己的生活还是婚姻对现在的我来说都更有意义。尽管我们存在差异，我还是越来越爱并尊重丈夫和自己。我现在真正地明白，对根深蒂固的气质差异的正视教育了我们，塑造了我们的性格特点，而且给我们的生活增添了其他任何事物所不能带来的激情和快乐。

本书的观点来自我强烈的个人体验——我们高敏感者和我们的高敏感或非高敏感的伴侣在想清楚我们的强烈体验和差异的意义方面需要帮助。如果没有这些帮助，那么爱情和亲密关系会使高敏感者痛苦失望，而且在交往的过程中我们可能会无意中使彼此遭受痛苦。但在获得帮助的情况下，对自己的家庭和世界来说，我们这些敏感者会被理想地设计成非同寻常的慷慨贡献爱的人。

本书主张高敏感都是基因造成的吗?

我从不认为是否是一个高敏感者会决定恋爱关系中个人幸福与成功与否。当然，我们除了敏感性方面的差异外，阿特和我还有许多其他问题要处理。但是我能自信地说，一个人的敏感程度和一般的先天气质在理解恋爱关系的成功方面是最容易被忽视的因素。

然而，这种忽视很快就要终结了。例如，虽然基因只是导致离异的很小的一个因素，但在 1992 年，明尼苏达大学的心理学家马特·麦吉 (Matt McGue) 和大卫·李肯 (David Lykken) 发现大约有 50% 的离婚风险是由遗传决定的！虽然我立刻会对我们赋予这个数据的意义提出异议，但是使人震惊的是遗传的巨大影响。鉴于我们的文化对遗传显示出越来越多的兴趣，这个问题不免会迅速引起关注。

基因真的能决定你的恋爱关系是否进展顺利吗？你会说这显然不可能。人们会在成长过程中习得态度和价值观，而且他们也会随之改变态度与价值观——例如，遵从类似本书的一本自助书籍的指导。但是对离异的遗传学研究是一种带有普遍性倾向的看法，这种看法是你们绝大多数人当前的心理处境——例如，你的工作和家庭生活令你感到有多幸福——也是基因导致的结果，而非你的经验和教养所起的作用。

我认为我们应质疑是否该过分强调基因的作用。首先，结婚和离异明显具有社会性。（基因当然不是加利福尼亚州的离婚率比明尼苏达州的高的原因。）其次，认为行为是受基因控制的这种思维倾向造成了一种更加隐晦却也更具危害性的观念：我们就不要再试着帮助人们改善其生活或是让他们对自己的行为负责了，因为这些可怜的人“生来如此”。然后人们就会给“生来如此”贴上标签，如神经质、恐惧、悲观、低智商、暴力、注意缺陷障碍等等。的确，研究表明基因是每种行为标签的其中一个影响因素。但是它们是怎样一个因素，或者我们应该从中学到什么呢？虽然同卵双生子有相同的基因，但为什么一对同卵双生子中的一个经常并没有表现出另一个的“遗传性”的问题呢？

我可能会在同一片森林里采蘑菇，就像气质研究者认为我们的心理品质大多由基因决定一样，但是我肯定是带着不同的蘑菇回家。首先，我认为恋爱关系问题仍然是社会性的，而非遗传的。离异的遗传率仅仅意味着人们遗传的某些方面会影响离异——我相信它并不是先天气质造成的问题，只不过是我们应对某些气质特质的能力较弱而已。其次，我认为对气质了解得越多，对人们的改变就越重要——这使他们的压力更小，也让他们对自己和他人更加宽容。气质并不是导致人们保持不变或认为他们无法改变的原因。

尽管如此，你离婚的风险仍有50%与你的基因有关。这就导致先天气质成为和谐恋爱关系中最重要和最容易被忽视的一个因素。

如何使用本书

记住，人是复杂的

就像所有人撰写人类心理学著作一样，我必须做出归纳概括。高敏感者尤其是多疑泛化、标签化和刻板化的结果，因为我们总是反思它们的意义和其他可能性。

或许你已经告诉自己："我认为自己是一个高敏感者，但是我真的很喜欢艺术——我睡眠很好，外向、精力充沛、乐观积极。"

事实上，高敏感者具有上述所有品质。例如，30%的高敏感者属于社交外向型。我们每个人都因不同的经验、遗传的复杂性,可能也因为一些个人命运的因素而成为独特的个体。每一段关系也是独特的。所以，请你阅读本书时持有保留意见，只看对你有用的东西即可。

你也可能会想："这个世界喜欢对人一概而论——而这是滋生偏见的另一个来源。"你能有这想法真是了不起。这就是"阴影"，是归纳概括所带来的不可避免的负面效应——先是刻板印象，再后来发展为偏见。于是，我们开始把高敏感者往好的一方面想，而把非高敏感者往坏的一方面想。

我们高敏感者了解偏见——当我们不被直接忽略时，我们的害羞、胆小和神经质就会被人怜悯或诋毁（我相信这些特质并不是与生俱来的）。当然，我们需要注入自豪感来补偿我们自己在某些优势方面的感受。尤其是在本书中，我们要从中学会以自己的与众不同为荣，你我必须非常小心地在不贬低非高敏感者的情况下让我们自己感到有价值。所以要审慎地使用本书，我相信你们会做到——当你降低自己或他人在单个特质上的单个分数时，或者由于分数降低而感到高人一等或低人一等的时候，要坚定信念。

为爱情和友谊而使用本书

虽然本书主要论述爱情关系，但也明显适用于友爱的朋友和亲戚关系。其中很多的内容也同样适用于会见老友、保持亲戚间的亲近关系、加深同事间的联系、与你喜欢的高敏感者或非高敏感者愉快地交流等友情关系。我相信爱情关系在没有其他亲密关系扩充的情况下是不会长久的。没有人会成为其另一半的所有或是喜欢另一半的一切。高敏感者尤其具有丰富、复杂的人格特质，以及需要与人讨论的自己的兴趣。如果你的伴侣是一位非高敏感者，你可能尤其需要一些高敏感者的朋友，而且你的伴侣也需要一些非高敏感者的朋友。如果你们双方都是高敏感者，你们可能喜欢分别有一些非高敏感者的朋友。

根据你恋爱的情况来使用本书

爱情恰好是我选择的一大主题。你的需求可能会变化很大，这取决于你是否坠入爱河，与某人幸福地生活，或者在长期关系中遇到困难，或者根本没有恋爱，或者正想恋爱，或者压根没想过。在这种情况下，我可能会单独提到你们中的一些人。

如果你与伴侣正在读本书（不管另一半是否为高敏感者）

阅读本书对你们双方都有益——这是最好的计划。你们甚至可以大声地朗读部分内容或全书给彼此听。我相信你们会因一起思考双方的气质可以舒缓亲密关系这一神奇功效而感到惊讶。

如果你的伴侣不太可能阅读本书

这也很好。你可以与其分享你所学的，或许也可以把你觉得有趣的地方大声读出来，这样可以节省你的伴侣读整本书的时间。如果他或她不是特别感兴趣，你也不用为此而烦恼。通常人们会因不感兴趣的事物以某种方式威胁到自己而产生抵制想法，所以你必须考虑你的伴侣害怕读本书的原因是什么。接下来，你可以逐步建立起他或她对你的足够信任，以便让你有信心去与其分享。如果你感到愤怒和受伤，那么你不会得到他们的信任。

当然，这样理解是一种苛求，也不总是一种聪明的做法。如果你因自己的伴侣缺乏兴趣而感到不快，那么你可能不会也不应该隐藏自己的情绪。但是，你要记住，兴趣的来去犹如恐惧一般。人们会在放松与有安全感时接受新想法。要有大胸怀——爱屋及乌——看看会有什么效果。

如果你此刻没恋爱

你要知道，在我写作的过程中，你经常萦绕在我的心头，因为我见过许多像你一样还未拥有亲密关系的高敏感者——无论是不是自己选择单身。不管我们目前的感情处于何种状态，我们高敏感者比其他人更容易为自己的爱情所左右。我们比其他人更难恋爱。所以我们通常能够从对自己过去的爱情的反思中受益。歌德诗中所描写的感情应该是我最欣赏的：我爱你，但却与你无关。我之所以认为本书是一本有关爱情的书，而非两性关系的书，原因只有一个——爱情似乎比两性关系更加丰富，更加个人化，而且比两性关系更能符合这个“高敏感者主题”。我并不认为关于两性关系的书籍通常是由内向者或要求独处的恋爱者（比如说我或你们当中的许多人，我们私下里会为爱情付出很多）撰写的。我觉得给我们自己写一本书是非常必要的，而且你作为这个群体的一员尤其会受到激励。

我们也要记住，自己需要亲密朋友，爱情作为人类心理学的一种力量也永不会消失。即使我们在独处，我们也整天都在想着周围的人们。那些我们能想起的人，就是我们能爱的人。人们当然都需要被爱，包括你。我希望本书会帮助你释放自爱与他爱。

如果你不是一个高敏感者

作为一个非高敏感者，你想更多地了解自己的高敏感伴侣和朋友，是特别有益的一件事。我对本书主要讨论高敏感者而表示歉意——我并非有意排除你们——但是我想你们会理解的。

本书建立在很多研究成果基础之上

本书的大部分内容建立在坚实的研究基础上——这其中包括了我本人和成人气质与亲密关系领域内的前沿研究者的成果。这些领域的研究在过去的十年中有巨大的进步。但是很多这类研究没有进入普通公众的视野，反而是建立在非研究基础上的人格、性别和“什么让爱情永恒”等观点不断流传。本书会提供许多在研究场景中收集起来的事实，并把这些事实与两性关系中的高敏感者联系起来。

来源广泛的数据

我通过对高敏感者就亲密关系进行深度访谈来开始本书的研究工作。接着，我设计了实证研究和问卷来探索具体的问题。包括高敏感者和非高敏感者在内的 1 000 人完成了其中一个调查问卷。另一份问卷发给了高敏感者的简报《舒适地带》的所有订阅者，这样不仅从他们中获取了信息，而且也从非高敏感者中获得了信息，从而形成一个对照。我也有机会收录其他研究者在长期追踪项目中对夫妻所做的敏感性测量的数据，并分析这些研究结果。

我的目标是支持一些可信的答案，而不仅仅是自己的观点，例如：高敏感者喜欢与其他高敏感者成双入对吗？如果是这样，那么他们更幸福吗？两位高敏感者相对于一位高敏感者和一位非高敏感者，他们通常会遇到什么问题？恋爱关系中高敏感者的优势和劣势是什么？高敏感性如何影响个体的性生活或者结束两性关系的可能性？

然而爱情自身的神秘不可能完全让位于纯粹的计数器。这也是本书植根于自己独特个人体验的原因，我在前言一开始和自己作为一个心理治疗师的经验中都展现了这一点。最后，本书也参考了深度心理学的一些观点。

来源于深层的数据

深度心理学是心理学的组成部分，它用于研究生活中被忽视、被压抑，甚至被鄙视的方方面面。就像海员留心观察大海的表面气象一样，心理学研究者使用各种方法找出思维意识与行为的一般原理。深度心理学家就像戴着便携式水下呼吸器的潜水员和雅克・库斯托(Jacques Cousteau)一样，尝试潜到水下达到无意识的“故事的剩余部分”。两种方法都是有价值的，虽然如果只是为了初看海洋面貌或是对于某些其他目的来说，看看表面就已足够，但仅仅认识表面只会使我们片面地认识海洋。

我碰巧就是这种为数不多的同时用表面方式和深度方式探索恋爱关系的心理学家之一。对敏感性的研究需要这么做，因为敏感的人通常很难调节，甚至有时候会被无意识压垮。他们越来越多的栩栩如生的梦仅仅是一个例子。

探索爱情的海底也需要深度心理学，那些黑暗的地方是恐惧、陌生、被禁止、被遗忘以及有时被暴力镇压的情感的归宿。对深度心理学家来说，其实突如其来的深爱几乎总是这种内心深处的爆发。我们将会在第四章回顾这些内容。

本书通过数量和数据从表面上来审视爱情和敏感性，也通过无意识以及少数的口头描述等从深处来审视。我认为这些方式最适合高敏感者。我们不是那些接受简单答案的人，尤其是有关爱情的。我们思考的时间越长，我们关注的主题就变得越丰富、细腻和复杂。

例如，高敏感者知道，不管生物学家怎么说，爱情，甚至是浪漫的爱情也不全是性。这一点已经被这一事实证明了：任何年龄段的人们坠入爱河的可能性是相同的，从幼儿园到成人。

此外，就像我们正在深刻地反思一样，绝大多数高敏感者不会认同爱情是或者应该是一段持久关系或婚姻的所有这样简单的答案，因为很多至深的爱情是不公开的，或永远不求回报，或只是昙花一现。

我们也认同他们所说的爱情会改变人，但是我们知道这种改变不会经常发生。如果爱情能改变人，我们也很高兴接受这种改变是为了更好的改变的说法——除非我们知道这并不会一直如愿，比如当我们所选的爱人背叛或施虐时。

我们也认同那些乐观主义者所宣称的如果我们的爱情关系保持得足够长，那么我们会从自己身上学到很多重要东西的观点。但是这也是所有笑话中最悲伤的笑话——很多处于亲密关系中的人，他们似乎对自己角色中遇到的任何问题变得越来越视而不见，反而将问题归咎于他们的伴侣。

在多次反思之后，这些高敏感者可以确信的关于爱情的一点就是，爱情永远为我们走进内心深处以及培养我们的诚实和洞察力提供一个机会。我们可能会错失这个机会，但其实我们每次都有机会。就算一段感情早已结束，但是如果你想和我一起思考的话，机会还是会有的。那么，现在就让我们开始这段思考之旅吧。

你高敏感吗?

自我测验[①]

根据你自己的感受来回答下列每个问题。如果问题的描述对你来说至少是中等程度的符合，那么请回答“是”。如果问题的描述对你来说很不符合，或者完全不符合，那么请回答“否”。

1. 我似乎很在意生活环境中的细节。	是	否
2. 别人的情绪能感染我。	是	否
3. 我对疼痛非常敏感。	是	否
4. 我发现自己需要躲避忙碌的日子，自己可能会躲到床上，或者黑屋子里，或者任何能够保护隐私和缓解压力的地方。	是	否
5. 我对咖啡因的作用尤其敏感。	是	否
6. 我容易对诸如强光、强烈的气味、粗纤维或者近距离的汽笛声反应过度。	是	否
7. 我有丰富、复杂的内心生活。	是	否
8. 吵闹的噪声让我感到很不舒服。	是	否
9. 我会被艺术或者音乐深深地打动。	是	否
10. 我是认真负责的人。	是	否
11. 我容易受惊吓。	是	否
12. 当我短时间内要完成很多事情时，我会慌乱。	是	否
13. 当有人在某种物理环境中感到不适时，我知道做些什么会让其感到舒服一点（比如调整灯光或座位等）。	是	否
14. 当有人试图让我一次做太多事情时，我会恼火。	是	否
15. 我努力避免犯错误或者遗忘事情。	是	否
16. 我特别注意回避暴力电影和电视节目。	是	否
17. 当有很多事情围着我的时候，我会不高兴。	是	否
18. 生活中的变化会使我震惊。	是	否

① Elaine N. Aron, The Highly Sensitive Person: How to Thrive When the World Overwhelms You. © 1996 by Elaine N. Aron. 获得了Carol Publishing Group, A Birch Lane Press Book的许可。

19. 我关注并喜欢清淡或精致的香水、味道、声音和艺术品。 是 否
20. 我会优先安排自己的生活，以避免令人心烦意乱或反应过度的情形。 是 否
21. 当我必须完成某项工作或者在完成工作的过程中被人监督时，我会变得非常紧张或不安，因为我会担心比平时做得更差。 是 否
22. 当我还是一个孩子时，我的父母或老师就认为我比较敏感或害羞。 是 否

如何计分见伴侣测验后的“计分”栏。

你的伴侣高敏感吗？

自我测验

（该测验由你的伴侣完成。如果你的伴侣并不想进行该测验，你可以按照自己的伴侣将会怎样回答而填写。如果你还没有恋爱，你可以想象一个本可能成为你伴侣的人——一个你曾经亲近并且当你在读这本书时想起的人，再去填写。）

根据你自己的感受来回答下列每个问题。如果问题的描述对你来说至少是中等程度的符合，那么请回答“是”。如果问题的描述对你来说很不符合，或者完全不符合，那么请回答“否”。

1. 我似乎很在意生活环境中的细节。	是　否
2. 别人的情绪能感染我。	是　否
3. 我对疼痛非常敏感。	是　否
4. 我发现自己需要躲避忙碌的日子，自己可能会躲到床上，或者黑屋子里，或者任何能够保护隐私和缓解压力的地方。	是　否
5. 我对咖啡因的作用尤其敏感。	是　否
6. 我容易对诸如强光、强烈的气味、粗纤维或者近距离的汽笛声反应过度。	是　否
7. 我有丰富、复杂的内心生活。	是　否
8. 吵闹的噪声让我感到很不舒服。	是　否
9. 我会被艺术或者音乐深深地打动。	是　否
10. 我是认真负责的人。	是　否
11. 我容易受惊吓。	是　否
12. 当我短时间内要完成很多事情时，我会慌乱。	是　否
13. 当有人在某种物理环境中感到不适时，我知道做些什么会让其感到舒服一点（像调整灯光或座位等）。	是　否
14. 当有人试图让我一次做太多事情时，我会恼火。	是　否
15. 我努力避免犯错误或者遗忘事情。	是　否
16. 我特别注意回避暴力电影和电视节目。	是　否
17. 当有很多事情围着我的时候，我会不高兴。	是　否

18. 生活中的变化会使我震惊。 是 否
19. 我关注并喜欢清淡或精致的香水、味道、声音和艺术品。 是 否
20. 我会优先安排自己的生活，以避免令人心烦意乱或反应过度的情形。 是 否
21. 当我必须完成某项工作或者在完成工作的过程中被人监督时，我会变得非常紧张或不安，因为我会担心比平时做得更差。 是 否
22. 当我还是一个孩子时，我的父母或老师就认为我比较敏感或害羞。 是 否

计分

如果你在12个或12个以上的问题中都回答了“是”，你可能属于高敏感者。但是没有哪个心理学测验能做到非常精确，你应该在自己生活的基础上使用该测验。如果仅有1个或者2个问题符合你的情况，而且它们非常符合，那么你也可能把自己判断为高敏感者。

目录 contents

第一章 你是高敏感者吗？气质、爱情和敏感性 /001

你属于什么气质？是时候找出答案了 /002

求助！“我和我的伴侣截然相反”或是“我们像双胞胎”/006

无法解决的矛盾之谜 /009

对蒂娜和伴侣的诊断 /010

摆在我们面前的问题——高敏感性 /012

最佳唤醒水平的重要性 /014

敏感和内向一样吗？答案既是又非 /015

敏感与害羞一样吗？不一样 /016

为什么敏感性很重要 /017

感觉寻求 /022

四种类型的人 /025

理解所有术语 /026

高敏感者需要什么 /028

特别是对高敏感 / 高感觉寻求者来说 /030

最后一点思考 /030

第二章　性别羞怯与敏感性：发现自我，忘掉刻板印象 /032

为什么高敏感者在异性身边时会觉得特别不自在 /032

性别偏见如何破坏高敏感女性的亲密关系 /036

性别偏见如何破坏高敏感男性的亲密关系 /041

对高敏感女性和高敏感男性的额外破坏 /047

感觉寻求在哪里适用？ /053

解决性别问题 /054

结语 /061

第三章　高敏感者与亲密恐惧：担心的原因与获得安全感的途径 /063

你对亲密关系的感觉是怎么样的？ /067

无意识与它的恐惧 /069

高敏感者害怕亲密关系的八个原因 /070

感觉寻求者与亲密关系恐惧 /084

深入探索对亲密关系高度恐惧的根源 /085

迈出这巨大的一步 /099

其他亲密恐惧发生时 /100

对于你关心的亲密关系的最后一点看法 /101

第四章 恋爱：敏感性与大投入 /102

爱情是什么？ /102

高敏感者的强烈爱情与亲身体验 /104

有关高敏感者恋爱的四种观点 /106

远方的爱，无回报的爱，不可能的爱 /116

考虑再三之后你想要恋爱了 /117

“预防”恋爱 /126

恋爱之后 /127

第五章　高敏感者与非高敏感者：
当气质冲突时如何使爱情长久 /128

好消息 /130

挑战 /134

给可能拥有非高敏感男性伴侣的高敏感女性的忠告 /155

改变你不能接受的，接受你不能改变的 /156

第六章　当彼此都高度敏感时：
保持两个相似的人之间的平衡 /157

好消息 /158

挑战 /162

给你们俩的最后一段话 /178

第七章　成就满意的、敏感的伴侣关系：
给高敏感者的亲密关系建议 /179

一起做令人兴奋的事情的重要性 /180

在对话中欣赏彼此的观点 /183

在冲突中抑制过度唤醒状态 /188

参与：按你的方式做，但不要回避 /192

揭开那些不被承认的持续终生的希望和恐惧 /195

对情结游刃有余 /200

有时你需要帮助 /208

何时退出 /209

最后的、简单的建议 /212

第八章 我们的性生活：床上的敏感者 /213

记住平均数的问题 /218

高敏感者与其他人的相同之处 /218

高敏感者与其他人的不同之处 /219

高敏感女性与性生活 /221

高敏感男性与性生活 /223

高敏感性、高感觉寻求与性生活 /223

来自调查对象的点评 /227

给高敏感者关于性生活的一些建议 /232

对高敏感者来说——一种对性的更深的洞察 /236

结语 /239

第九章 高敏感者的精神之旅：安全的爱引路，回归安全的爱 /240

精神是看见不可见者 /241

我们带到关系中的另一项资产——精神天赋 /242

精神是一种关系 /245

治疗自我 – 本我轴 /252

内在爱人指引我们与本我建立稳定的亲密感 /254

与本我亲密的生活 /256

因此，什么是爱？ /262

那些处于长期爱情中的高敏感者 /263

现在，是告别的时候了 /266

译后记 /268

第一章

你是高敏感者吗？气质、爱情和敏感性

“我爱上一个人太他妈的难了。”

“有时我觉得自己像个异类。大家似乎都在谈恋爱。但是他们所谓的爱情并不吸引我。”

“我虽然从未提起，但是比起对妻子的爱，对投资、买车、运动、在工作中出人头地这些事我丝毫没有兴趣。”

高度敏感的人（高敏感者）在倾诉爱情时，明显深沉而强烈。他们很难坠入爱河，但会努力维持亲密关系。的确，有时候非高敏感者看起来同样被爱情奴役和迷惑，但一般说来，高敏感者有着更撼人灵魂的潜在体验。

这些都不足为奇。正如我在前言中所言，高敏感者在人群中占了15% ~ 20%，他们生来就伴有敏锐的神经系统，善于观察事物的细微之处，作出深刻的思考，因此很容易感到压力重重。所以，一个恋爱中的高敏感者当然会注意到对方与自己的每个细微差别，深刻反思他人的魅力，而这些都会使他不堪重负。

就算高敏感者的这些反应不足为奇，但对此的讨论也是寥寥无几的。相比过去，现在人们越来越多地去读有关心理学的书籍——我认为这是因

为我们清醒地认识到一个事实，那就是我们的幸福和生存价值取决于对心灵和爱情的更深层次的了解。敏感性这个基本特质，以及先天气质这个被完全忽略的问题，对了解心灵和爱情更深层次的知识是必要的。然而这个问题在很大程度上被忽略了，就像如果我们说人生而不同这个说法是不民主的一样。

本章我们将深入探索敏感性以及另一个先天气质特征——感觉寻求性。最后我们会回到作为一个高敏感者，你自己需要什么，再开始阐述本书的余下部分——你与他人的关系。

你属于什么气质？是时候找出答案了

如果你还不知道自己属于哪一类型，请完成前言中的高敏感性人格自我测验，并计分。接着完成下面的感觉寻求者自我测验并计分，有关测验结果的更多解释将在本章后面提到。(做这些测验之前不要阅读更多内容，这样可以使你的答案少受影响。) 另外，高敏感者在两个测验上的得分可能都高。

如果你正处于恋爱之中，而且你的伴侣也愿意进行相同的测试，那么现在是你的伴侣在每个测验复本上进行测验的最好时机，这也是我提供复本的目的。

如果你的伴侣由于某些原因不能进行测验，你可以按照你所了解的伴侣将会怎样回答去填写。

如果你没有伴侣，你可以想象一个本可能成为你伴侣的人——一个你曾经亲近并且当你在读这本书时想起的人，再去填写。

你是感觉寻求者吗？

自我测验

根据你的感受回答每个问题。如果至少有些符合则回答是，如果不太符合或完全不符合则回答否。

1. 在安全的前提下，我会吃一种可以让自己产生奇异体验的药。　是　否
2. 在某些谈话中，我感到无聊得几乎要命。　是　否
3. 比起到一个我喜欢的地方故地重游，我更想去一个自己可能不喜欢的地方。　是　否
4. 我想尝试能给身体带来刺激的运动，比如滑雪、攀岩或冲浪。　是　否
5. 如果我长时间待在家里，我会感到焦躁不安。　是　否
6. 我不喜欢在等候时无事可做。　是　否
7. 我看一部电影很少超过一遍。　是　否
8. 我喜欢陌生的感觉。　是　否
9. 如果我看到一些不寻常的东西，我会用自己的方式去查验它。　是　否
10. 每天都和同样的人待在一起，我会厌倦。　是　否
11. 我的朋友们说他们很难预测我将会做什么。　是　否
12. 我喜欢探索新领域。　是　否
13. 我会避开循规蹈矩的日常生活。　是　否
14. 我被那些带给我强烈体验的艺术所吸引。　是　否
15. 我喜欢能让我感到“嗨”的物品。　是　否
16. 我更喜欢不按常理出牌的朋友。　是　否
17. 我期望能待在一个对我来说是新的和陌生的地方。　是　否
18. 对我而言，如果要花钱旅游，那么能去的国家越多越好。　是　否
19. 我想成为一个探险家。　是　否
20. 我喜欢别人不经意间说的能逗乐大家的性玩笑或是性言论，虽然在场的每个人都笑得有点尴尬。　是　否

计分方法见伴侣测验后的“计分”栏

你的伴侣是感觉寻求者吗？

一个由你的伴侣完成的测验

（如果你没有恋爱，或者你的伴侣并不想进行该测验，你可以按照你所了解的伴侣将会怎样回答去填写；或者你可以想象你曾经亲近过的人，并且当你在读这本书时想起的人，再去填写。）

根据你的感受回答每个问题。如果至少有些符合则回答是，如果不太符合或完全不符合则回答否。

1. 在安全的前提下，我会吃一种可以让自己产生奇异体验的药。　是　否
2. 在某些谈话中，我几乎感到无聊得要命。　是　否
3. 比起到一个我喜欢的地方故地重游，我更想去一个自己可能不喜欢的新地方。　是　否
4. 我想尝试能给身体带来刺激的运动，比如滑雪、攀岩或冲浪。　是　否
5. 如果我长时间待在家里，我会感到焦躁不安。　是　否
6. 我不喜欢在等候时无事可做。　是　否
7. 我看一部电影很少超过一遍。　是　否
8. 我喜欢陌生的感觉。　是　否
9. 如果我看到一些不寻常的东西，我会用自己的方式去查验它。　是　否
10. 每天都和同样的人待在一起，我会厌倦。　是　否
11. 我的朋友们说他们很难预测我将会做什么。　是　否
12. 我喜欢探索新领域。　是　否
13. 我会避开循规蹈矩的日常生活。　是　否
14. 我被那些带给我强烈体验的艺术所吸引。　是　否
15. 我喜欢能让我感到“嗨”的物品。　是　否
16. 我更喜欢不按常理出牌的朋友。　是　否
17. 我期望能待在一个对我来说是新的和陌生的地方。　是　否
18. 对我而言，如果要花钱旅游，那么能去的国家越多越好。　是　否
19. 我想成为一个探险家。　是　否
20. 我喜欢别人不经意间说的能逗乐大家的性玩笑或是性言论，

虽然在场的每个人都笑得有点尴尬。　是　否

计分

对于女性来说，如果你回答“是”的问题达到11个以上，你可能是一个感觉寻求者。如果你回答“是”的问题在7个以下，那么你可能不是感觉寻求者。如果你回答“是”的问题有8个、9个或10个，那么你可能介于感觉寻求者与非感觉寻求者两者之间。

对于男性来说，如果你回答“是”的问题在13个以上，那么你可能是一个感觉寻求者。如果你回答“是”的问题在9个以下，那么你可能不是一个感觉寻求者。如果你回答“是”的问题有10个、11个或12个，那么你可能介于感觉寻求者与非感觉寻求者两者之间。

是的，你可能是一个高敏感者，并且在感觉寻求测验上的得分也会很高。

求助！“我和我的伴侣截然相反”或是“我们像双胞胎”

如果你和伴侣在这些特质上的得分几乎处于两个极端，该怎么办？

别紧张。这并非说明你不能拥有一段美好的感情。事实上，你们之间的差异可能会使你们的关系比绝大多数人更牢固、更幸福。本书并不是讨论气质之间相容的重要性。

如果你们的气质是高度相似的呢？尽管高度相似的气质可能会令人惊讶，并且需要你们改变一些对彼此长期存在的看法，但那也没关系。

坦白说，研究表明：人们在选择伴侣时略微倾向于有相似个性的人——这里的个性指的是由先天的气质加上你所有的生活经历所构成的一种结果。 而且那些有相似个性的人在一起会更快乐也呈现出一种轻微的趋势。但我之所以说呈现轻微的趋势，是因为两者间有很多重叠之处，就好比当我们说男性身高通常高于女性时，实际上我们知道许多女性的身高也是高于部分男性的。这就是我们都能说出很多与这种趋势相反的例子的原因——虽然很多夫妇不喜欢彼此的基本气质，但是他们依然很幸福。常规中有点例外是多么有趣的事。特别要说的是，个性不同对关系终止的预测力很弱。

是什么决定了一段恋爱关系的成功呢？是它的长度，它所带来的快乐，还是彼此的人格特征匹配？说具体一点，即使夫妻一方比较友善、通情达理和乐观等等（这些是自我测验上未测出的特质），你仍该妥善地对待你们之间的差异。最重要的是，你需要了解你们的气质是如何相互影响的，这个话题将会在第五章和第六章进行探讨。

大部分人只是有些不同而已，可能只是在某一特质上不同，但并不是都不同。这种情况反而可能是最好的。

再次强调，本书的重点不在于讨论哪些人应该在一起和哪些人不应该在一起，而是那些无论气质是否匹配良好的夫妇，他们出现的许多问题都是因为忽视了如何包容彼此的气质。让我们看看有这类问题的例子及其解决方法。

蒂娜（Deena）、丹尼尔（Daniel）、布莱克（Blake）等人

蒂娜想要全心全意地去爱丹尼尔。她的这位丈夫是个有趣、善良、成功、有责任心、和孩子们相处很好的人。但是有些令人厌烦，还很无知。蒂娜认为，丹尼尔会在错误的时间打断她，并且说些不合时宜的话。但是如果她要和丹尼尔讨论他的这些“缺点”，他难免会感到诧异而且会伤心。另外，当她私下里问她的朋友们关于丹尼尔的看法时，她发现朋友们并不会觉得丹尼尔令人厌烦或无知。她也常常对朋友们感到失望，所以她就认为这一定是她的问题了。也许她就是不会爱别人。但这真不是不爱丹尼尔的问题。她认为，她是爱他的，但是她并不尊重他。蒂娜认为丹尼尔的兴趣肤浅，而且太过务实。这让她感到羞愧，因为她知道自己也得益于他的务实，而且丹尼尔爱她，也尊重她。

而真正复杂的情况是，蒂娜最近在瑜伽会所碰上了一个“本该嫁的男人”——此人安静沉稳，思想深刻。她知道她永远不会离开丹尼尔，但她觉得和一个错误的人生活在一起会受到诅咒，而又不能和他们当中的某个人或是其他人谈论此事。

现在说说布莱克，他现在是一个单身父亲，如果可以的话，他也想结束单身。可是布莱克一约会就感觉浑身不自在。甚至网上约会对他都行不

通——把自己的信息挂在婚恋市场上，再等某人对他产生兴趣或是像购物似的在那些乏味的个人描述中进行选择。可问题是，布莱克也想要一个伴侣。他知道自己是被上一段关系搞怕了，也知道该走出自己的小世界，可是他做不到。因此，自然而然他觉得自己有毛病——再说了谁又想和他在一起呢？布莱克的梦要么充斥着失败的约会和婚礼，要么就是关于海啸、洪水或抢劫的噩梦。

那特莉和杰斯怎么样了？他们本该非常幸福。两个人庆幸遇到彼此，晚上都喜欢静静地待在家里，都认为这个世界充满压力，甚至有点危险，都喜欢思考死亡和生命的意义。但随着岁月的流逝，特莉试图让他们两个多出去看看外面的世界，为他们的生活增添一份精彩。然而，通常只有特莉独自一个人出去，杰斯只是祝福她，因为杰斯疲于出去。在特莉旅行的过程中，特莉遇到了一个非常吸引人的男子，他外向、大胆、乐观。特莉突然意识到自己多么像生活这部戏的一个常驻观众。她正在考虑离开杰斯，但她担心杰斯可能会经不住分手的打击。

我们也可以来认识一下大卫。他觉得他爱吉尔爱得忘乎所以了。她是那么深刻，那么有趣。但问题是，他感觉不到她也是同样爱他的。吉尔有未卜先知的神秘技能，她能够感知周遭的一切，无论是天气，电影的意义还是他们的朋友们正在经历什么。更糟糕的是，在他做之前吉尔就知道他即将做什么。他感觉自己又蠢又笨。最近他很怕她会有和自己同样的感觉，而且她偶尔的批评总是正中要害。尽管这段关系很美好，但是他不知道自己在这段关系中还能否保留自尊。

最后，讲讲乔丹和克莉丝。乔丹六年里在不同的州换了三份工作，克莉丝每次都得极不情愿地跟着他搬家。搬家对于克莉丝来说是一个创伤，她开始认为乔丹很难作出承诺，很难安定下来，也很难让她满意。因为乔丹工作上的冲动以及居无定所，克莉丝甚至怀疑乔丹有注意力缺失症。这周乔丹提到他要调到现在任职公司的伦敦分部。克莉丝威胁说她不会跟他搬到伦敦去，并提议他们需要去看看婚姻治疗师，希望有医生可以诊断出乔丹潜在的功能紊乱。

这些是多么不幸的案例，而这样的例子可能数以万计。

无法解决的矛盾之谜

这有一个谜：心理学家约翰·高特曼 (John Gottman) 的研究发现，夫妻中有 69% 的矛盾最后会变得没完没了，而且无法解决，而这些无法解决的矛盾在幸福和不幸福的夫妇中比例相同。从理论上来说，那些幸福的夫妻发生持久战的频率更低，因为他们更擅长处理和解决彼此间的问题——虽然他们之间的问题也可能和其他夫妻一样多，并也会为其所困。

目前收集的数据只能部分解决这个谜：关系较好的夫妻在处理他们之间长期存在的问题时和别的夫妻不同，他们就问题展开对话沟通而不是争吵。但对于幸福的夫妻来说，什么类型的矛盾是持久存在而且无法解决的呢？一种可能的答案就是缘于气质的先天差异，比如有人喜欢活跃的社交生活或城市生活，也有人喜欢“只有我们两个”的生活或乡村生活。也许那些比较幸福的夫妻找到了如何就这些冲突进行交流的方法，并且知道如何接受他们之间与稳定气质相关的矛盾。

我们刚刚谈到的蒂娜和丹尼尔，特莉和杰斯，还有一些其他人，他们还没有明白到底是什么原因导致了彼此之间无法解决的矛盾冲突。他们依然责怪对方没有做出改变，或是渐渐地丧失了对彼此或自己的尊重。有关不幸婚姻的测验数据表明，无论用什么方法解决，不幸的婚姻都会深陷困境。但是他们的问题不在于沟通或自己的神经症。我充分了解他们的背景，可以这么说，他们并没有真正意义上的童年创伤或者成年期问题，也没有到没有了亲密关系就不能工作，无法交友，或者不能欣赏自己的地步。

那他们到底是怎么了？他们正身处与气质有关的矛盾之中。他们想让他们自己或者别人与众不同，做出改变。但是他们所要求的改变并不现实，就像要求对方把眼睛从蓝色变成棕色，或是把左撇子改成右利手一样。如果他们明白这一点，那么他们与自己可能咨询的婚姻顾问就可能在处理他们的情况时大不一样了。先天气质是心理学中最易被忽视的话题之一。气质最终被那些与儿童打交道的人所领会，但是很少用在帮助成年人身上，而且到现在也没有用在对两性关系问题的处理上。

这种忽视所导致的结果就是，蒂娜及其他人很容易因在个体或婚姻治疗中失败而分手，因为这两种治疗关注问题的角度完全错误。

他们应该关注什么呢？气质。尤其是高敏感性。

对蒂娜和伴侣的诊断

蒂娜，就是那个在她“令人厌烦的”的丈夫丹尼尔和瑜伽课上遇到的安静男子之间左右为难的女人。面对一个完全正常的有魅力的非高敏感者丈夫，这是高敏感者的正常反应。她爱丹尼尔是因为对于高敏感者来说，非高敏感者身上有许多宝贵的品质。但她也不喜欢他作为非高敏感者会让像她一样的高敏感者感到不愉快的一些方面。她仔细考虑了整个情况，按照高敏感者的处事风格，她还没笨到要离开自己的丈夫，尤其是背叛自己的丈夫，但她发现很难做到真正尊重丹尼尔的这些与众不同。我们会在第五章仔细探讨类似蒂娜的这种情况。

关于厌倦的一句话：从一些已有研究以及我自己的实践经历来看，我发现对配偶或者这段两性关系感到厌倦，或是存在其他厌倦的事，是夫妻中最常见的问题之一，而这通常和气质有关。厌倦导致了打斗、缺乏尊重，或是婚外情这类事情的发生，夫妻们会在这些事情发生后寻求帮助，因此他们永远不会直接面对问题。我们将在这本书中直面这个问题。

再谈谈布莱克，一个没有伴侣的高敏感者：他希望自己表现得像一个非高敏感者，就像他的前任一样。但他更需要增强自我价值，而这对于敏感的人来说是一件非常困难的事。第二章将会解决这个问题。布莱克的自我增强还需要另一样东西——用自己的真心去经营自己的婚姻关系。这种关系必定适用于外部关系，必将继续支撑高敏感者，而不论他或她有多孤独抑或是感情如何顺利。第九章将着重介绍这种关系。

特莉和杰斯，在特莉变得不安于现状之前过得非常幸福，这两个高敏感者犯了一个典型的错误，就是他们把自己的婚姻在很大程度上变成了一个避风港，却又没能用充足的新鲜刺激让这港湾保持平衡——又是厌倦的问题。另外，一个不成文的规则就是两人都不想伤害对方，所以特莉甚至都不能对谁言说此事。只有双方充分探明彼此的不满，并且不希望失去对方，才能挽救这段感情。特莉担心杰斯会“禁不住”分手的打击，而这种担忧也正说明了他们曾共有的特质已经不复存在。第六章将会对这样的夫妻进行探讨。

大卫，一位敬畏妻子的丈夫，他是一个因与高敏感者生活在一起而挣扎的非高敏感者。他过于害怕吉尔的特技，而忘了自己的本性。从深度心理学的角度来看，我们可以说大卫将自己内心的爱人，也就是他的灵魂部分，投射到了吉尔身上。这是一个双重错误。由于对她的这种投射，他过高地估计了吉尔，几乎是膜拜吉尔神秘的能力——她的直觉、情感和艺术表现力、与孩子和动物的关系，以及坚守自我的能力。他懊恼他自己没有这些能力，但实际这些能力一直都在，潜伏并植根于他的内心。确实，在我们的文化里，比起在自己身上冒险去发展这些能力，在远处钦佩它们可能会过得更舒服一些。

最后说说克莉丝，她因为乔丹又想搬家而认为他是病态的，她是又一个误解非高敏感者的高敏感者。克莉丝把乔丹和自己的不同归于病态，或许搬家对于克莉丝来说是一件非常痛苦的事，但是对于乔丹来说却非常简单。我们在本章后面讨论感觉寻求者时会再次讨论他们。

摆在我们面前的问题——高敏感性

高敏感性是一种具有遗传性，通过我们的感官以一种非常深奥微妙的方式来处理高敏感者面临的事件的倾向。这并不是说我们的眼睛和耳朵更灵敏了，而是说我们会更小心地处理事情。我们喜欢去审视、反思和思考事物，而这个过程不一定是有意识的。我们也许会意识到这种反思（或是“沉思”，抑或是“担忧”，这取决于当时的心情和我们正在处理的问题的性质），但更多情况下，我们的反应是无意识的。因此我们是非常感性的，这意味着我们可能知道事情是如何发生的以及它们将如何转变，但并不知道我们自己是如何知道这一切的。

我们也很擅长凭借一些细微的线索与那些不能使用语言的对象交流——动物、植物、婴儿、人的无意识部分、病人（无法使用语言的人）、试图与我们交谈的外国人以及长眠的历史人物（通过阅读他们的自传）。

高敏感者与我们的无意识也有紧密的联系，栩栩如生的梦证明了这一点。谈及我们的梦和身体状态，高敏感者不仅关注无意识，也审慎地对待动机，知道人的所作所为在何种程度上是由无意识冲动引起的。

我们倾向于做出反思，这也使我们变得更为谨慎——我们倾向于在行动之前思考“如果我没完成这事会怎样？”或是“如果每个人都那样做会怎样？”。我的研究发现，与不太敏感的人相比，我们更加关注社会公正和受威胁的环境（尽管这样可能会使我们在一直要求变革的政治纲领中碰壁）。我们也会从艺术和自己的内心生活中获得更多快乐。而且我们往往认为自己是高尚的，例如，我们一般比非高敏感者更愿意坐在一个垂死的陌生人旁边，并给予其安慰（这是我某项调查中的一个真实问题）。

高敏感性不利的一面是，如果我们注意身边所有的细节，就会很容易被那些高强度的持续而复杂的刺激击垮。我们很容易在当今世界中饱受压力。

我们对批评也表现得更为敏感。我们深刻剖析所有接收到的信息，包括关于我们缺点的信息。我们更容易因创伤而感到抑郁或焦虑，在处理这些创伤时也更为深入。因此，我们可能比那些未彻底反思自己经历的人更容易感到希望渺茫和不安全。

最后，我们的敏感性在某种程度上超越了对大脑中信息的深层加工，因为我们倾向于对诸如酒精、咖啡因、热、冷、令人发痒的织物或其他刺激物、日照时间的变化、药物以及影响皮肤和鼻窦的过敏原等变得更加敏感。

最佳唤醒水平的重要性

没人在唤醒水平过高或不足时（这里是指笼统意义上的唤醒，并非性唤醒）能很好地工作或是感觉良好。所有动物自出生起都是这样。婴儿会由于疼痛、饥饿、噪声等的过度刺激，或者仅仅是度过漫长的一天而哭泣。而且他们在刺激不足或感到无聊时也会哭。成年人也不喜欢由噪声、混乱、痛苦、截止期限、社会压力、恐惧、愤怒、悲伤，甚至是过多的快感带来的过度刺激，就好比人在度假时不想再看到更多的景点、商店或博物馆。除了身体和心理上的不适，过度唤醒还会让人们觉得他们会把事情弄糟，比如说考试失败、犯错误或遭遇不测。每个人都害怕过度唤醒，但我们也怕唤醒不足——感到无聊、坐立不安、在等待时无所事事。

所有生物都喜欢最佳的唤醒水平，而我们人类为了保持这个最佳唤醒水平，整天都在做相应的调整——我们打开收音机或打电话给朋友以增加唤醒，小睡片刻或关掉电视机以降低唤醒，如此等等。调整时我们也会拉长间隔——换份工作或到国外旅游以增加唤醒，避免离婚或搬到乡下生活以降低唤醒。

高敏感者唯一不同的是，唤醒略快于别人。也就是说，对于他人是最佳唤醒水平的情境，对我们高敏感者来说就太过强烈了。对我们来说是最佳唤醒水平的刺激可能对他们来说就会显得很无聊。当我们的非高敏感伴侣想开着收音机时，我们却想关掉它。在一整天的旅行后，我们想待在旅馆的房间里，而我们的非高敏感朋友却想体验夜生活。这样一来就会有潜在的冲突。

敏感和内向一样吗？答案既是又非

精神病学家卡尔·荣格将内向定义为一种指向内部、远离外部世界、偏重主观世界、内省深刻的倾向。根据荣格的定义，内向的人认为内心世界是真实的，甚至比外部世界还要真实。这是我所说的敏感性的基本问题之一——偏好对经历做深刻的反思，而由此产生的诸多内涵丰富的见解，比最初的客观经历本身更宝贵。

然而，当绝大多数人谈到内向时，他们指的是社交内向——不喜欢结识陌生人或在一大群人中进行社交活动。甚至连荣格的性格类型测验都倾向于做出这种转变。运用这种定义（社交内向）及其测验进行测试，30%的高敏感者不是内向的人。他们实际上是外向型。所以我坚持认为这个基本特质是敏感，而不是内向，尽管大多数人将它定义为内向。因而许多社交外向的高敏感者在谈判的迷局中不会被拒绝。

为什么社交内向者不完全符合敏感的定义？我认为 70% 的高敏感者是社交内向的，因为这是一个可以减少刺激、做自己最想做的事的一个好办法——独自一人或与一位密友一起，做些通常不会和陌生人或是在一大群人中做的事情。但是，如果某些高敏感者是在群体和陌生人都很常见的环境中长大的，他们会逐渐熟悉这些场合甚至会表现得很冷静，那这些高敏感者就是外向的。同样，如果一个高敏感者在成长过程中，会因内向而受到惩罚或因外向而受到高度表扬，那么，他很可能成为一个外向型的人，也就是大家熟知的最不易引起焦虑的类型。所以，再一次说明，许多高敏感者是外向的。社交方面的内向和外向本身并不是遗传的。

敏感与害羞一样吗？不一样

据我所知，没有任何证据能说明任何人或动物生来就害羞，也就是说，害羞是由于担心被社会评判和社会拒绝才产生的。和内向一样，害羞是对某些生活情境的一种可能的适应性调节，并不符合遗传特质的定义。的确，高敏感者比非高敏感者更容易变得羞怯和胆怯，但只是在特定情况下如此。基本特质是敏感。敏感只是让高敏感者停下来并对新情况进行仔细的检视，观察所有细节并思考其暗含的意义。而别人就会把这种停歇误解为害怕，或是认为如果情况比预想的严重，这种停歇就可能变成害怕。

实际上很容易看出那些生性敏感的动物或孩子与那些经历过不幸后变得胆小、害羞或易受惊吓的孩子之间的差别。敏感者只是想在采取行动前对新情况进行仔细的观察和思考。如果你是一个陌生人，那么儿童或动物就会盯着你，对你全神贯注。如果你“没问题”，而且也不像曾经给他或它带来过麻烦的人，儿童或动物就会上前了解关于你的一切。你可能成为一生的朋友。

长期充满恐惧的动物或儿童会因你的存在而坐立不安，对你不是警觉地好奇，而是焦虑不安地保持着警惕，并不会真正观察你身上的细节。如果它或他曾经上前过，那么下次它或他也一定会重复这一过程。生活中几乎没人能成为其朋友。

当然，一个因过往经历而变得胆怯的敏感者也会非常羞怯。特别要说的是，我的研究多次发现，童年期与父母不良的关系会导致高敏感者比非高敏感者更加羞怯。这再次说明羞怯是后天经验的产物，而不是一个基本的遗传特质。事实上，在我的一些研究中，拥有美好童年的高敏感者比非高敏感者的羞怯程度更低。

为什么敏感性很重要

本书关注的焦点是气质，但是通过高敏感者的视角来阐述。通过敏感性的视角来展开有三个原因：敏感性可能是最基本的遗传特质；它的存在尤其影响人际关系；而理解这种特质对人类生存至关重要。我们就来看看这三个大胆的断言。

敏感性是最基本的特质

在人类以及所有的高等动物的最为广泛的遗传人格差异（在过去被称为内、外倾，羞怯与胆大，等等）研究中，高敏感性都不是个新名词。因为敏感性强调了神经系统的基本联结差异，其已经有很长的研究历史。而这个特质的新名字也并非那么新鲜了。精神病学家卡尔·荣格在他工作的早期阶段就讨论过敏感性。心理学家艾伯特·梅拉宾在 1970 年提出过一个类似敏感性的概念，他称之为“低遮蔽”。1988 年，精神病学家伯顿·阿普尔福特出版了《敏感——痛苦还是狂喜？》一书（但是市面上看不到该书，因出版社倒闭，所以该书未能发行）。阿普尔福特非常重视敏感性的优点，将它视为一种重要的特质，而且将它视为和智商一样是可变的。20 世纪 50 年代，儿童精神病学家亚历山大·托马斯和斯特拉·切斯将儿童的敏感性列为九个基本特质之一。1996 年，珍妮特·波兰编写的《敏感性儿童》与《高敏感性人格》的第一版在同月出版。

然而，敏感性这个词远比那几个为数不多的作者更广为人知。只是它被冠以了错误的名字，如羞怯、胆小、抑制或内倾等（比如说“那是一只羞涩的小狗”或“他生性胆小”）。在所有文化中，无论被冠以什么名字，除了性别和年龄之外，它都是在个体、人类或动物中最常见的区分标准之一。

高敏感者对人际关系很重要

关注高敏感性的第二个原因是，当一段关系中有一个高敏感者时，那么我相信这段关系就有可能出乎意料地成功，也可能相当失败。尽管我们占了大约 20% 的人口，但是亲密关系中包含一个高敏感者的概率在 36% 左右（如果我们假定这些人是随机匹配的）。如果我们把中度敏感的人也包括在内，那么这个比例会更高。如果我们把友情和爱情都包括在内，可能每个非高敏感者都试着去爱一些高敏感者，而且每个高敏感者也试着去爱至少一个非高敏感者。你也可以说有关敏感性差异的知识与每一对关系相关，因为他们之中总有一个会比另一个更加敏感。

高敏感者在亲密关系中尤为可贵的原因相当明显——比如说，我们有责任心、感性、体察他人情绪而且对所遇到的事情渴望深思熟虑。

高敏感者也会由于许多原因而忧郁，但都是可以治愈的。而这也正是本书要探讨的主题。例如，既然高敏感者会比其他人更快超出所能负荷的极限，那么我们可以试着去忽略它，尽管这对我们来说非常致命而且也肯定会使我们产生怨恨，或者阻止另一半的一些欲望，让他们心生不满。此外，我将在第三章探讨高敏感者为什么通常会非常害怕亲密和冲突。在几项精心设计的研究中，我发现生活在充满压力的、不幸的家庭中的高敏感者比非高敏感者更有可能具有一些被其他研究所证实的亲密关系中最危险的特点：悲观、低自尊、抑郁、焦虑和非安全型依恋。而没有这些压力源的高敏感者则并不比其他人更可能有这些特点。通过从气质中分离出个人经历的影响，我们能更好地处理这两个问题，并且使每个问题应对起来更容易一些。

敏感性对人类生存至关重要

两个种类的必要性

生物学家曾假设进化意味着每个物种朝着一个单一的理想形态进化，以完全适应它所处的环境。如果环境改变，要么理想形态改变，要么物种灭绝。虽然理论如此，但事实证明大多数物种已经找到了一份更好的生存计划：两种（或更多）理想形态，两种生存方式。如果物种中的一个“种类”无法应对所处的环境，那么另一个“种类”就可能会应付自如。

我所说的敏感性和非敏感性这两种气质，正是为这个精明的生存计划服务的。敏感的个体会在行动前处理更多信息，仔细检视事物，避免冲动冒险。而那些没有这种特质的个体则会承担更大的风险。高敏感者的生活格言是“三思而后行”和“一针及时省九针”。而非高敏感者遵循“迟疑者必失良机”和“机不可失，时不再来”。这是对待生活的两种方式，虽然在某些情况下其中一种会占优势，而其他情况下则是另一种方式占优势。

这种策略上的差异在许多物种上都被证实了，如灵长类动物、狗、羊、老鼠和麋鹿等。可能在所有的高等生物中都会有这种差异。举例来说，某些太阳鱼会进入池塘中设置的陷阱，而另一些种群却不会。这两种类型的太阳鱼不仅在此种行为上不同，而且在交配、觅食和逃避天敌的行为方面也不同。甚至它们身上的寄生虫都不一样。有人告诉我，加利福尼亚州渔猎部专家在对鹿做普查时，会在相机旁设置绊线，鹿在夜里经过时会经过这些绊线，而大约 20% 的鹿（我猜测是那些敏感的鹿）会避开这些绊线，所以这部分鹿的数量也必须加到普查数据中。

每种文化都更青睐其中的一种特质

谨慎、警觉的个体在某类群体中占有一定的比例，这种比例对于诸如人类等的社会性动物来说是有意义的。他们是第一个觉察到灌木丛里有狮子的那些人。而那些非敏感的个体则会急着赶走狮子。但绝大多数文化都更偏好其中一种类型。移民文化或那些选择或需要以进取的方式生存的文化都青睐那些冒险者。那些在生活上与土地贴近的文化最看重他们敏感的草药师、追踪者和巫师，而许多古老、高度文明、稳定的文化则最看重他们敏感的法官、牧师、历史学家、医师、梦想家、艺术家、科学家、学者和顾问。

在侵略性的文化中，非高敏感者明显会普遍受到青睐。在上述太阳鱼的研究中，美国生物学家写了一篇文章，将落入陷阱的太阳鱼称作“胆大”鱼，它们的行为表现是“正常的”，而其他鱼则是“胆小的”。但未被捕获的鱼真的感到害怕吗？为什么不是沾沾自喜呢？毕竟，人们很容易会认为这些鱼是聪明的，而其他鱼则是愚蠢的。无人知晓太阳鱼的感受，但美国生物学家却很肯定，这是他们的文化使然。那些犹豫不决的人会畏惧，而那些没有犹豫的人才是正常的。（科学总是经过文化的过滤，但真实的图像不会消失反而会更加绚丽。）

有一个很好的研究值得记住：该研究将中国上海与加拿大较敏感的小学儿童进行了比较，安静的孩子在中国是最受同伴尊敬的，而在加拿大却不受待见。在不被尊重的文化中成长的高敏感者难免会因缺乏尊重而受到影响。

在侵略性文化中我们更重要

尽管文化会自然地稍微偏好其中一种特质，但当这种偏好太过极端时就会很危险，正如西方文化中的许多例子，他们为高估冲动性侵犯而付出了昂贵的代价。对于这种过高的评价有一个重要的历史原因，所有的西方文化（以及某些东方文化）都起源于一小群身强体壮的游牧人，他们来自欧洲和亚洲之间的大草原。他们靠征服、抢夺别人的牧群为生，最终形成了后来的希腊人、罗马人、高卢人、日耳曼人和印度高种姓阶层——因此他们被称为印欧人。

人类学家发现，印欧文化与每一种从草原上发展出来的文化，以及极具侵略性的文化（如阿兹特克文化）都有两个统治阶级：武士国王和祭司。武士国王是抢掠中的冲动领导者，也是帝国的建造者，相当于我们今天商业、政治和军事的最高领导人。祭司，我认为通常是高敏感者，也就是教师、医师、法官、历史学家和艺术家等。他们为武士国王提供咨询。高敏感者也可以成为一个国家的总统，比如林肯就是一个高敏感者，他成功地使他的内战将领们保持平衡。

祭司的职能就是确保国王仔细思考他们的行动后果，例如发动一场不可能赢的或者弊大于利的战争。当这两者之间的力量平衡时（如政府的行政部门和司法部门），一切就会顺利。然而要达到这种平衡，祭司（通常是我们这些高敏感者）就必须积极表达自己的意见。而要做到这一点，我们就必须对自己以及我们的权力类型和影响力做个估计。

回到平衡的问题，亲密关系如何起作用

然而，在过去的五十年里，我们高敏感者正在失去影响力，而没有积极主张自己的想法。这并不是由于某些阴谋，而仅是因为我们的传统领域似乎已经改变，这些领域需要那些在高强度的刺激和压力下仍能茁壮成长的人。事实上，这些领域比以往都更需要高敏感者。倘若减少敏感的医生、护士、律师、教师和艺术家等的数量，任何人都会看到不好的后果。

在企业和政府方面也是如此，当不习惯于深思的领导者做了冲动、冒进的决定时，每个人都会饱受痛苦。这里特别要说的是，某些决定可能会影响到我们的生存。例如，我相信高敏感者会比非高敏感者更关心全球变暖问题。一个不会利用其两个“种系”或类型的物种本身就处于严重的不利的局面。

利用这本书对你自己的亲密关系做个深刻的反思，这不仅仅是帮助自己，也是帮助那些与你亲近的人。你的亲密关系会帮助你扮演好在这个世界中至关重要的角色。首先，你对自己所爱的人有着直接影响，他们会采纳你对他人的看法。但更为重要的是，在你需要在更广泛的人际圈中产生影响时，他们可以给你信心、支持以及实践练习。最后，在亲密关系中高敏感者越多，那么有孩子、抚养孩子或者对别人的孩子施加影响的高敏感者就越多，虽然这可能并不对你们每个人都适用。

感觉寻求

如果说祭司通常是高度敏感的，那么武士国王的敏感性较低也不无道理，但是他们在其他特质上可能会水平较高。

（而那些两者都较高的人可能是两个群组之间最好的中和者。）现在回过头进行感觉寻求测验（第 3~5 页），看看你或你的伴侣在这些特质上是否会得高分，因为这个测验关系到我们即将讨论的特质。

还记得克莉丝因乔丹再次想换工作而非常烦躁吗？可能正如克莉丝看到的一样，乔丹害怕承诺，甚至有注意力缺失症，但实际上乔丹很健康，我认为最有可能的是气质上正常的差异导致的结果。乔丹天生的神经系统很容易使其感到无趣，因此他比克莉丝更愿意承担更多的风险，以此来取得进步或是获得新的体验。

高感觉寻求者想要改变

马文·朱克曼 (Marvin Zuckerman) 对这种特质做了大量研究，他将其称为高感觉寻求。根据朱克曼的说法，高感觉寻求者寻求“多样、新异、复杂、强烈的感受或体验”，而且“为了获得此种体验愿意冒生理风险、社会风险、法律风险和金融风险”。遗传研究发现，该特质就像一个人的身高一样绝大部分由基因决定。这些生理差异在生命的初期就显现了，那些活动性水平较高的婴儿将来会成为高感觉寻求者。那么这种情况在男孩和男人中更常见吗？也许是的，但很难编出一个不包含一些性别偏见的感觉寻求测验，所以男人作为一个群体得分会更高，因为他们往往按照“真正的男人”应该会做的方式去回答。

作为高感觉寻求者，他们很容易感到无聊，因此为了尝试新事物而渴望冒险，这似乎和高敏感者正好相反。但完全不是这样。这两种特质是完全相互独立的。你可能会在其中一种特质上得高分，或在另一特质上得低分，抑或在两种特质上得分都高或是都低。也有一些人在其中一个上处于中等水平，尽管在感觉寻求上处于中等水平的人比在敏感性上的要多。但令人惊讶的是，一个人可以既是高敏感者，同时也是高感觉寻求者。

对于我们当中两者都是的人，我们将会在稍后讨论其意义。但首先要做的是，我们要更好地理解感觉寻求。

大脑中的两个系统

没人能确定大脑中的哪些部分决定了一个人是高敏感者或是高感觉寻

求者，最可靠的猜测是，大脑中有两个独立的系统，每一个系统在强度或效率上都是不同的。有关学者将决定敏感性程度的系统称为行为抑制系统，但最好将其称为暂停－检视系统。这个系统可以帮助你对当前形势做认真的反思，在决定采取行动前看看它是否与过去的某些情况类似。高敏感者拥有强大的暂停－检视系统，他们会对情境进行长时间的深加工，因而能对不同情境做出很好的区分，这些都是高敏感者可能会做的事。

另一个系统是行为激活系统，它使我们产生好奇心并渴望一探究竟，而且对奖赏会感到兴奋。脑的部分区域及其主要神经递质（多巴胺）构成了行为激活系统，该系统与大脑的暂停－检视系统及其主要神经递质（血清素）是完全独立的。当这个系统高效运行时，你就是高感觉寻求者。

朱克曼认为爱冒险与高感觉寻求者相关，但我认为它实际与非高敏感者有关，因为他们的暂停－检视功能较弱。一个高感觉寻求者喜欢新奇的体验。高感觉寻求者似乎比高敏感者更愿意冒险，因为如果你真正想要某样东西，如高感觉寻求者渴望新奇的体验，你将会承担很大的风险。如果你是高敏感者，你也会承担很大的风险，尽管绝大多数情况下一个高敏感者或高感觉寻求者会选择一种安全的方式去享受新鲜刺激。但如果你是一个高感觉寻求者而非高敏感者，你会承担更大的风险，因为你不太可能停下来去审视。

感觉寻求和爱情

朱克曼发现，高感觉寻求者的爱情往往是“缺乏强有力承诺的休闲享乐主义以及有着包含多段关系的过去”。然而，朱克曼惊奇地发现高感觉寻求者会结婚（通常是其他高感觉寻求者），这似乎与他们的随性风格相悖。但这可以解释为高感觉寻求者实际上也可能是高敏感者。也许已婚的高感觉寻求者做了反思并做出了妥协，作为高感觉寻求者的一部分在确定建立长久的婚姻关系之前会有许多随性浪漫的奇遇，而作为高敏感者的一部分将会得到深沉的爱情。在本书中我们将回到高感觉寻求者身上，通过对气质的评估用另一种方式来改善其亲密关系。

四种类型的人

我们现在有四种类型的人。

1.**高敏感/非高感觉寻求者**。他们通常喜欢沉思而且喜欢安静的生活；不容易冲动，也不会找什么理由去冒险。

2.**高感觉寻求/非高敏感者**。他们通常怀有好奇心，急切、冲动、不加思考地去冒险，也很容易感到无聊；不易关注环境中的细微之处，更不会对其感兴趣。

3.**非高敏感/非高感觉寻求者**。他们好奇心不强，很少对事物做深入的思考，只是过着简单而自然的生活。

4.**高敏感/高感觉寻求者**。他们当然会灵活多变，既有高敏感者的视野，也有高感觉寻求者的干劲，但他们最佳唤醒水平的范围非常狭窄，因为他们很容易不堪重负，也容易感到厌倦。他们经常会感到矛盾，因为他们既想获得新奇体验，但同时又不想被过度唤醒或者冒很大的风险。一位高敏感/高感觉寻求者说：“这种感觉就像我总是一脚踩着油门，一脚踩着刹车。”

人的四种类型可以在恋爱关系中组合成16种配对：一个高敏感/非高感觉寻求者和一个非高敏感/非高感觉寻求者，一对高敏感/高感觉寻求者，一对高敏感/非高感觉寻求者和一对非高敏感/高感觉寻求者，如此等等。如果我们添加一些更重要的特质，如智力水平或分析性与艺术思维风格，那么对所有可能的关系的探讨会让本书在篇幅上堪比《大英百科全书》。

不难看出，了解感觉寻求这种特殊的特质对理解敏感性特质是很重要的。显而易见，一个高敏感/非高感觉寻求者与一个非高敏感/高感觉寻求者配对会比一个高敏感/高感觉寻求者搭配一个非高敏感/高感觉寻求者有更多差异要解决。介绍感觉寻求的另一个重要原因是，那些既是高敏感者又是高感觉寻求者的人，无论是他们自己还是他们的感情关系都需要额外的关注(我将在本章最后一节中对如何照顾自己予以讨论)。

例如，特莉和杰斯都明显是高敏感者，但特莉同时也更是一个高感觉寻求者。对于高敏感 / 高感觉寻求者及高敏感 / 非高感觉寻求者伴侣来说，很容易让伴侣保留自己作为高敏感者的一部分。它减少了高敏感 / 高感觉寻求者的内心冲突。所以，杰斯这个“纯粹”的高敏感者就代表着这段关系中的“刹车”。现在特莉责怪和抗拒杰斯而并未察觉到内在的矛盾，即使没有杰斯，特莉也可能绝大多数时间待在家里。如果特莉可以看到这一点，她就会较少就他们平静的生活而责怪杰斯。

理解所有术语

也许是时候向你们展示一个蓝图了。这本书使用了许多一般概念，比如气质、人格和性别，加上特定的特质如敏感性、感觉寻求、内向、外向和羞怯，接下来还会有亲密恐惧、依恋风格、抑郁、焦虑和性行为偏好等，在此仅举几例。它们彼此间是如何配合的呢？

我认为人格有三个层次。第一层是我所说的先天气质，这是基线。基本的气质特征渗透到神经系统中，从你容易受惊的程度到你被社会的不公所困扰的程度等方方面面都会受其影响。

第二层是我们所说的人格特质。人格是一个人身上持久的部分，它为我们的绝大多数行为着色或调味。人格是第一层的气质和社会影响及个人经历交互作用的结果，它是我们的遗传气质通过社会经历和自身阅历显现出来的独特性。人格特质包括内向、外向、乐观、悲观、依恋风格、亲密关系渴望或恐惧，以及羞怯，等等。高敏感者往往是内向的，因为他们从个人经历中知道这样会保护他们免于受过度刺激。如果高敏感者有过痛苦的社会经历，那么他们就会变得羞怯。文化通过让人因具有某些特定特质而过得更舒适、更理想来影响人格。例如，美国、澳大利亚和以色列偏好外向，而在日本、瑞典或中国西藏，外向却不是那么重要。美国高度重视创造力，而在印度创造力却不是那么至关重要。

最后，第三层包括外部行为、习惯和喜好，这种喜好至少持续一段时间，但不会像人格那样持续很久。比如日常锻炼，每周末参加聚会，拖延，有许多性伴侣，每天早上喝咖啡或是在慈善捐赠上慷慨大方。这些行为经常变化，但并不是总能改变，因为每种行为也是下一层的产物。

第一层基础的影响比第二层或第三层的既多又少——多是因为它们是基线，少是因为它们只是社会和个人经历的背景。我们往往低估了社会经验，特别是文化体验，因为每个在特定文化中的人在某种程度上都经历相同的东西，就像我们呼吸的空气，直到我们偶然间认识了祖鲁人或因纽特人，我们才注意到我们自己的社会。

我希望这个蓝图会有帮助。

高敏感者需要什么

现在你已经了解了自己的敏感性特质以及自己或伴侣可能有的另一特质——感觉寻求。那让我们花些时间思考一下：作为一个高敏感者的自己，究竟需要什么？虽然这是《高敏感者》和《高敏感者手册》里的中心问题，但还是需要提醒一下。幸福的高敏感者造就幸福的伴侣。

1. 你需要知道有关自己特质的信息——一股持续的信息流。应该是中性到积极的信息，以抵消那些不理解的人的消极看法。否则，你会因为它不是文化理想，而很快就回到试图像别人一样行事，而且当你做不到时就会批评自己。你的与众不同是真实存在的，别人有，大多数物种有，这是经过科学验证的。

2. 你需要根据敏感性重新定义你的过去，尤其是那些减少了你的自信的事。这意味着你需要回忆这些事，并且主动地考虑所发生的事情是否是由你的敏感性所致。例如，也许你当时处于过度唤醒状态或是试图避免某件事，但这不是你的错，而是整个事物的一部分。

3. 你需要抚平由不幸的童年或紊乱的家庭带来的创伤（以及在后来成长中所经历的创伤）。不仅当我们是孩子时更容易受到消极事件的影响，而且我们的家人处于压力下时，他们就会无法管理那些能帮助敏感儿童建立安全感的细节任务。而且无论我们的家庭有多么美满，我们仍须消除某些微妙的偏见及被视为非理想型的影响。这种创伤的抚平需要时间，但是会有许多可靠的帮助可寻。如果你因所有这些事而变得焦虑或抑郁，你应该也像非高敏感者那样去寻求治疗这些症状，如阅读研究透彻的书籍，进行一些短程或长期的心理治疗、药物疗法或其他辅助物理治疗。你也可能会从这些方法的结合中受益。但不要接受针对敏感性这种特质本身的治疗。这并不是问题所在。

4. **你需要学会应对过度唤醒**。这意味着要学习如何在可能的情况下回避过度唤醒，在它发生时如何挺下来，在它结束时如何恢复过来。过度唤醒是高敏感者最大的问题，虽然在压力管理方面有大量著述，但只有一小部分是专门针对我们这种情况的。我们需要更多新技术。我们需要适合自己特质的一套完整的生活方式，以及一种强烈的有正当理由做自己想做的事的意识。

5. **你需要外界的帮助**，同时仍然保持你的最佳唤醒水平。高敏感者应该走出去参与社会生活，而且我们也可以很成功，但必须以一种平衡的方式——既不能过于自我保护，也不能对自己太残忍。我们的职业必须满足自己需要安静和自由支配时间的要求，能给我们应得的尊重，以及充分发挥我们的特质。高敏感者一般在找到合适的职位前往往会尝试很多工作，甚至在整个职业生涯都在不断尝试，通常选择的是自主创业或重返学校。所有这些都需要被视为与气质有关的问题。

6. **你需要充足的承诺来为了别人而降低自己敏感的程度**。这并不是自私，恰恰相反，比如这可能会使你的伴侣成为一个更幸福的人。如果你试图像非高敏感者一样行事，并帮助每一个你认为需要帮助的人，那你不免会承受过度唤醒。由于高水平的应激激素皮质醇会导致失眠和焦虑，而这又会导致产生低水平的5-羟色胺神经递质，最后，你就会变得一团糟——焦虑、抑郁、易怒和一无是处。不管怎样，你的仁爱之心永存。所以选择你需要给予的人，然后把仁爱留给他们。如果你做不到，那就去探讨其中的原因。

7. **同时还是高感觉寻求者的高敏感者需要特殊帮助来找到他们的最佳唤醒水平**。你很容易感到厌倦，又很容易不堪重负。你经常在出去玩还是待在家里，做多或做少之间犹豫不决，这并不只是说你想像你身边的非高敏感者一样。这是一种“硬线”内在的冲突，而且它会引起紧张感。例如，你有一份很喜欢的商业计划，而且你知道会奏效，可是你也知道任何新企业开始时都会面对很多压力，而且你已经超负荷了。该怎么办呢？

特别是对高敏感/高感觉寻求者来说

首先，当你从多个方位开始时，即使知道它会太过刺激，也不要责怪自己的“神经质”或“自我贬损”倾向。是的，你可以自暴自弃，但当你确实找不到自暴自弃的理由时，就反过来想一下高敏感/高感觉寻求者的气质，这样会使你想出一个全新的解决办法。你可以通过旅游来满足高感觉寻求的部分，而不是开始新的工作项目。你可以为高敏感的部分雇用助理来减少难以承受的困扰，让高感觉寻求的部分进取并承担更多的项目。最重要的是，要学会促成重大交易而不是在你的两种特质之间寻找中间点，先不要开始忙事业，而是问问隔壁的邻居他喜欢你身上的高感觉寻求部分还是深思熟虑和犹豫不决等高敏感部分。

最后一点思考

你对敏感性已经有了更好的认识。但让这种认识深入你的心灵还需要时间。比如说，即使在写完《高敏感者》后，我仍然要试图说服自己接纳自己的敏感性。然后，等我对自己敏感性的接纳程度有了提高后，我又必须要面对并不是一直喜欢的一个非高敏感者丈夫！改变这些态度需要时间去独自思考，然后与你爱的人讨论你的新观点，甚至可以与他们进行争论。但也要有耐心，坚持这个过程。

改变你的气质偏见（气质论？感觉恐惧症？）也需要时间，去警惕那些危害你对自己及他人的尊重的外部力量。例如，那些在侵略性文化中不太理想的特质很容易被归为病态。我们会听到某人有社交恐惧症，某人有强迫症，某人有共同依赖症，或某人是抑郁型人格。这些都只是一个程度的问题，不是吗？实际上，不太被重视的差异往往会成为问题，因为存在这些差异的人在现实中会遭受更多的社会排斥。但是从气质的角度看，这些所谓的病态可能只是正常变化的结果，我们中的有些人改变是因为想减少刺激、变得灵巧、考虑结果、对他人的需要很敏感，或是感受人类处境的悲剧。

当我们不了解人们气质的正常变化并因此不尊重他们时，我们希望我们自己或我们的伴侣改进或改变，变得更加“正常”（实际上更像是文化理想）。“正常”（理想的）人在我们的文化中是开朗、外向、自在、有成功取向和独立的。我们认为我们有权利是那样的，或有一个朋友或伴侣是那样的。事实上，理想型发生变化比理想型更常见，而且人们以自己的方式生活得很好。

然后就会有特定性别中被视为非理想型的人的差异，这是下一章的主题。男人被认为是果断、坚忍、有逻辑而且不敏感的。而女人就应该是合群、爱孩子、擅长表达感情以及深度敏感的。这就暗示着如果你的伴侣不是“真正的男人”或“娇柔的女人”，你就受到了欺骗。敏感性与性别已经混淆太久，该解决这个问题了。

第二章

性别羞怯与敏感性：发现自我，忘掉刻板印象

本章旨在挽救和保护你的爱情——这里的爱情是指你爱的人，你一般的爱的情感——免遭性别刻板印象的破坏性影响。固有的性别刻板印象与偏见会给每个人带来麻烦，但是对于高敏感者来说，麻烦则更多。我们很少符合别人对我们的刻板印象，却遭受了更多偏见的影响。结果，面对异性我们就可能有一些特殊的困难，如不信任、怕被拒绝和误会等。在继续阅读本书之前必须要面对这些问题。

很明显，本章主要探讨的是男性和女性之间的亲密关系。这是性别难题中微妙的地方，对大多数人来说也是最头疼的。然而，各种同性关系（对于你们当中某些人来说是最亲密的关系）只不过是被包含在一个以性别作为分界线的世界中。因此，我们所讨论的一切也同样适用于同性关系，只需稍做一些调整。

为什么高敏感者在异性身边时会觉得特别不自在

动物世界被分为雄性和雌性，人类被分为男性和女性，这在让我们感

到幸福的同时也带来了一些麻烦。出于生理原因以及希望获得一段长久关系所带来的愉悦、安全感或是兴奋感，每个人都对异性抱有渴望与幻想。然而，阻碍这种关系的往往是性别歧视。

文化原因

回顾一下这个令人困扰的问题：在我们的文化中，女性会因长相上对男性具有吸引力而感到压力。当然她也被告知要尊重自己以及要实现自己的目标。但是吸引男性眼球能保持一种微妙的优越感。当一切顺利时，女性就成功了，两个人会在她的魅力以及她在其他方面的成就中过得很快乐，并且会接受她的容貌因年龄增长而产生的变化。但通常情况下，一位年轻女士只有美丽似乎是不够的，美丽会引来不正确的关注，也会成为她在这个世界上唯一的资本，当容颜逝去，一切不再。与此同时，男人似乎主要重视他们的成就，而且一生都在寻花问柳。所以女人会觉得受到了不公平对待，或是以尖锐的态度拒绝成为受害者，或是表现为冷漠相待或是“有男子气”。所有这些都使女性对男人产生了有意或无意的不信任。

男孩在成长期间试图在行为上主宰一切，变成一个“真正的男人”。与此同时，他敏感且耐心地等待着，以求理解女性在有需要时的那些令人绝望的微妙、间接、难以理解的表达。他所感受到的是极为矛盾的东西。他觉得自己为并非由自己所创造的父权社会、公然的性别歧视和少数男性的暴力倾向背了黑锅。性别的困扰在高敏感者身上会被增强，部分原因是我们太在意细节。

生理上的“陌生感”

根据荣格精神分析家宝莉·杨-艾森德斯（Polly Young-Eisendrath）

所说，对异性不信任的根源在于我们最基本的差异——男人永远不会成为女人，女人也永远不会成为男人。每种性别对另一性别来说都是陌生的。在孩童时代，我们知道两性是两个相互排斥的团体，在我们自己的社团内会开始有关于另一社团的传言，当然，这些传言通过我们文化的性别歧视会扩大。随着我们逐渐成熟，我们就形成了自己的关于既害怕又渴望的异性的形象。用杨-艾森德斯的话说就是：

> 他们可能是天使，也可能是魔鬼，可能很性感，也可能是独身者，但是他们会因想象中的不同而拥有巨大的力量。成年后，我们将这些形象中的一个或几个投射到异性身上，其中有各种原因——为了保护自己，为了恋爱，为了责备另一个人……这些形象晚上在我们的脑海中徘徊，在白天也会不知不觉地出现。是我们周围的异性唤起了这些形象，但是他们并没有这些人的真正信息。

其实性别差异并没有想象的那么大，还是让我们来面对它吧：这种“陌生感”对于高敏感者来说会更加强烈，因为我们有对每样事物进行深入加工、开展生动想象，以及感知他人情感的倾向——在这种情况下包括感知异性的愤怒及其所经历的痛苦。基于所有这些紧张、不信任和唤起的原因，我们会对和异性独处时即将发生的事感到非常不自在。

感觉自己不是男性或女性中的“理想型”

面对异性时的紧张感也会受到感觉自己不是男性或女性中的“理想型”的想法的深刻影响。人们会忽略许多男孩和女孩天生就是高敏感者的事实——如果你是男性，你就不应该敏感。的确，人们开始对“敏感的男人”感兴趣，但是大多数时候这只是开玩笑的谈资。

如果你是女性，你可以是敏感的，尤其是对他人的需要和要求敏感。事实上，即使你实际上非常内向或是比起社交或养育孩子你更热爱工作，你也应该以喜欢与人相处和提升自己的魅力的方式来表现你天生的敏感。此外，你又不应该敏感到需要休息的程度。“我是女人，我很坚强。”简而言之，在这种文化中，男人喜欢的是像非高敏感者那样外向、灵活、坚强的女人。因此，其实和男性一样，敏感性也不是我们文化中的理想女性的标签。

这就是说我们从童年时期开始就不是男性或女性中的理想型。研究发现，母亲们经常把羞怯（往往是高敏感性一词的误称）的女儿看成她们最喜欢的孩子。但这种宠爱是有代价的：这些女孩往往处于家人的过度保护之中，而且感到自己和其他女孩不同，能力也有所欠缺。另一方面，母亲们通常最不喜欢“羞怯”的儿子，对这些男孩的爱也少一些。哎哟，这些母亲并不是成心对自己的孩子有偏见，只是她们的文化让她们认为一个敏感的男孩不是理想型的。

如果母亲过分保护敏感的女孩，这些女孩在长大后就会觉得她们一直都需要这种过度的保护，之后就需要一个男人的保护，并很乐意放弃她们的权力。敏感的儿子得到母亲更少的爱，除非他们可以在某种程度上掩饰自己的敏感，否则长大后他们就会认为每个人都不太会爱他们。总之，男性和女性中的高敏感者都可能在长大后缺乏自信和怀疑自己，所有这些都削弱了他们与异性相处时展现真实自我的能力。

最后一点：我们有多不同？

分析了我做的几个不同调查的结果之后，我发现在高敏感女性和非高敏感女性、高敏感男性和非高敏感男性之间，在关系成功或满意度方面没有显著的差异。我接下来要讨论的潜在的具体问题并非指我们比同性别的非高敏感者有更多问题，而是我认为自己的问题非常不同。

幸运的是，高敏感者生活在我们这种高压文化下，这种情况为数不多的优势之一是，它越来越鼓励男性和女性去做他们最擅长的事，重要的是谁完成了工作，而不是传统的性别角色。这应该可以让高敏感者更自由地来表达我们独特的特质。不过，人类喜欢一概而论，比如男性更擅长这个，女性更擅长那个，有时我会半开玩笑地提出一种解决办法，那就是有四种性别：高敏感女性、高敏感男性、非高敏感女性和非高敏感男性（加上高感觉寻求并组合在里面，就会有八种）。这种组合方式会让我们完全不同！四种性别会带来两倍的社会约束方式，以及两倍的自由和灵活性。

我会比较认真地分别考虑高敏感女性和高敏感男性各自的困境，但我强烈建议你们对彼此做个解读。高敏感女性和高敏感男性惊人相似。在本章结束之前，我们将讨论如何消除对高敏感女性和高敏感男性的性别偏见的影响。

性别偏见如何破坏高敏感女性的亲密关系

黛安娜的婚姻之路

当我访谈黛安娜作为自己研究的一部分时，她 46 岁，而且深刻认识到，在她的家教背景下，她的敏感性是如何决定了她的选择的。黛安娜的童年是痛苦的，母亲抑郁而且不喜欢孩子，而她父亲身为海军军官则经常在海上。当他在家的时候，他在不去调查实际上到底是怎么回事的情况下，在每个问题上都站在黛安娜的母亲一边。所以黛安娜在学校里总是为自己寻找一个可靠的地方，总是会爱上一个人，但总是待在远处，这一点也不令人惊讶。她读高中时没有恋爱，部分原因是她觉得她不能带任何人回家，因为她抑郁的母亲会拒绝让任何人进家门，也因为黛安娜不让任何人靠近她。她在学校舞会上卖糖果，然后一个人回家。

黛安娜在上大学的第一个星期遇到了罗恩。她会在课上跟其他男生说话，但罗恩的存在让她不会和别人约会。最初，她也怀疑他是否就是她的真命天子，但他们毕业后就结婚了。“我没有别的地方可去，我不能回家。”

结婚之后，他们搬到了罗恩的家乡。“一个星期之后，感觉就像我们已经结婚二十五年了。”她告诉我，“他一天工作 14 个小时，周末和他的高中朋友聚在一起。我们从来就没有亲密过。我猜你可能会说他有语言暴力。我认为他讨厌我，我就试着去安抚他。”

然而，由于她的敏感性，她似乎没有其他选择，尤其是在她的两个孩子出生之后。“我知道我是不可能做一个单身母亲的。”黛安娜也承认，“我维持婚姻关系，因为它给了我自由——让我可以按照自己的计划行事。”

但她从未快乐过，最终她离开了罗恩，结束了 24 年的婚姻。她有四五年没再约会，之后她在一次个人成长工作坊上遇到了她现在的男朋友，斯坦（Stan），一位高敏感男性。一年后，他们在冥想课上再次相遇。从那时起，他们就一直定期见面但是分居两地。

性别歧视对女性破碎爱情的摧残

黛安娜的故事展示了一个没有母亲的榜样作用以及父亲对如何融入世界的教导的高敏感女性常见的困境。所以她接受了自己文化对于女性的传统解决方法——结婚，如果有必要的话也可以不幸福，这样男人会保护和支持你。这对于24年来只带给她些许快乐的婚姻是背叛，而且无疑也伤害了罗恩。

无论敏感与否，女性在一生中会有一段更艰难的时光——研究表明，她们更容易受到不幸童年的影响，自尊更低，在课堂上发言较困难，更低估自己的能力，对于同样的工作会有更少的报酬，晚年生活在贫困中的可能性更大，等等。其原因是显而易见的。是的，时代改变了，伤口也在慢慢地愈合，一代复一代。但黛安娜的母亲无疑在某种程度上受到了性别歧视的伤害，而且在她所处的情况下，也无法阻止对黛安娜的摧残。

女权主义亚文化正在努力改变这一切并鼓励女性不要像黛安娜那样做。一个有些女权主义见解的较不敏感的女人，可能在大学毕业后或是在经历这种类型的婚姻的几年后自己走出去，并学会如何通过试错来生活下去。但对于一个高敏感女性，突然的、失去支持的独立似乎会难以应对。因此，所有由女权主义推动的独立、行动主义、愤怒和群体活动对于个人来说似乎都风险太大，作为一个高敏感者，尤其在你缺乏家人支持的情况下，你需要在冒险前停下来审视其中的危险。

性别歧视对你的影响可能也多一些，因为作为一个高敏感女性，你肯定会注意到所有与女性相关的负面信息，并且对这些信息进行深度加工——无论是性别歧视语言，利用女性身体来销售产品，在学校或工作中被区别对待，还是学会小心谨慎以防被强奸或看起来像是在要求被强奸。如果你还因为你与别人的差异和你的敏感性而感到糟糕，那么你就会因这两个原因而感觉不好，而且你会爱上或厌恶第一个意想不到的接近你的男人。说白了就是，性别歧视会损害一个人爱的能力。

爸爸在哪儿？缺席或不称职的父亲

无论是男性还是女性，我们高敏感者尤其会受到父亲在我们成长过程中的参与程度的影响。不管对或错，这句话是有道理的，因为传统意义上的父亲与走出去融入世界以及成功生存联系在一起。因此父亲是教会我们生存技能的人。为教授这些技能的人们欢呼三声。

然而，父亲可能对女儿不太会教这些技能。黛安娜的常年在外、不称职的父亲就是一个特别明显的例子。她的父亲不仅不教她如何在社会中处事，而且他的严厉还让她的生活以取悦和安抚他人为导向——这是高敏感者很容易做到的。此外，她的母亲树立了女人别无选择只能依靠像她父亲和罗恩那样霸道的男人的榜样。

然而，就算是最有善意的父亲，也往往会犯下让自己敏感的女儿避免挑战的错误。也许他们持传统观念（父权社会），认为：女孩应该被保护起来，主要负责养育孩子，女孩应该更娇弱、敏感，而且依赖他人；并阻止她们到外面的世界闯荡，以防她们在性方面“被占便宜”。所以一个敏感的女儿对于她的父亲来说可能似乎特别适合（或是注定的）在她的一生中依赖男人。当我还是个孩子的时候，我父亲经常告诉我，我要是不修哥哥修的数学课程会更好，我要是太聪明就没人想娶我。他对我不敏感的妹妹则没有过多强调这些。作为高敏感者，我会对关于敏感女性的建议和隐晦信息做深入的分析。

你对自己身处的这个世界的态度、你对男人的大致感受，以及你认为他们会如何看待自己，这些在很大程度上取决于你的父亲。如果你父亲不在身边、不称职或是没有兴趣教你技能，你可能会无意识地认为你对他来说没有吸引力或是很无趣。如果你已经觉得自己的敏感是一种缺陷，那你会更受影响。因此，你就逐渐认为自己对所有男人来说都是无趣和无吸引力的。想到被拒绝，你可能会感到尴尬，有男性在场时你也会过度唤醒。即使有了伴侣，你可能也仍然怀疑自己的吸引力或是怀疑你伴侣的价值（因为他是被你吸引，而你认为自己毫无价值）。

由父亲引起的另一个问题是，过多的不当的性关注会让所有女性尤其是高敏感女性认为她唯一能给世界的就是她的性，而且她可能没有选择的余地。

性侵害

强奸、乱伦、性骚扰——我们看过太多关于这类事件的报道，以至于我们都厌倦了，但它对你们的心灵以及你们对男人的看法的影响并没有改变。此外，高敏感女性天生对潜在的危险（甚至我们一旦亲身经历了危险）更加谨慎，而且在生活中通常会感到信心不足。因此我们会在暴力的男性入侵者和我们遇到的每一个潜在的暴力男性的阴影下生活——男性在性侵时，不管听到女性说什么话，即便当时有些迟疑，他也要得到女人的身体，又或者这个女性是“真的想要，只是当她们说不要的时候，她们的意思就是要”。加上任何真实存在的性虐待的影响——这些不亚于摧毁她们的灵魂——其实一位高敏感女性是可以找到一段可信任的、愉悦的性关系的，但是如果没有充分的创伤治疗，那也是不可能的。

关于男性

作为一个高敏感女性，你长大后知道男性也把性别歧视内化了，而且无疑在他们被分配的优越角色中获益无穷。其中一个解决办法就是赢得男人，诱哄他们与你共享他们的权力或财富，让你成为他们的仆人或者伙伴。另一方面，当你开始意识到为了一小部分应与你永远分享的权力而出卖了自己，你也可能会反抗。你不想相信任何男人。你甚至可能已经探讨过女性的优势。但是你作为人类同胞，仍然会对男人有同情之心，这些其实并不都是他们的错。回过头来想想：到底该怎样看待他们？无论你怎样决定似乎都是错的，另外还有一些其他女性在做着相反的事，这可能会让你像讨厌男性一样讨厌女性。

不知道该如何表现，甚至不知道在某些时刻该怎样做，不管他会做什么，在男性身旁你便过度唤醒（在无性的意义上），头脑也不那么清醒。作为高敏感者，所有的这些紧张和唤醒会让你想完全避开男性。但避开他们又会使他们更加“性别陌生”，对你的幸福构成危险，而且当你在他们身边时你会更尴尬，更容易过度唤醒。同时，陷入性别深渊……

性别偏见如何破坏高敏感男性的亲密关系

高敏感男性比高敏感女性研究起来更棘手。生来高度敏感的男性和女性一样多，但无论我怎么努力去避免使用有性别偏向的题目，成年女性都在高敏感性自我测验上得分更高。鉴于我们的文化，我相信无法编出一个可以使男性有意识或无意识不担心被看作没有男子气概的敏感性自我测验。但他们过于敏感的问题不容忽视，于是，我现在就编写了一份主要让男性勇敢地直面他们的敏感性而不带有防御的测验。结果，大多数男性认为自己不是“典型的男性”。这可能对你的人际关系非常有利，但它也是你自己以及与异性关系的诸多问题的来源。

感觉自己是失败的男人

“他是一个真正的男人”——有时你必须证明自己就是那个真男人，否则你就会陷入大麻烦。这就是我们文化中男性的负担，而且这种恐惧以及证明自己是真男人的需求大部分发生在童年期，因为那个时候性别歧视将理想男性的行为定义得太狭窄。在那个年纪，“真正的男人”应该是坚强的，而且很酷，也就是说没有不符合大众口味的深刻思想。他应该是自然的，甚至是不顾一切地冲动的而不是深思熟虑的。他应该在竞争中凶猛强悍并获得胜利，尤其是在团体运动中。他应该是开朗的，但是不需要别人帮助或表现出任何的脆弱，也就是说和他人不是真正的亲密。他从来不哭，也很少表露情绪，尤其是恐惧、羞愧或悔恨等情绪。简而言之，他不是高度敏感的。照这种逻辑，一个高度敏感的男人不是一个“真正的男人”。

哈佛大学心理学家威廉·波拉克（William Pollack），《真正的男孩》的作者，花了二十年研究我们的文化中的男孩。他指出，婴儿出生时，男婴儿似乎比女婴儿更情绪化。但到了小学，在他所说的“男孩行为准则”所施行的性别约束下，大部分情绪表现消失了。根据行为准则，男孩和男人最重要的就是不能表达他们的感情。这条规定不仅约束了男孩，“而且约束了每个人，简化了我们作为人类的全部，并最终让我们成为自己与他人的陌生人”。

斯宾塞·考夫曼(Spencer Koffman)，一位旧金山的心理治疗师，也是一位高敏感男性，在写给高敏感者的《舒适地带》中描述了他自己关于“男孩行为准则”的经历：

男孩们在很小的年纪就被招募到“性别训练营”，在那里他们会被教授如何成为一个好战士或好国王。我关于这种教导方式最早的记忆之一是一年级时，我从攀登架上摔了下来，摔得并不严重，但落地的冲击使我哭了起来。男孩们和老师都没有过来安慰我，而是指出男孩不能哭。这是我第一次也是最后一次在学校里哭，那时我在进行成为“小战士”的训练。

我并不是想说只有高敏感男性忍受“男孩行为准则”之苦，但是高敏感男性按照它的规定去生活会艰难得多。特别是你与女性的关系会受到这个行为准则的影响，而正是女性以她们似乎没有意识到的带有伤害的方式将文化偏见带回家中，例如把你当作朋友去倾诉，却对你没有性方面的兴趣。结果，你可能会变得羞怯，就像异性对你羞怯一样，但是你的“爱情羞怯”会有更严重的后果。

爱情羞怯

爱情羞怯这个术语是由社会学家布莱恩·吉尔马丁(Brian Gilmartin)自创的，他研究了一组陷入困境的异性恋男人，他们变得太过羞怯以至于不能开启一段浪漫的性关系或婚姻，尽管他们拼命地想那样做。如果你对爱情感到羞怯，你会简单地以为被拒绝主要是因为你的敏感性。根据这个定义，尽管大多数高敏感男性不是爱情羞怯者，但是大多数爱情羞怯的男性是高敏感者。我认为爱情羞怯描绘的是大多数高敏感男性畏惧爱情或者爱情经历较少的极端画卷。

当然，这个术语也能适用于许多高敏感女性，她们既想要又害怕得到男性的关注，就像对爱情感到羞怯的男性不顾一切地想得到女性的爱一样。不论对于男性还是女性，爱情羞怯都是由性别歧视直接导致的，这对高敏感者毒害尤甚，我们总是有其他理由声称自己害怕被定义为不是真男人或者真女人。然而，爱情羞怯对高敏感男性来说更是一个致命的问题，因为在爱情的问题上，我们文化中的男性应该主动迈出第一步。现在女性先表现出兴趣也更容易被接受，但人们仍会希望你作为一个男性，会予以果断的回应并负责。女性可以停下来玩“欲擒故纵”，但是你没有回旋的余地。高敏感男性在开始行动前会停下来审视是否喜欢自己正在接近的人，以及她会不会喜欢自己，是什么导致了这种强烈的先天偏好。为了使自己看上去有男子气概，要先行而后思，这意味着要改变自己的气质。如果你做不到，那你仍有可能继续单身。

吉尔马丁访谈了300名爱情羞怯的男性，年龄在19到50岁之间，同时比较了年轻男性和35岁之后还是处男的年长男性。他还访谈了200名对女性并不感到羞怯的大学男生。爱情羞怯男性比非爱情羞怯男性有着更不幸的童年，年长男性比年轻男性有着更不幸的童年。但绝大多数爱情羞怯男性也报告说有很多生理上的敏感性，这对所有的高敏感者来说是正常的——过敏，快速的下意识反应，非常讨厌毛状物、蚊虫叮咬、极热或极冷的天气、冬季白昼变短、强烈的阳光、痛苦和突然的或令人讨厌的声音，如粉笔在黑板上摩擦的声音。不幸的童年和生理上的敏感性共同造就了他们强烈的爱情羞怯。

爸爸在哪儿？缺席或不称职的父亲

高敏感男孩肯定远比非高敏感男孩更易遭受他们父亲的缺席或冷漠相待之苦。父亲不仅教男孩子们如何在社会中立足，更会教他们作为所在文化中的男性该如何妥善处理感情问题。而只由母亲抚养的男孩则会缺少这种帮助。

已有大量著作描述关于年轻男性缺少父亲参与教养、缺少很多男性导师指导所带来的消极影响（这些男性导师甚至反而会和年轻人竞争并试图压制他们）。男性长辈被当作叛徒，比如：他们将年轻男性送到战场上去，而他们自己却不会去参加战斗；在年轻人归来时也给予相应的荣誉，这却不会治愈他们的伤痛。作为高敏感男性，你甚至会认为因为自己不能坚持按照“男孩行为准则”行事而不配得到长辈更多的关注。也许你认为自己不是别人所羡慕的男性社团中的一员。

敏感男孩对母亲的同情所造成的复杂性

看到男人对女人造成的伤害，其中可能也包括你自己的父亲所造成的伤害，你可能深深感到忠义两难。你对自己的母亲感到极大的同情，这可以扩展至所有女性，所以你看到她们像你一样被粗野的家伙欺负时，也感到同情。但这种同情很明显可能使你脱离自己的性别。在某种意义上，你会感到自己在性别战争中是叛徒，最后也不为双方所赞赏。如果你感觉到一些表明你的母亲可能将你作为一个知己或伴侣而欣赏的微妙的迹象，那么这种感觉就会增强，然而，你又不会成为“真正的男人”——记住那个对“羞怯的”儿子的研究，害羞的儿子是母亲最不喜欢的孩子。

最后，如果你和你的母亲有这种强烈的联结，在我们的文化中你可能会认为自己是“妈妈的乖宝男”，这意味着有些女性化，意味着在我们的文化中是懦弱的、下等的。由于对你和女性的侵犯，你会很容易讨厌你被冠以——哪怕只是无意识地——懦弱的“二流”性别，讨厌你自己的性别。你会被留在表面上的无男人区。你会相信谁？你会向谁吐露你内心深处的感受？男人？女人？或者两者都不是？

对懦弱和女性化的更多恐惧

某天我和一位高敏感男性坐下来吃午饭，服务员递给我们菜单，说："我可以为你们两位女士端些喝的吗？"我为自己的朋友感到尴尬，他的体格较小，但是对我来说，他的其他方面，如相貌和举止完全是一个典型的男性。我也很愤怒。在我把这件事告诉另一位高敏感男性之后，他说了些气话：

> 看吧，这个"男孩行为准则"变成"男性准则"了，它很细微，但总是趁你放松警惕时来打击一下。为什么他被看成女性？因为高敏感男性是人类，不是钢铁机器人，而这个文化中人类真正的名字应该是"女性"。"女性/人类"有什么错？什么都没有。但现实是，在我们的文化中，像女人被视作一种侮辱。所以任何男性，不管高敏感与否，如果他不想被边缘化，就必须玩这个游戏，而且要学会适应这个机器人的角色（否则就得在这个社会中找一个不强调男性的角落）。但我希望我们高敏感男性知道我们正在引领这一个新的前沿，一个全新的非父权统治的世界。

除了碰巧像我的朋友一样体格较小（不能说是高敏感者的特质），我认为一个高敏感男性被视为女性，可能是因为他像许多女性一样，对可能发生的身体攻击表现出一种合乎情理的细微警惕，这是一种由所有高敏感者对疼痛的敏感所增强的警觉。正如吉尔马丁所言，对疼痛的敏感"会对他与同性同伴顺利相处的能力有非常消极的影响。这种恐惧会使一个男孩子很容易遭受持续的欺凌"，也就是说，这会使他就像一个容易受欺负的女孩，尤其像一个敏感的女孩。

或者，高敏感男性看起来有些女性化是因为你不会控制或巧妙地支配他人，或者说是因为你是一个会表达自己感情的人，而那些必须时刻控制自己的人则不会这样做，又或者因为你似乎更悲伤或更焦虑。我前面已经说过，我的研究表明童年不幸的高敏感者会表现出更多的抑郁和焦虑。这一结果主要是根据非高敏感男性似乎不易受童年问题的影响这一事实得出的。有童年不幸经历的女性和高敏感男性会感受到由此带来的问题。

也许非高敏感男性会更好地应对不幸的童年，因为生活对他们来说很容易。但很多人并没有真正更好地处理伤痛——他们只是把自己的感情压抑了而已。人们用“我很好，我不需要任何人的帮助”的态度来掩饰自己深深的不足感，这被称为自恋性防御，男性会比女性更多地使用这种策略，非高敏感男性会比高敏感男性更多地使用这种策略。此外，有不幸过去的高敏感男性和所有女性（无论是否是高敏感者）一般会对他们的困境做出反应。他们为其所困扰，但这会被理解为女性化。

男性或女性的自恋性防御有个问题，那就是当对恐惧或需要的感觉停止时，他们必须通过让别人的有关恐惧或需要的意识也停止来确定这些感觉被遗忘。结果，一个自恋者会利用别人而忽略自己利用他人时对他人产生的影响——这种人不是一段亲密关系中理想的人选。就好像有不幸童年经历的男性要面临一个奇怪的选择，要么就采取自恋性防御策略，要么就被看作不是“真正的男人”。就我个人而言，我喜欢少些自恋性防御，而大多数高敏感男性正是这样做的。我宁可生活在一个人们不否认人类基本情感的世界，即使这些情感是恐惧或悲伤。

对高敏感女性和高敏感男性的额外破坏

由性别问题引起的高敏感女性和高敏感男性的问题非常相似，所以我将两种性别放在一起讨论。

排斥选择

所有童年没有父母支持以及成年期缺少自信的高敏感者都可能过于谨慎，拒绝某些机会以避免过度恐惧。高敏感女性通常会在她们第一份偶然得到的职业中寻求庇护，或参加她们未作好准备的宗教运动，最常见的就是草率结婚，就像黛安娜一样。一旦驶入安全港口，即使情况并不令人满意，她们也会长期留在原地。尽管在读高中或大学时她们会非常独立而且有创造力，但是高敏感女性往往比其他女性更早结婚。另一方面，高敏感男性结婚以及实现职业目标的平均年龄比其他男性要晚，在一定程度上反映出他们作为高敏感者缺乏该如何顺利融入这个世界的指导。

低自尊

如果黛安娜对自己更有信心，她就可能不需要嫁给罗恩，或者她嫁了之后也不需要安抚他。为了自己和他们的婚姻需要而站起来，她也可能使他变成一个更加温存的丈夫——研究表明，妻子们经常教她们的丈夫一些人际技能，而那些接受了妻子的这种影响的丈夫会有更美满的婚姻。但要想对丈夫施加影响，就需要有自信和掌握自己性别的权利和力量，而这些是黛安娜所没有的。

对于高敏感男性，这种同样的缺乏自信似乎不符合“男孩行为准则”。你违反了它的规定，也许是因为太有创造性或“与众不同”，会哭或容易脸红，又或者是因为被强硬的家伙所不会注意到的某些事物所困扰，如热、冷、眼睛里的水、令人发痒的衣物。

高敏感女性和高敏感男性都有些很“酷”的难题，这是奇怪的文化理想。我们很容易被刺激物过度唤醒，因此我们经常看起来很紧张，而且在竞争中或高压情况下（包括在和我们刚认识的恋人约会时）表现不佳，而不是看起来很淡定。由于所有的压力和低自尊，我们可能会产生和焦虑相关的问题：胃痉挛、皮疹、恐惧症、口吃、害羞等。这些甚至会更加降低自信以及觉得自己有魅力的感觉。

可悲的界限

所有高敏感者，不管是男性还是女性，都更易意识到别人的感受以及别人想要的或需要的感受是什么。由于你会不由自主地对信息进行深加工，你也能感觉到如果别人不能得到他们需要的东西时会发生什么，他们可能会遭受痛苦，不能做他们想做的事，迁怒于你，对你失望。当他们难过时，你会更加敏感，你也会被困扰，而且你比其他人更苦恼。所以，你试着给予每个人他们想要的东西，既为了你自己，也为了他们。

我们的文化也尤其教导高敏感女性要照顾他人，如母亲、姐妹、妻子、朋友。体贴的女人又会被称为“依赖者”。所以，作为高敏感者，你可能会接受另一个为自己的本性感到羞耻的理由。

高敏感男性的问题是，“真正的男人”有极其严格的界限——很少关注别人的需要，尤其是他们的情感需求。但同时，男性尤其应该满足女性的需要，特别是她们被保护的需要。这又是一个不可能的矛盾。一个男性无论多么不堪重负，他都必须照做。但是要以何种方式？所以，这又是一个矛盾之处：一个高敏感男性只是想努力做自己，那你可能不仅会被指责为依赖别人，而且如果你关注别人的情感需求，还会被指责为女性化。或者是，如果关注女性的情感需求，你就可能被指责为让自己被一个女人所控制。但不那样做的话你又会被视作“不能”完全满足女人的需求。如此往复。而且由于过度唤醒和矛盾冲突，如果你完全放手不管，你会被认为不敏感。

对他人包括你伴侣的情感需求高度敏感，并不是依赖。当你对他人的需要做了错误的回应时，依赖才出现。尤其在这个词的原始含义上，你永远不会因为意识到你的朋友是一个酒鬼而且需要帮助而被称为“依赖”。

不过，对你们中的某些人来说，“依赖”这个标签上的有些东西还是比较可靠的，因为高度敏感明确要求你要有良好的界限——把有用的囊括在内，没用的排除在外。没用的包括别人需要你以他们想要的方式操作，而不是以对你们两者都有益的方式。

然而，除非你一直被鼓励和教导着要有明确的界限，否则也许他们根本什么都不是。你超负荷工作了，你的责任心被利用了。你总是说可以，之后又非常气愤。或者你走向另一个极端，偶尔或一直把每个人和每件事都推到界限外。最后，你让别人说你软弱、随和，以及依赖别人，或者说你不敏感、死板和傲慢，而不是由你自己来决定自己是什么样的人或你想要什么样的界限。简而言之，为了试图成为一个“真正的”男人或女人，你们中的许多人用你们的敏感过多地去取悦他人，或者走向了另一个极端，要么接受了自己软弱的说法，要么放弃自己的敏感。

高敏感超人——有风险

我看到很多高敏感者想通过成为男超人或女超人，来弥补他们不是“理想”的男人或女人的问题。当然了，他们工作的单位喜欢这样。

先来考虑“高敏感女超人”。我们都知道近来“理想”的女人表现出真正的机智，这对别人来说是多么方便！现在不少女性让自己长时间工作，可能出差，享受竞争，像战士一样处理压力，也适应家庭生活。对于非敏感、感觉寻求的女性，这再好不过了。是时候让她们可以自由表达自己的气质了——可能意味着不再有长裙和针织衫。

但许多高敏感女性也在试着达到这些要求。你可能有良好的教养、自信、教育以及所需要的天赋。也许你也是高感觉寻求者——容易感到厌倦、充满创意。同时作为高敏感者，你通常在自己的组织中有远见卓识，事业蒸蒸日上，成为一个“明星”。你似乎同时具有他们想要的敏感性和韧性。但在试图符合女超人这种新的性别刻板印象的过程中，你背离了自己本来的模样，而且冒着健康的风险。

高敏感男性为了成为“高敏感超人”，可能会面临更大的风险，因为在快速发展的职业中，如果男性表达了需要个人休息一段时间或连续一段时间去陪伴爱人或家人，那么他们就会受到比女性更少的尊重。你甚至有可能被驱使着来证明你的男子气概，以及通过展示你与周围的人有一样的工作圈，来掩盖你的敏感性这个“秘密缺陷”。有了你的直觉和创造力，你完全可以考虑一些新项目。

可这还是你吗？不管你是高敏感男性还是高敏感女性，我可能对你以及你的人际关系有了更全面的认识。你没有精力做任何事情，只能工作，然后经常私下抱怨说生活是地狱，几乎不值得过下去。如果你有时间找到一个伴侣，那你也会对你的伴侣很凶。或者你的伴侣同样也被驱使，在这种情况下，你们可能就不能说是一段亲密关系了。然而你担心承认你的疲惫会显示你的脆弱，接着就会面临周围人隐隐的驱赶，最终你可能会失去工作，以及你的伴侣、家人或者朋友对你的尊重。据我观察，大约在四十岁时，通常是你的健康阻止了你前进。坚持按照严格的性别理想型生活可能会是致命的。

妄自菲薄的父母

当我第一次在心理学文献中搜索任何关于“敏感”或“敏感性”的文章时，我只找到了三篇文献，其中两篇认为敏感是对最会照顾婴儿的人最好的描述。这种能力与一个人实际中是否为人父母关系不大，却与能读懂婴儿的微妙线索以及能明白婴儿的想法和无助关系紧密。一旦高敏感男性和高敏感女性从自己孩子的诞生中缓过神来（他们在孩子出生时的反应都很强烈），他们通常会成为高反应性的父母，这不足为奇。有些人也许并没有发觉自己的能力，但他们中的大多数人，会在不知不觉中可能也使其他的父母变得敏感。

然而，高敏感者同时也会强烈地认为他们是很糟糕的父母。如果你是一个高度敏感的父母，那你应该明白我的意思。你经常会急躁、抑郁、缺乏活力、想离开、想发挥你的其他才能，或者暗自认为如果没有孩子那么生活会多美好。为人父母是一份非常重大的责任，也是刺激的来源。在孕期和分娩期间会有无法言说的敏感，尤其是第一次生孩子，对父母双方都是最美妙也是最糟糕的体验。你的身体和内心生活感觉完全变了。孩子出生后，所有这些感受会倍增，你需要一直围着宝宝转，严重缺乏睡眠。你想知道怎么过下去，你也可能想知道生孩子是否是正确的决定。你明确怀疑自己是否总是或通常是一个好父亲或好母亲。

另外，一个敏感的父亲经常会在第一阶段觉得被冷落，之后又为之感到羞愧和困扰，但也被它深深打动。为人父还有一个负担——你不仅要努力成为一个养育者和杰出的儿童心理学家，还要极其负责地承担起保护孩子以及为其提供经济支持的重任，不管你的伴侣会提供多少帮助。同时，如何处理自己需要独处的时间以及和孩子的母亲独处的时间？

传统的性别刻板印象在我们所有人当中仍然存在，它破坏了高敏感者的亲密关系——而这次是破坏作为父母的关系。现在刻板印象就变成了理想的父亲或母亲——这是一种无人能达到的理想模型，尤其高敏感者是达不到的。对于非高敏感者，不足感可能只会出现在新晋父母的梦境中，但是高敏感者的不足感可能更接近意识层面，而且他们会更痛苦。高敏感者对他们藏在内心深处关于自己是好父母还是糟糕父母的秘密怀有负罪感。想到这个我很难过。

感觉寻求在哪里适用？

在我们解决这些困难前，让我们思考一下性别偏见对既是高感觉寻求者同时又是高敏感者的人的影响。显然，感觉寻求是我们文化中理想人格的组成部分。如果你是一个高感觉寻求者，由于更像理想的男性或女性，你就会更自信。这对男性来说尤其如此，他们应该渴望冒险。具有高感觉寻求特质也会帮助一个高敏感男性解决关于爱情羞怯的问题，促使他主动出击，也促使他在稳定下来之前经历多样的性体验。

当然，感觉寻求也会带来弊端，由于受到外部力量和这些冲突的内在气质特征的驱使，高感觉寻求 / 高敏感者更有可能尝试成为超人或女超人。敏感的一面会获得很少的支持，直到身体宣告抱恙。一个重要的提醒：作为高感觉寻求 / 高敏感者，你不太可能会过度唤醒和精疲力竭。无论你有多接近那个并不适合你的性别刻板印象，都不要被诱导去试着迎合它，因为在某种有限的意义上，你是一个高感觉寻求者。

解决性别问题

我已经带你走过了黑暗的地方。现在，我们来想想怎样带来更多的光明。性别歧视对高敏感男性和高敏感女性的许多影响都非常相似，因此，尽管我们的文化仍然喜欢对他们一概而论，如“女性心情不好时，她们会说出来，而男性心情不好时则钻进自己的办公室工作”，或是“当女性遇到问题时，她们只是想被倾听，而男性则想给出或得到解决办法”。事实是，上一代可能会这样做，虽然这一点还不是很清楚，但是一般说来，性别差异在每一代都会缩小。

我们都需要表达我们的感受，也需要找到解决问题的方法，包括这些与性别相关的问题。我们仍旧一概而论，而这却也让他们对自己的生活有了一点了解。它有助于了解事实，所以当你想改变时，你可以纠正这个概括化的结论。例如，有研究一致表明，当恋爱中的女性和男性以一种在过去被视为传统“女性化”的方式行事时，也就是温暖、呵护、情感表达以及渴望对关系中的问题进行探讨，他们会更幸福。就像我的一位匿名朋友说过的，所谓的“女子气”只是“正常的人类”。幸运的是，大多数男性也会按照那种方式表现——与刻板印象相反。最近关于新婚夫妇的录像研究发现，至少这些男性和女性在他们寻找或互相给予支持的程度上没有根本差别。甚至在男性和女性给予支持的类型（同情、鼓励和建议）方面也没有差别。有关这种刻板印象就只有这些。

高敏感者中，符合这些概论的甚至更少，他们处于一个更容易无视它们的位置，这样就使仍在以老套方式行事的人更容易改变。我们是领导者，改变社会是绝对必要的。研究表明，那些坚持传统男女角色的夫妻一般是最不幸福的，对他们的婚姻治疗也不太有效。这个讨厌的传统有很大一部分是“男性规则当道”。强有力的证据表明，这样的婚姻不太令夫妻双方满意，而且更有可能以离婚告终。

亲密关系中“男性至上”的另一部分是，男性忽略了女性伴侣提出的任何需求。这种“需求/退出模式”是如何影响亲密关系的呢？退出一般发生在当一方试图坦诚或亲密地交谈时，包括表达需要对方作出改变的想法，而另一方却拒绝交流，转身离开，或是冷眼相待。事实是，虽然男女双方都会这样做，但主要是因为当女性有需要时男性却退出了，因而造成了关系的紧张、两极分化，并可能走向结束。

为了探究需求/退出模式，克里斯托弗·哈维(Christopher Heavey)、克里斯托弗·莱恩(Christopher Layne)以及加州大学洛杉矶分校的安德鲁·克里斯滕森(Andrew Christensen)对已婚夫妇就两个问题的讨论过程进行了录像——一个是妻子希望丈夫做的改变，另一个是丈夫希望妻子做的改变。典型的问题是“多跟我出去”或“给我自己更多的时间”。研究人员发现，当讨论关于丈夫希望妻子做的改变时，不存在需求/退出模式。但是在讨论妻子希望丈夫做出的改变时，男性则拒绝改变。(但我怀疑许多高敏感男性都是这样的，对吧？)

这两个例子的要点是传统的以男性为主导的亲密关系绝对不是一段成功的亲密关系的典型。所以因忽视他人的感受而感到过意不去的高敏感男性是再正确不过的了。从长远来看，无论哪种性别的人，都应该试着去符合的唯一模型是，能够使人们收获自己满意的、亲密的关系的模型。

那你现在能做些什么来消除性别歧视和性别刻板印象带来的影响？你能做的有很多。我不能在一章里详细叙述解决方法，但是我能提供一些建议。

1.**克服你的自卑**。改变低人一等的感觉，因为你是一个女人而且是一个高敏感者，或者因为你是一个高敏感者所以不是“真正的男人”。第一章简要论述重塑问题，而《高敏感者》与《高敏感者手册》都讨论有关自尊的问题。

2.**完善你的界限**。好的界限是灵活的，既不允许外界每个需求的涌入，也不会因为你不能信任他们，或是说关心会显得不酷而排斥所有人。洞察力是关键——每一个接近你的人都是独特的个体，他不仅仅是一位男性或女性，乃至一位高敏感者或非高敏感者，而且是一个在你可能或不可能做出回应时接近你的人。

3.**用关于真正的男性和女性的知识来取代刻板印象**。减少异性陌生感的唯一方法是听听异性团体成员的描述，并且观察他们实际上到底是怎样的。得知他们的困难时，你会倾向于对他们从不信任变成理解，你甚至会帮助他们。例如，高敏感男性可以以他们的方式给予高敏感女性成功融入世界的信心，而高敏感女性可以提防自己关于“理想的男性”的偏见，拒绝信守任何传统的观点，例如，认为一个有时会哭或者做决定时缓慢而谨慎的男人是没有吸引力的。

4.**例如，通过强迫自己每周要见一些人等方式来解决你的爱情羞怯**。这是一份人际工作，而不是内心世界的工作，你必须走出去而且要完成它。但你一定要对所走的路有耐心。正如我们所知道的，高敏感男性和高敏感女性都有理由认为自己会被拒绝。

首先，考虑你是否会无意识地通过看起来或者表现得你完全没有希望，来保护自己免遭被拒绝之痛，这会使你作为一个可能的约会对象被完全忽视。“不冒险，无损失”，我见过许多高敏感者这样做。

其次，它可以帮助你做些准备，组织好你遇到某人时要说的话，以及如果对方看起来比较积极或消极或者很难读懂时，你该说些什么。如果我们排练过，那么我们可以看起来更自然——它避免了内心的尖叫和双手的颤抖。为了应对在所难免的被拒绝以及不得不退出一段错误关系之后的伤痛，你也必须做好准备。

5. **正视你关于高敏感男性和同性恋的想法。**“女性化”和同性恋在我们文化中经常被混淆。有 5%~10% 的男人是同性恋，虽然我没有数据，但是我相当确信这和自身是高敏感男性没有关系。波拉克 (Pollack) 在《真正的男孩》中的某章节关于“不同”指出，许多“坚韧的”男孩是同性恋，而许多喜欢安静的活动而不是追跑打闹游戏的敏感男孩却是异性恋。男同性恋者同样也会观察女性，同性恋社区中充满男子气概的男性和敏感的男性一样多，所以说认为高敏感男性会成为同性恋是完全错误的。当人们假设并隐含某些负面的东西时，只要可以你就去反驳：“同性恋？我倒希望我是，我更喜欢男人。”或者说：“这想法真怪，我想知道你为什么这么想。”

6. **避免成为超人、女超人或超级父母，找出致使你想变得如此完美的原因。**你是否在弥补你的“缺陷”？试图立刻取悦大家？拒绝承认你的局限？为任何放弃的机会感到特别兴奋？一旦你找到了做那些努力的缘由，你就会发现拒绝一种对你来说压力过大的生活很容易。你的新态度可能需要发展一份新的事业或新的领导方法，注重完成高质量的工作或养育子女，而不是关注投入时间的多少。你的新方法肯定能在关心自己和关心他人之间保持平衡，做到两方面的优化。（通过角色塑造，你为社会做的事会比你通过自己的实际工作做的更多。）

获得平衡的一种有效方式是冥想。在我儿子约 1 岁时，我学会了冥想（我学会的是超觉冥想）。在内心深处冥想 20 分钟，尤其是在傍晚，会使生活变得大不相同。晚餐时间也在一次震撼心灵的体验之后被改变了——一位敏感的母亲和她的孩子在他们处于过度唤醒状态时超越了彼此，共享了一段快乐的平静时光。冥想也可以帮助我们充满活力地工作。我们都经历过在抛开问题一段时间后就想到解决办法这样的事。你会惊奇地发现，在一段时间什么都不做，多做准备，会使你变得更富有想法和富有爱。

7.找一位和你同性别的敏感导师。威廉·波拉克以及其他教育学家都强调男孩导师的重要性。男孩还能在与除了父亲之外的其他男性的关系中收获很多东西，这些男性会分享他们特别的兴趣爱好，教会男孩更多的生存之道。例如，一个喜欢阅读而不是足球的敏感男孩可以由一位作家或语文老师指导，他可以使男孩了解人文的乐趣，也会和男孩分享自己的悲惨过往，而一位热情的运动员则不太会这么做。但是接受指导可以让任何人受益，尤其是高敏感者。因此，在你的专业领域中找一个敏感的男性或女性，或者是一个曾经解决过与你现在处境类似问题的人，问问他是否能与你分享经验并提出一些问题。（然而，要想得到高敏感者的应允，你必须表明你的请求不会太过分，只需要一次碰面就可以。如果一个潜在的导师不愿意答应，那就试试另一个。）

8.远离不尊重你的人。我认为世界上有一些非常密集的性别和气质偏见的地方，比如，我想象可能存在于某些军队中。也有一些地方偏见很少，或者根本就不存在偏见，比如我的丈夫，他喜欢女人，尤其喜欢我这种高敏感女性。尽可能保护自己以及远离那些偏见密集的地方是绝对重要的。

由于人们现在直接表现出偏见是不被社会接纳的，所以很难察觉。要熟悉足够多的男性和女性，才能给他们归类，因为他们中的许多人确实为了避免性别歧视而做了很多英勇的努力，即使他们有时会犯错误。如果他们想要克服自己的偏见，你还能说什么呢？他们就像你一样并没有选择生在一个有性别歧视的世界里。

9. **记住再忘记那四种性别**。在本章开始时，我建议我们可以想象有四种性别，而不是两种，这样我们就会有更多的空间来让高敏感男性和高敏感女性做真正的自己。正如我在第一章中所说的，似乎所有物种都有两种类型——敏感的和不敏感的。你的类型应该至少和你的性别一样重要。花一分钟时间想想你最喜欢的高敏感女性、高敏感男性、非高敏感女性和非高敏感男性的榜样（我们当然不会在远处就能知道谁是高敏感者，或谁不是）。对我来说，“真正的”高敏感男性可能是美国总统乔治·华盛顿、亚伯拉罕·林肯和吉米·卡特，以及候选人罗伯特·肯尼迪和导演英格玛·伯格曼 (Ingmar Bergman)，诗人赖内·马利亚·里尔克 (Rainer Maria Rilke)、罗宾逊·杰弗斯 (Robinson Jeffers) 和斯蒂芬·斯彭德 (Stephen Spender)，以及心理学家卡尔·荣格。在高敏感女性中，包括神秘主义者圣女德兰 (Teresa de Avila)、美国第一夫人埃莉诺·罗斯福（Eleanor Roosevelt）、诗人艾米莉·狄金森 (Emily Dickinson)、女雕刻家卡米耶·克洛岱尔（Camille Claudel）、作家简·奥斯汀和勃朗特姐妹，以及考古学家马丽加·金芭塔丝 (Marija Gimbutas)（她在女神文化中做了决定性的研究工作）。

我们都能罗列出一些杰出的“真正的”非高敏感男性和非高敏感女性。你最喜欢的企业家、运动员、探险家、国家领导人或运动领袖，可能都是非高敏感男性，而所有艰苦作战的妇女参政论者和女权主义者，再加上许多第一流的女医生、护士和科学家，可能都不是高敏感女性。

然后，当你准备完全脱离性别刻板印象时，试着这样想：当他或她按照真实的自己以及自己的气质活出真我时才是一个真正的男人或女人。没有比你自己的性别更能确定你到底是不是真正的男人或女人的了。

10. **用梦抚平性别创伤**。我总是建议高敏感者去了解他们的梦——我们的梦是很生动的，而且非常适合在梦里做深刻的个人反思。在《高敏感者手册》中我对如何利用梦做了详细的描述，我在这里再次建议你利用梦。为了抚平性别创伤，有三种利用梦的方式。

第一，注意每一个梦中角色的性别。它总是传递关于你现有的亲密关系与某个性别关系的信息，或者是某个性别所代表的你的特质信息。如果你梦到和自己同性别的人，一般来说，这个人的特质和你自己很接近，就很容易被整合或识别。例如，当我梦到自己的一个非常外向的女性朋友时，我知道自己梦到的是外向的自我，这个外向的我对我来说不是很难接受。另一方面，当你梦到异性时，它通常代表的是你可能永远不会具有的或是你认为自己不会具有的特质。因此，当我梦见我的某个男性朋友表现出特别的自信、耐力和力量时，我知道自己在生活中渴望拥有或现在就需要那种力量，但我相信，作为一个女人是永远无法召唤出那种力量的。

第二，利用梦中角色的性别来帮助你找到自己失去平衡的原因。举个例子，假设你和一个朋友试图解决某些问题，而在那天晚上你梦见一个苍白、瘦弱的女人溺水身亡。无论你是男性还是女性，你可能都会想回忆一下当晚的谈话，来看看你自身传统意义上的或是你个人定义的女性化部分是否在谈话中被淹没、被冲掉或者被浸没在无意识中。顺便提一下，对自己的性别部分好一些将来也会更好地对待那种性别的人。

第三，给你的梦想象一个新结局，改变你与异性的关系。这被称为积极想象——在《高敏感者手册》和罗伯特·约翰逊（Robert Johnson）的《内在工作》中有更多的讨论。有了这种技巧，你既不会强加一个特定的结局，也不会无所事事地做着白日梦，而是回到一个可以想象发生更多故事的梦境中，毕竟，一开始就是你的想象创造了这个梦。你的另一个目的就是，在你的想象中也采取一些行动。这种方法可以在性别方面带来有价值的突破。

在溺水女子的例子中，你可能会跳进水里试图救她。如果她能重新活过来，就问她是怎么被淹死的。如果你和这事有关系的话，你可能会向她道歉并与她交流。如果是别人导致她溺水，你应该先考虑一下这个人是否会代表你自己的一部分。如果她想自杀，她就需要你的高度关注——为什么她想结束自己的生命？如果她是被自然力量所摧毁的，你可能会想些将来保护她的方法，并想想这些自然力量可能会象征你现实生活中的哪些东西。

在积极想象中，你不要对自己强行加上任何问题或判断，这很重要。就像一个梦一样，积极想象应该被视为来自心灵的有用的信息。不管最初的那个形象是多么令人痛苦，它的目的总是想让你了解更多一些，它的目的最终来说是好的。

结语

在人类历史上，几乎从来没有出现过男女平等。现在追求平等的男女们是在追求一个新的东西，而且他们深知自己使命的艰巨。近来的研究表明，我们对一个人无意识的第一反应基于我们小时候学到的偏见，不管这些偏见现在对我们来说有多残忍或讨厌。这可能是一些古人所计划的通过贬低所有的外群体来帮助保护我们的内群体。但现在它在世界的每一个角落都带来了问题。该研究还发现，种族主义者、性别歧视者和两者都不是的人之间唯一真正的区别是，两者都不是的人会有意识地努力去消除他们在童年时无意学到的偏见。

然而，没有偏见并不意味着所有事情都是一样的，而是意味着权力是根据每个人的兴趣和能力平等分配的。高敏感者在培养男女平等的意识中可以起带头作用，因为我们善于注意到我们的无意识过程，包括我们的偏见，并且能够意识到性别就像气质一样，需要每个人都采取一种不同但平等的态度。我们也会很出色地想到所有应对策略的后果，因此我们可以看到，两性之间的权力不平等永远不会带来我们试图在亲密关系中培养的信任和亲密。

在下一章中，我将探讨高敏感者对亲密怀有戒心的自然倾向。从本章中我们可以看到，我们的犹豫不决常常与性别有关——“我非常害怕男人”或者“我再也不会相信女人了”。我们过去坚定的亲密经历总是包括了性别化的他人——不只是父母或兄弟姐妹，而是母亲、父亲、姐妹、兄弟。作为高敏感女性和高敏感男性，我们根据自己和他人的气质，我们的性别和他们的性别,以及我们对他们关于完美气质和完美男性或女性的观点的契合度，来对我们之间的亲密做出回应。可问题是，这些由过于僵化的理想模型所造成的创伤是否能够得到承认和愈合？

我们无数代人类已经把“其他人”放逐到一个无知的深渊，然后把我们所不喜欢的一切投掷或投射到他们身上，这样我们这一方就会觉得一切都好，而他们的一切都是坏的。男女双方都各执一词。女人说：“男人是好斗的、不敏感的野兽。”就好像女人从来都不喜欢那样一样。男人说：“女人是不可理喻的、要求太多的，而且只想控制男人。”就好像男人从来都不喜欢那样一样。我们可以害怕彼此、互相谩骂、互相排斥，但只限于持续到现在。现在该意识到我们实际上是在害怕、谩骂和排斥我们自己的另一半了。而高敏感者应该能首先看到这个事实。

第三章

高敏感者与亲密恐惧：担心的原因与获得安全感的途径

作为高敏感者，你我自然会在采取行动前认真考虑其中的风险。与另一个人的亲密关系当然会包含风险——迷失自我、受到背叛、遭遇抛弃，或者被另一个人所利用或控制。所以，虽然亲密关系在近来得到高度评价，而且在理论与实践中听起来也很完美，但是，在时间上所有高敏感者会在进入一段亲密关系之前停顿一下，这有他们自己的原因，有些原因是可以被意识到的，而有些则很少被意识到。

在本章中，我们的目标就是将更多无意识的原因带到意识层面，让它们可以被检测出来。在阳光下，一些恐惧好像被夸张放大，在这里你可以更直观地面对它们，或许可以开始采取一些策略去减少这种恐惧。

但是，首先，需要做一个“亲密性自我评估”，来看一看你在面对亲密关系时的反应如何。

亲密性自我评估表

在回答这些问题时，你需要回想过去自己在所有亲密关系（可以是恋人也可以是朋友）中的表现或者倾向。

1. 当谈论到过去使我感到羞愧的事情时，我觉得很不舒服。 是 否
2. 有关我的一些事情，如果被其他人知道，我会觉得他 / 她令人讨厌。 是 否
3. 我担心自己泄漏的某些事会让别人生气。 是 否
4. 我宁愿不去爱某人，这样我也不用担心会失去他们。 是 否
5. 在一段亲密关系结束后，我倾向于认为在某种程度上他 / 她背叛了我。 是 否
6. 我很害怕主动和他人在一起。 是 否
7. 有些时候当我亲近他人时，即使他们是好人，我仍然感觉很紧张，想要停下来消除这种紧张感。 是 否
8. 我很担心我会做某些事伤害到其他人的情感。 是 否
9. 我一般避免与他人关系太近，因为我认为其他人会逐渐控制我。 是 否
10. 我在一定程度上很害怕对一段关系做一个长期的承诺。 是 否
11. 如果有人因想获得情感支持而开始依赖我，我会感到很不舒服。 是 否
12. 我怀疑自己是否真的能亲近某些人，因为一些小事总会让我大发雷霆。 是 否
13. 对我来说，告诉一个人我很关心他 / 她是很困难的事情。 是 否
14. 虽然我很想亲近某个人，但是我仍然会回避与他 / 她接近的机会。 是 否
15. 我会隐瞒自己在之前的亲密关系中的感受。 是 否

计分

每一个选择“是”的答案，都代表你害怕亲密关系的不同原因，所以你选择的“是”越多，就意味着你越害怕。即使选择了一个“是”，也是值得思考的，本章中我们会讨论每一个答案。

如果前两个问题的回答是“是”，就要特别注意本章最开始描述的暴露恐惧和拒绝。

如果在问题 3 选择了“是”，就多关注这里所说的第二类恐惧，即害怕愤怒的攻击。

问题 4 和 5 选择“是”，是害怕被抛弃。

问题 6 与 7 选择“是”，是害怕失去控制。

问题 8 选择“是”，意味着害怕你自己的破坏性冲动。

问题 9 选择“是”，是代表害怕被吞噬。

问题 10 与 11 选择“是”，是对承诺的恐惧。

问题 12 选择“是”，是担心自己很容易被激怒。

问题 13、14 与 15，如果你在其中任何一题选择了“是”，则请额外关注整章的内容。

你的得分怎么样？或许你已经注意到了，我没给出一个具体的分数，即“超过这个分数你就是良好的，低于这个分数就是不好的”。虽然这些问题没有让你产生问题或者过得不好，但是对以上任意一道题回答了“是”都表明你在亲密关系中的某个点存在一些问题。每一个“是”仅仅突出你自己的某个方面。如果在以上问题中，你选择了三个以上的“是”，可能你不需要我提醒自己也能意识到，其实你通常在亲密关系中都是很谨慎小心的。当然在现实生活中你并不孤独，让我们来认识一下马克斯（Max）。

与马克斯拉近距离

马克斯接受我的心理治疗已经 6 年了，每周见我一次。他已经 30 多岁了，是一个高敏感者，他努力地执导很多电影和游戏。而剩下的时间他会作为一个独立的承包商设计网页。很多人认为他是一个非凡的导演，当然他也“从来没有向他的想象力妥协”，而且我们知道这就是一个艺术家尝试生存下去的意义。

马克斯拥有一个普通而又快乐的童年。他在五个孩子中排行第三，而且很喜欢引起忙碌的妈妈的注意，但是他也是五个孩子中最敏感的那一个，同时也是妈妈私下里最喜欢的那一个（一个美好的例外就是我们在第二章中讨论过的母亲与“羞怯儿子”的模式）。所以，他几乎不给妈妈惹麻烦，同时也很享受与母亲这种不言而喻的关系，这让他感到很满足。虽然他与自己的父亲也很和谐融洽，但这种敏感的男性通常是不被接纳的。在学校里被人戏弄或者被排挤对于马克斯来说是更大的问题，直到他在高中的时候加入了学校的戏剧社团，生活才有了好转。从那以后，他的社交问题终于解决。他在高中建立的几段亲密友谊一直延续到了大学，甚至更长时间，而且还拥有两段恋爱的感情经历，一段四年，一段三年。虽然每一段恋情他都想走到最后，但由于一些问题而分手。而这些他遇到的问题可能也会发生在我们每个人身上。

在他接受心理治疗不久之后，马克斯和我形成了一个惯例。他会告诉我自己做的令人吃惊的梦，将它们组合好，然后用 15 分钟到 30 分钟的时间大声读给我听，然后我们会及时讨论这些梦。他觉得这是一件很有价值的事情，因为在此之前他非常厌恶改变其中的任何一点，但是五年以后（是的，这的确花费了一些时间），当他那段三年的亲密关系结束时，我们在他的“真实生活中”，开始审视在这段时间以外发生的事情，并且这个时间只属于我跟他。在这个过程中发生的几个小插曲帮助他发现，在之前约会时一些由他造成的问题，如对超越某种亲密水平的恐惧，本应该可以处理得更好。正如之前为了满足父母对他的期望以及他在前两段关系中的表现一样，他尤其害怕强烈地迎合别人的需求，之后会觉得陷入迎合别人的困境中。回过头来看我与他之间的关系，我们意识到梦是他与我之间深度分享的一种途径，到目前为止，梦也成为在很多无意识层面回避与我有关的问题的一种途径，最直接的效果就是这可能会让他认识到他不是“我喜爱的”（他曾经私下里认为他是“我喜爱的”），或者就是我无意识的反应可能表露了我自己的一些需求，他可能觉得有责任去满足这些需求——比如他童年期的恐惧。所以，我们讨论了很多童年期的恐惧，因为我们大多数人会有这些问题。我们的一些发现将在下文阐述。

你对亲密关系的感觉是怎么样的?

也许我们需要给出一个定义。对于我来说，亲密意味着要向他人展示你最隐私和此刻最为真实的自我，包括想法、感受与身体上的自我。反过来，别人也会展现他/她最为真实的一面给你。这就要求对彼此保持信任。所以亲密关系相当于真实性，只允许信任。而做到真实性与信任并非易事。

鉴于这个定义，亲密是否值得去追求？马克斯开始问他自己。我认为那是一个理性的问题，很少在开放的、对亲密关系着迷的文化中被娱乐。研究者发现人们在亲近、忠诚、亲密浪漫的伴侣关系中，会更多地表现出快乐和健康，会发现生活的真谛，也会拥有高自尊与较少的焦虑。当人们无法拥有这样的关系时，会变得不开心、不健康、孤独等等。所以这是否意味着，在亲密关系中就可以拥有好运而不在亲密关系中就会发生一切不好的事情？

虽然这是大多数人的假设，但事实并不如此。这也可以反过来说，一个人不快乐、不健康等等原因会造成他无法拥有亲密关系，而一个快乐的人可以拥有一段幸福的亲密关系。但是保持快乐也会让一个人能在独处时感受到快乐。也就是说，幸福或许可以不需要很多的亲密就可以单独存在。我遇见过很多高敏感者，也包括马克斯，他们认为要变得幸福只需要拥有几个亲密的朋友，而不需要一个同居的、有承诺的或专一的伴侣。让我们更加开放地看待这个可能性，至少对于高敏感者来说，并不能说浪漫的或者同居的亲密关系是唯一获得幸福的方法。

尽管如此，我们大多数人还是想要一段亲密关系，无论是否同居，这段关系中的双方都将彼此视作被爱的或者亲爱的，也将对方看作是一个在任何情况下都可以依靠的人，而且不管我们内心深处有何感受，对方永远都会爱我们。（注意，我并没有说“无论我们做了什么”，例如对感情的背叛行为，在任何成人关系中都不能被接受。）

对一些渴望被爱的人，这是一个很好的理由：我们生来就受到家人的呵护，并且享受着相互依赖的亲密关系。即使我们成年了，哪怕只有一个人深切地关心着我们，我们也会感觉到更加安全也更放松。也就是说，在过去，没有与他人建立亲密的关系是痛苦的一个原因。但是现在，我们可能会想要一种更深入、达到本能水平的亲密关系，甚至这种渴望会超越偶尔的恐惧。

假如你相信自己可能在亲密关系中过得更幸福，这对你意义重大，就像马克斯一样，你自己的问题会不会成为幸福路上的阻碍呢？我会用研究结果背后的两个假设来解释为什么幸福的人通常拥有亲密关系。我相信当你与他人的关系更亲近的时候，你会变得更幸福，与此同时，当你更幸福的时候，你可能更容易进入一段亲密关系。所以，你会同时做一些内部工作和外部工作——尝试与人接触，锻炼你的社交技巧。我指的内部工作是利用梦、冥想、有用的书籍、与他人深入交流以及可能的心理治疗来自我反思。这一章会是一个很好的开始。

内部工作并非一直是某个用来变得“更幸福”的固定公式，但是我认为对于高敏感者来说它通常是最好的选择。对恰当关系的寻求将会得到完美的结局，相信我，内部工作就是你生活中的工作。开始、维持或挽救一段亲密关系是必要的，除非你对无亲密关系感到满意。

无意识与它的恐惧

内部工作，就像你知道的那样，意味着探索你的无意识，而你的许多恐惧就寄居其中。讽刺的是，你越是关心无意识里的真相和了解无意识的恐惧与想象的巨大力量，它们就越容易改变或者萦绕在周围。这就是我在这本书里贯穿始终地提到无意识的原因。

无意识储存了一部分我们已经遗忘了的想法和记忆，但是如果我们尝试还是可以回忆起来。这里也有一些我们很早的经历，早到我们还无法用言语描述，但是我们仍然可以通过在梦中的象征、身体上的“记忆”或者是语言上的无意识的反应而追溯到。无意识当然也排除在有创伤的或者羞愧的意识之外。在荣格的理论观点中，无意识也包括所有原始的本能与象征性的“原型”，这些通常会被我们新式或者外部指向的生活所掩盖，但是会随着人类一直存在。就像知更鸟会筑巢和狼会嚎叫一样，人类也有一些本能反应帮助我们自己应对人类久远的经历，如在面对诸如蛇、母亲、死亡、美和神灵这些事物时的本能反应。但是现代住在城市的人们对这一部分的无意识会逐渐丧失。当我们适应了这些知识，我们的生活就会感到更加满足与完整。

从我的经验来看，高敏感者似乎从童年期就更多地接触这些无意识，不仅是我们自己的无意识也包括其他人的无意识。对于我们来说，通往无意识世界的大门开启得更加容易一些。我们通常被这个内部世界所吸引，并且意识到相比于人们已经有意识的想法，它会对我们的理性思维有更大的影响。我们会不自觉地敬畏它，即使会有危险和恐惧，我们仍然想要去探索它。

所以让我们谨慎地看待清单上你对亲密关系产生害怕的原因，其中一些可能属于无意识，直到你开始思考它们的时候，它们才会逐渐被唤醒。

高敏感者害怕亲密关系的八个原因

我们以下所讨论的前六个害怕的原因，由社会心理学家伊莱恩·哈特菲尔德（Elaine Hatfield）提出，她是研究爱情的开拓者，并以此而闻名。哈特菲尔德的六种分类适用于所有的人，但是我认为高敏感者可能需要特别考虑。那么，作为高敏感者我意识到我们有特别问题，于是增加了两种分类，以及似乎看上去被夸大的有关如何减少每类恐惧的一些思考。

对所有的八个原因来说有一点是共同的：你曾经遇到引起这些恐惧中的任何一种的原因越多，与低敏感者相比，你现在就越有可能感受到它们。

第一点，害怕暴露与拒绝

每当你敞开心扉并且表露真实的自己时，你就有暴露某些问题的风险，他人就会发现你没有吸引力、愚蠢甚至恶心。人类会害怕很多被暴露在外的事情——贪婪、嫉妒、被忽视、不诚实的片刻、尴尬、消极性冲动、由强烈焦虑导致的恐慌、至少有人在有些场合不赞成的性行为方式。而且高敏感者会更加害怕暴露——他们的敏感、他们的核心自我。有一些特别的高敏感者拒绝让我将他们叫做高敏感者，他们害怕被公众看到他们有缺点，有一些订阅者希望我将他们订阅的通讯装在棕色的信封中。有时候，我们感觉自己的面部或者身体曲线象征自己的缺陷，我们无休止地尝试各种方法隐瞒或摆脱它们。或者我们不能让任何人研究我们的脸，看着我们的眼睛，或者在我们没有完全穿着打扮好之前看我们——虽然这是很重要的亲密形式。总之，我们不能完全暴露自己。

由于很难让自己感到不再有任何缺陷，你不愿向任何人暴露真实的自我。这项工作就像挖出一棵树根四处蔓延的树桩。就像我在第二章提到的，当谈论到自尊，《高敏感者》和《高敏感者手册》就是为帮助我们而设计的，现在这本书会告诉我们可以通过什么方法来改善自己的人际关系。

亲密关系对于克服暴露恐惧至关重要，因为它可以将你的恐惧降低到更加现实的尺度。即使你不会冒险暴露你的缺陷，当你想到那些你很熟悉的人的时候，你也许会不得不认同你没有比他们差太多，而且你的行为即使并非总是属于可爱的人类行为，但也在正常的范围内，你还是不错的。既然你容忍别人的瑕疵，你可以想象到如果你冒着承认自己错误的风险，那么爱你的人也可能会容忍你。也许他们甚至会放心，承认自己更多的有“阴影”的东西。你可以想象（如果你努力地推翻自己会被认为是一个怪物的假设），那种自我暴露会增加亲密，而不是减少它。然而，如果你对暴露的恐惧度非常强，请考虑群组治疗或以过程为导向的支持小组，从中你可以测试人们对你所害怕的任何暴露的反应，并听取其他人的看法。

在长期的关系中，赌注可能会更高。你的暴露可能会改变你的伴侣对你的信任或你的自我概念，这样就会改变你们之间的关系，甚至结束它。唯一的安慰就是问自己，你是否想要一种不可信的关系，在这种关系中你的真实自我是不被接受的。如果这么想，你可能会有些失落。如果你确信自己的伴侣会对你的暴露有消极的反应，那么可以考虑在一个值得信赖的第三方的面前暴露，如婚姻治疗师——最好是你以前见过的。就像你的家庭医生，就是一个最为简便的选择。

第二点，害怕愤怒的攻击

愤怒是一种高强度刺激的情绪。即使只是目睹它，高敏感者仍然会受到很大的影响。如果我们表达它或是它的接受者，我们无疑会超出自己的最佳唤醒水平——我们的心脏怦怦跳，我们的头脑变得模糊。如果有人对我们发怒，我们就会认真对待他所说的话。我们也会深入地采取行动。对在一个充斥着愤怒攻击的家庭中长大的高敏感者而言，对愤怒袭击的恐惧大大加剧，并且无任何建设性、积极性可言。家庭成员在亲密瞬间获得的信息会受到更深的伤害。

搞清楚攻击的意图有助于获得胜利和消灭对方的“道德愤怒”。这种攻击类型不属于亲密关系。尤其是在高敏感者中，它会破坏信任。但是我所说的道德愤怒是一种反思的方式，在亲密的关系中几乎符合伦理要求。它包括一个人要让对方清楚地知道，有些特定的边界不能逾越，那是对一个人很重要的事，否则他会生气。举个例子，你的伴侣或者你可能会说：“如果你要迟到一个多小时，你必须打电话，因为我爱你，也担心你。”如果下次不打这个电话，那某人就会有正当理由生气，而且需要强调边界的重要性。

我不确定道德愤怒是否可以在一个亲密关系中完全避免，所以如果你非常害怕愤怒，你因为担心他人的反应而无法表达自己的真实感受，那么你需要探索更多。你可能会最大限度地避免愤怒。你自己或者你的伴侣作为一个高敏感者，通常不需另一个人用愤怒的语气说到边界，一个简单的要求应该足够了。非高敏感者可能通常不会表现得非常愤怒，但是在某些特殊情况下，需要非高敏感者使用一些愤怒或强烈的话语，让你听起来像是在愤怒，从而使你的边界变得清晰。由于非高敏感者往往传递相同的情绪，为了接收到这类的消息，你还必须清楚认识到，愤怒与你无关，或者他们认为自己必须通过你使用某些信号来获得某种信息。也许如果在愤怒之前意识到愤怒，愤怒可以从一个亲密关系中消除。这似乎是一个我们所有人都在探索的问题，因为我们越来越意识到自己渴望减少愤怒，就像问是否存在一个不嘈杂的餐厅一样，一旦你意识到，你就会这样想。

我的观点是，你对愤怒攻击的恐惧的背后的一部分假设是，你必须给予和接受愤怒（哪怕是道德愤怒），或者在比你想要的更高水平上给予和接受——在这一水平上才能对非高敏感者起作用。但是也许你不愿这样。为什么不试试要求别人表达自己的需要和抱怨时不要表现出愤怒呢？如果他们提高说话音量，为什么不告诉他们要小声点，因为“这对我来说不起作用”？如果他们不能，为什么不说你需要他们冷静下来才能休息？为什么分手所带来的过度攻击意味着伤害而不是帮助？有些人习惯性地愤怒，似乎几乎无法控制它，或者不会控制。如果我发现一个似乎很好的潜在朋友会不时地对我非常生气，那对我来说就是友谊的结束。被愤怒攻击的威胁所笼罩的关系会让我很悲伤。

但在你决定退出之前，要区分愤怒是意味着伤害，是你不应该容忍的那种还是道德上的愤怒，抑或是防御性的愤怒，或者是有意让你或另一方看不到一些令人难以容忍的东西。换句话说，保护自己免遭愤怒的另一种形式的权力就是理解和解决它所预示的问题。你是否越过了不应该越过的界限？在你正常的友谊中是否有羞愧感？他或她现在担心什么？看看你是否可以使用敏感性的智慧来解决对方愤怒的需要。

第三点，害怕被抛弃

当然，我们害怕被抛弃。如果我们不害怕被抛弃——我们的伴侣离开或死亡——那么我们就会完全否认这个事实，而高敏感者并不倾向于使用否认作为防御。认为你深爱的人会死亡的想法是令人畏惧的——对此的恐惧远比我们意识到的更有影响力。对于关系的终止，就是这样——两个生命的结合被分开了，这种感觉很糟糕。正是由于这个原因，高敏感者经常抵制分手。所有形式的分手结局都令人伤心。

当你认为爱你的伴侣与某人有染时，你就会有对背叛的潜在恐惧。我们都知道在经过这样的经历后有些人会等几年甚至一辈子之后才能重新信任别人。还有那些可耻的嫉妒，会一直潜伏在我们身边直到多年以后才会显露出来。

害怕被抛弃的一种形式是恐惧我们将变得“太依赖”某人。如果有必要的话，那么我们当然希望能够自己生活，但除此之外，我认为对依赖的恐惧是担心如果我们失去对方会发生什么。

如果我们在童年早期经历了失落、遗弃或背叛，在自我强大到足以应付之前，这种深深植根的不安全感就会侵蚀整个人格。本章后面会对这个问题进行讨论。对于高敏感者来说，这些恐惧会加重，而且需要正面面对。你可以为了避免损失而逃避亲密，但在你每天的生活中为亲密感冒险，这远不能说是一个好的策略，因为你永远不知道你的机会何时会溜走。

假定某人可能背叛了你，而在你身上以前从未发生过这样的事，那你就会特别难以说出口。作为高敏感者，你将会非常谨慎，对别人及自己信任某人的判断感到怀疑。我将要说的话可能听起来难以接受，但我认为它是这样的目标：你不能预测或阻止一个伴侣的无意识的爆发，这种爆发甚至可能导致看似最好的人突然背叛你，而反过来，你也不能完全控制自己。这是生命和人类心灵中不可预测的一部分。

对背叛的恐惧的最坏部分就是你产生的感觉，觉得自己毫无价值，无可爱之处，没有力量或资源。低自爱是这些最黑暗的想法的燃料。所以，你可以想象，你可以冒险去爱，因为你知道自己会以某种方式生存甚至背叛，你需要回到自己和伴侣在一起之前是怎样的人的想法。如果你过去并非毫无价值的话，那么当你和伴侣的生活遇到这些意想不到的转折之一时，你也不会毫无价值。

第四点，害怕失去控制

你小时候有没有被挠过痒痒？或者被抛到空中？有时候，这些很有趣，但是在有些点上会变成过度刺激。敏感的婴儿对这一点意识到得更早。对刺激的控制要保持适度，既不能太小，也不能太大。但是，婴儿时期失去控制更是令人痛苦，因为婴儿无法阻止正在发生的事情，也没有清醒的自我意识——一种强烈的“这就是我，这不是我”的感觉。这种婴儿期的经历往往能在成年期间留下强大的原始恐惧，使人在无意识中担心在他人在场的情况下会有太多的身体刺激，以及躯体上的亲密会导致如此多的唤醒，从而失去所有的个人控制。

随着我们长大一点，“这就是我，这不是我”的感觉也随之增长，成为一种边界，通过闭上眼睛，否认，再转过身来的方法来摆脱困境。高敏感者尤其需要这样的边界。

然而，恋爱就是我们被紧紧抓住我们而且比我们强大的东西抛置在空中。这会对边界有一点破坏。我丈夫和我自己的研究发现，处于亲密关系中的人对于哪些是他们的特质以及哪些是他们伴侣的特质感到困惑。“我-

非我”的边界已经模糊了。让它完全消失意味着“精神休息”，这是对概念产生于内部还是外部以及观点是我们自己的还是另一个人的话语的混淆。但是，真正的精神休息是罕见的，因为我们所有人对此都具有的轻微的、有益的恐怖使我们避免完全失去边界。

然而，人类偶尔确实享受着边界的狂欢式破裂，这是对他们的分离的战胜，例如通过毒品、性激情、宗教狂喜、暂时取消社会禁忌的节日和创造性的“流动”。打破“我 - 非我”边界的最温和的方法之一是亲密，与另一半融合一段时间。如果我们没有恐惧，那么高敏感者可以很容易地做到这一点，因为我们已经习惯了与无意识之间的灵活边界，我们只需要囊括另一半的意识和无意识。但是，我们经常也因为经验而焦虑不安，因为那里有很多另一半的和无意识的经验，有这么多非我的东西。

当你想要与你的无意识（本书贯穿始终讨论的）以及你的伴侣建立良好关系时，可以自由地“软化”你的边界。在这两种情况下，解决方案都具有良好的“自我界限”，就像俗语中说的“保持距离，友谊长青”一样。特别是，你需要一种与无意识这个强大的邻居和睦相处的一种“自我实力”，而不是试图捍卫边界，摆设路障。这反过来又需要一个强大的“观察自我”，这个部分站在战场之外，并且像联合国维和士兵一样了解双方。

另一个比喻怎么样？一个高敏感者生活在无意识中，就像一个住在大河岸边或火山的斜坡上或是海边的农民。当河流发洪水、火山爆发或飓风过海岸时，如果你住在附近，你必须准备逃跑。但你仍然期待它，甚至知道后来的泥土或灰烬将使你的田地更加多产——生活在更安全的地区的人则不会享受到这个福利。有一个有关大海的对无意识的非常好的比喻——那些以海为生的人面临许多危险，但饥荒通常不是其中之一。

所以不要害怕住在你祖先的土地上。即使在最严重的洪水或火山喷发或暴风雨之后，人们也会重新开始。即使在被无意识淹没之后，那个小小的意识的自我也很快就回到了表面。

对于导致你失去控制的潜在的亲密，好消息和坏消息都是没有人那么强大。作为一个孩子，是好是坏取决于那些似神的成年人的意图，但你已经逐渐了解了真相：尽管有外星人和其他阴谋论，但没有人能完全控制地球或你自己。即使是在最糟糕的过度唤醒、失控的情况下，你仍然保留一些控制。而亲密的时刻通常不会导致这种情况——尽管有时我们高敏感者表现得就像它们这样做了似的。

在你需要感觉到更多的控制方面要与你的伴侣合作。例如，短暂休息甚至是处于令人愉快的过度唤醒时。向对方解释什么样的亲密对你来说太多了，当前或一般来说，就像从背后的突然拥抱，看对方的眼睛或彼此赤裸的身体，或长久的亲吻、长期的恋爱或长时间的亲密谈话。坦白地说，这并不意味着你不爱你的伴侣。实际上，它可能证明你的爱非常强烈。的确，所有人都有偏好，所有人都需要保持最佳的唤醒水平。以同样的精神探索伴侣的喜好和需求，以达到正确的唤醒水平，并找出对你们双方都好的方法。

第五点，害怕一个人“攻击与毁灭”的冲动

特别是当我们第一次恋爱的时候，我们希望通过我们的爱使彼此能够成为一个整体。爱是一个整体，充满活力，整合我们各个方面的东西。但整体也意味着整合任何被压抑的、分裂的愤怒和破坏性。所以我们第一次在一场争吵、一次激情时刻或一次幻想中感受到对自己的爱人的侵略性、破坏性或虐待狂的冲动（整个爱的自然部分）时——我们可能会恐慌。我们可能会无意识地退出亲密关系，以确保我们不会用自己被压抑的冲动的

全部能量伤害自己的爱人。我们甚至可能会梦到有毒的水、放射性废物或原子弹，这可能象征着我们对可能爆发的东西以及玷污他人的过度放大的恐惧。

在长期关系中，对这些冲动的恐惧可能更有道理。当你开始表达一些需要讨论但肯定会伤害到伴侣的问题时，如果你注意到伤害过程中有短暂的快感该怎么办呢？特别是高敏感者可能意识到这种深刻的、半意识的本能欲望——一种攻击和伤害的欲望——然后就会把引起这些感觉的整个话题当成是邪恶。

当你因为纯粹的沮丧或恼怒而感到想杀人时，记得在崩溃之前表达愤怒——或者弄清楚为什么你不能表达愤怒。如果你的愤怒是防御性的——由于感受到被另一个人攻击或羞辱，你想在他或她可以摧毁你的核心之前摧毁此人——那么可能是你的核心自我很弱，需要通过内部工作或可能的心理治疗来加强。否则另一个人太擅长找到你最容易受伤的地方——在这种情况下，他或她正在（不只是感到冲动）伤害你。这样做是不对的，也不应该在亲密关系中被容忍。

尽管你担心自己内在的破坏性、侵略性的本能，但它的存在并不意味着你必须以想象中的第一种形式对它采取行动。事实上，作为一个容易社会化的高敏感者，你最不可能不经思考就去表达。然而，承认自己的另一面可以促进其整合，使其不太可能在无意识中表现出来，并使你以有用的方式使用这种本能。因为这样的整合会带来诚实，所以对你的伴侣坦白并接受彼此的本能可能反而收获更多的爱、尊重、能量和亲密。

坦白这些感受通常意味着要意识到从小时候起就被压抑的所有愤怒，因为你的愤怒似乎已全部被吞没。当过度唤醒时敏感的孩子尤其会真正地“失去”控制，经常发脾气，直到他们学会如何保护自己以及使自己冷静。

但是，如果你感觉到周围的人不能或不愿意容忍你的愤怒，你就会压抑这些沮丧的时刻，仿佛最小的愤怒冲动可能对你和其他人来说都似乎是真正的危险。

但是，对于那些非常优秀的人来说，不管是儿童还是成人，与别人一起亲密地度过的时间意味着要对对方的需求保持敏感，要永远友善和周到。这是一件多么令人疲惫的事情！作为一种补偿，你可能会有充满嗜血的怪物和虐待狂凶手的梦。没有人知道，当然，但是由于某些原因它们会出来找到我们，而且只会找我们。虽然这样的梦可以有几个目的，但在“永远友善和周到”的情况下，这样的梦可能就是说我们压抑的侵略性部分想进入意识，这意味着当我们隐藏自己所有的侵略性时，我们就像无助的、无辜的孩子死去。

现在可能是时候重新审视当你表现出侵略性时会发生什么的假设了。你的伴侣可能不像人们在你的童年时期那样做出反应——你的伴侣可能更具弹性，更加明白这种感觉是正常的，更爱你，甚至渴望看到这个活灵活现的你，而不是那么呆板的一面。你可能高估了自己真正的破坏力。毕竟，你已经把它从意识中分离出来那么久，你真正知道的是，它似乎准备好了爆发。一旦你探索它，你就会发现它不是无限的，也不是完全缺乏目的或价值的。

第六点，害怕被吞噬

我们高敏感者如此适应他人的需要，以及他们无意识的思想，除非我们已经形成了坚实的边界，否则我们很容易害怕失去我们的完整身份，被别人的需要或痛苦所吞噬，或者让我们的同情者受益。事实上，过去我们可能会遇到这种情况，特别是在童年时期，如果别人感到我们渴望得到某样事物，就会鼓励我们完全满足他们的需要。

幸运的是，你的心灵不会容忍你对个性的长期镇压。事实上，就像对失去控制的恐惧一样，如果你的个性、安全感和自尊很弱，那么对被吞噬的恐惧可能是最强的——你觉得自己会很容易地在压力下牺牲这些，以求愉悦别人，也许赢得一瞬间的爱。但是你所寻求的（不存在恐惧）是真正的爱，那种不希望你的这种牺牲的那种爱。

高敏感者也可能害怕被吞噬——或者认为它是别人可能称为亲密的东西——因为我们比非高敏感者需要更多的休息时间。当一个非高敏感伴侣只是表达了自己可以花一整天加半夜都处于亲密状态的能力时，他或她似乎就是在吞噬。

一种较为温和的吞噬恐惧就是害怕受到另一个人的过度影响。我们高敏感者有意无意地感觉到我们很容易受到影响，特别是受到我们爱的人和了解我们的人的影响。当他们批评我们或直接与我们争论时，我们可能会觉得自己完全失去了自己的观点。但赞美也影响着我们。假设你的伴侣为你的专业成就感到自豪，但是你希望能够花更多的时间在自己的空间里。你可能会发现放慢你的事业进展会更难，只因为自己伴侣的赞美之辞。

我们不应该让别人影响我们，这句话说起来很容易，但是社会影响是微妙的、强大的，而且往往不经意识加工，所以我们不太能发现它。大多数人低估了它的影响，而高敏感者却没有低估。我们知道爱情意味着进入另一个人的力量场。我们知道它会改变我们。所以，我们当然会在全身心投入之前犹豫。

每个描写爱情的治疗师、研究者或学者都会给你同样的解决办法：为了亲密，你必须要独立。如果你没有单独的自我，就没有人能进入你的内心世界，更谈不上真诚。然而，如果我们保持自己完全独立，如果我们不分享对方的欲望，以及不希望减轻他或她的痛苦，那么我们怎么能宣称自己处于亲密关系中而且爱一个人呢？这是一个大问题。

假设你要把你的水族箱与别人的合并。这似乎是一个好主意，因为两个箱子在一起会更大一些，也会有更多的鱼。但是，假设你伴侣的水族箱有几十种不同的引人注目的鱼，而你的却只有几条灰色的孔雀鱼，那么合并后，你的鱼很快就会被忽视，或被吃掉。

对被吞噬的恐惧就是假设你有一个小水族箱，如果你允许别人把两个箱子之间的隔断拿走，你的鱼就会消失。所以，你需要更多的鱼，我们稍后会转到这个话题上，尽管你可能已经有了自己的想法，知道更多的鱼对你意味着什么。同时，要了解你伴侣的鱼的实际数量和个头。当它们真正属于你时，你是否会将这些没有发育完全的或者拒绝去别的水族箱的鱼放到别的水族箱里？

另一个假设问题是你的伴侣实际上有多想吞噬和毁灭你的小鱼。仔细回忆你的童年，那些强有力的看护者会对你有所要求，再问问自己是否会把这些要求投射到你的伴侣身上。一个真正爱你的人不会要求你。但是你的伴侣会这么做，对不对？还是你的伴侣只是想凑近看你们的鱼在一起游泳？

如果你的伴侣想和你在一起的时间比你想和伴侣（或者其他人）在一起的时间更多，那么可以协商。一旦你意识到可以表达自己的需要，伴侣可以接受这些需要，你可能就会发现自己对被吞噬的恐惧已经消失了。

至于受到的过度的影响，可以将其用于自己的优势：请你的伴侣加强你想要加强的东西。但是不要完全消除你的伴侣的影响，谁能更好地看到你可能需要改变的地方？

第七点，害怕承诺

我们总是能听到这种恐惧，却忘了它有很多来源。那些过去受过伤害的人可能会害怕承诺，那些吞噬父母的人也是如此。自恋者害怕承诺，因为这意味着要承认他们需要某人。高感觉寻求者害怕承诺，因为它削弱了他们的自由，他们害怕厌倦。高敏感者可能有所有这些理由不去承诺，但另外，我们往往害怕做出错误的选择。

多么敏感的恐惧啊！你知道自己会深深地融入自己所爱的人中，从而开启自己强烈的快乐和痛苦。你想忠于这个人，也许是永远忠于。而高敏感者有一个遗传程序化策略，只有少数人会采用这个策略，那就是在采取行动前先思考。你在给予另一个人承诺之前会做长时间的思考。

高敏感者也害怕承诺，因为我们害怕对他人负责。我们会不会让自己的伴侣失望？伤害或背叛他们？如果他们变得太依赖怎么办？如果我们不能承担这些责任，我们会被视为失败吗，或者会感觉像失败？

我所知道的解决这种恐惧的唯一方法是接受你无法确定自己的决定这一事实。无论做了什么重要的决定，在某些时候你必须继续前进，因为不行动也有后果。并记住出口在哪里——如果你发现你犯了一个可怕的错误，你会做什么？尽管打破这一承诺是非常不可取的和痛苦的，你还是会去做，因为你已经没有办法选择。

至于你有理由害怕对另一个人负责，边界问题也适用。旨在平衡分离和统一，健康依赖，相互依存。享受彼此的优势，但不要认为这些资源是对方的就去命令。如果可以的话就帮助对方，但不是因为你必须帮助。在情绪方面，如果你们能使彼此的感觉更好，这是很快乐的事。但是，在每种情境下都能快速恢复情绪不是某一个人的义务，也不是另一个人的权利。问题是：如果你不能或不愿意帮助，你是否可以忍受站在一边，让对方自己解决问题，而不需要你的干预？你可能会惊讶地发现，你的伴侣不仅会接受你不能立即回应这一点，还可以在你不是真的想或只是因为你必须减少自己的不适而去帮助时，让你感到一种不用徘徊、不用帮助的解脱。

第八点，害怕因一些鸡毛蒜皮的小事而讨厌对方

高敏感者会被各种细微的事情打扰，这些事情只对我们有刺激作用，而在我们内心的某个地方我们知道这一点，并且害怕其对伴侣以及对自己的爱情的影响。如果我们不爱，或者只是远远地爱着，我们就永远不必应对从我们心爱的人身上发出的某些气味，像一个紧张的咳嗽或摆弄钥匙之类的小习惯，以及比正常体重多的那一点点体重，或者是在错误的时间被错误的言论打断。一个高敏感者坦言，她不能忍受听到家人在吃饭时所发出的声音。另一个高敏感者讲述了他把自己的梦想告诉他的伴侣，但她会开始梳理头发或做咖啡从而毁掉了自己神圣的讲述，同时，他对如此认真对待梦想感到羞愧。

通常，我们高敏感者错误地将我们“微不足道”的反应误认为无法“真正爱”，并放弃恋爱，因为亲近真的让我们陷入困境。如果我们说没有注意到这些烦恼，那我们就是没有充分坦露自我并且觉得不诚实。但是，如果我们注意到它们，我们就会怀疑，我们竟会如此不可思议地挑剔，并会因自己总是批评而对自己感到生气，而从前我们竟然从未注意到这些感觉。此外，我们可能会对自己那么小气和难以接受而感到糟糕，特别是当爱我们的非高敏感者毫不介意地忘记了我们的气味、紧张的习惯或打断等时。因此，我们可能会选择包容地去爱，然后再离开。但这不是亲密关系，所以我们就会认为自己有问题，我们可能根本不能去爱任何人。

该怎么办呢？接受你因琐事而烦恼的正当理由——你是高度敏感的。当我冥想时，我的丈夫坐立不安，打扰了我，他说话声音太大，问了太多问题，还有一些其他事情。他说如果我提出的要求是本着爱的名义，那么他其实很高兴遵从。高敏感者听到这句话非常重要。一旦伴侣了解并欣赏你的敏感性，你将会真正爱上某人，也会表达自己对这些看起来如此之大的“小事”的烦恼。

但是提醒一句，有一段时间，无论我丈夫做了多大改变，我都不会高兴。我们已经了解，我有时候不喜欢自己，而他是我自己的一部分。当我接受自己的气质时，我也可以接受他的气质。所以要确定一下你的烦恼不是潜在的自我厌恶的一部分，自我厌恶认为你和那个是你身体的一部分的人不值得爱。这个自我厌恶对你们来说都是毒药，很难根除。

这也是整个事情的一部分：你会注意到你的伴侣的微妙需求，并知道如何满足它们，也会要求你的伴侣不要叮叮咣咣地敲车钥匙。你们可能需要协商，提醒彼此来缓和紧张局面。但这没有什么可怕的。生活在一个不会打扰高敏感者的世界里只是一个很正常的愿望。

感觉寻求者与亲密关系恐惧

一般来说，高感觉寻求者不太可能结婚或承诺长期的关系，可能是因为他们想要各种各样的伴侣。但高敏感/高感觉寻求者会是什么样的呢？你可能会将有许多伴侣的愿望与高敏感者的反思相混合以获得更深层次的体验。所以你可能在自己生命的某个时期有许多伴侣，而在另外一个时期只有一个伴侣。与这个伴侣，你可能会发现更容易变得亲密，也会作出承诺，因为作为一个高感觉寻求者，你往往精力充沛地去追求自己想要的东西，而忽略你作为高敏感者的谨慎。

另一方面，正如我们将会在第八章中看到的，作为一个高敏感 / 高感觉寻求者，你会发现很难找到一个满足自己从兴奋到孤寂的不断波动的需求的另一半。

深入探索对亲密关系高度恐惧的根源

现在我们改变方向，因为对于某些高敏感者来说，我的一些关于减少对亲密关系的恐惧的建议看起来似乎遥不可及。你们的恐惧依然存在，同时伴随着深刻的痛苦与令人费解的渴望。你们的敏感滋养了你们的恐惧，但是这些恐惧却植根于你们的童年时期，而且你们可能已经明白了这一点。或者说你像艾丽斯（Elise）一样，她对亲密非常害怕，甚至直接承认了她的恐惧。

空虚的艾丽斯

艾丽斯是一个既聪慧又成功的高敏感女性，与一位叫做切特（Chet）的聪明、成功的高敏感男性结婚并生活了 12 年。她“唯一”的问题是生活空虚。她来找我寻求心理治疗，因为她知道我对高敏感人群有专长，或许我可以找到一些其他治疗师忽略的线索。

艾丽斯和切特看起来拥有一个完美的婚姻，充满了理解与认可。但是艾丽斯对她丈夫的爱表示质疑而且怀疑这其中有什么事情造成了她的空虚。在她看来，包括自己丈夫在内的其他人会对周围的人进行正常的情感表露，但是她却不会。

在我看来，最令人困扰的问题是艾丽斯强烈的自我困守，一环接着一环。她认为跟我在一起比跟之前的心理治疗师们更舒服，即使那些治疗师对她说她很健康。我并没有向她承诺这些东西，而这种做法既让她开心又让她害怕。但是对我来说，无论一个人看起来有多正常，空虚感和割裂的状态都是一种很严重的症状。而且，艾丽斯会反复做噩梦。

她的童年是这样的：艾丽斯的父亲，没有能力去抚养“两个孩子”，在艾丽斯还是婴儿时就离开了她的母亲。艾丽斯的母亲儿时就是一个备受赞誉的音乐会小提琴演奏者，是一个小神童。在艾丽斯即将出生的这一年，她的妈妈受到了很多来自社会上的非议，而且由于“较为敏感”，她无法去表演甚至是练习，也不能作为一个母亲去照顾一个孩子。然而这些事情都被很“得体”地解决了。因为艾丽斯父亲一方的大家族成员们大都站在她妈妈这边，每当艾丽斯的妈妈不能很好地照顾艾丽斯时，很多亲人都会去照顾她，而且他们很开心能有一个“如此完美的小姑娘”。虽然她的妈妈是“病态的”，但生活如想象般正常。

当然，其实艾丽斯的妈妈绝不是一个健康快乐的女人。她把自己的成年生活与真实世界完全脱离，尝试着去寻回童年短暂的荣誉的光环。从出生开始，艾丽斯就生活在不敢打扰她妈妈的恐惧当中，而这造成了一种“神经性的发作”。敏感性的婴儿能很快适应这种环境。然而尽管她在努力适应，艾丽斯仍旧认为她自己是妈妈无法继续在舞台上表演以及父亲无故离开的原因。

在艾丽斯 12 岁的时候，她的舅舅来到她的生活中并教她如何“自立”，鼓励她学习并帮助她读了大学和职业院校。因此她深深地感激这位舅舅，但是她是为了取悦某个人而获得了新的独立与成功，这个人也就是她珍爱的舅舅。她认为如果她没有做到舅舅所想要的那样好，她就会被抛弃。

艾丽斯的“工作模式”：不相信任何人

在生命开始的第一天，婴儿就开始发展一种简单的但非常有用的对自己和他人的“工作模式”。对于艾丽斯来说，她是这样的：（1）她做得很差，她是所有问题的原因；（2）没有任何人可以作为依靠。

看起来很令人吃惊的是，婴儿会对他们自己与其他人形成一系列的操作性假设，但是这的确有证据可以证实。它的意义在于，婴儿需要这种能力去适应那些他们所赖以生存的人。

然而，随着艾丽斯意识水平的不断发展，她太过恐惧而无法重视她的这两种工作模式中的一种，这种工作模式是假定她的父母不能被依靠。这会让她更轻易地去认为她就是所有问题的根源——至少给了她某种被控制的感觉。

其他病人也会告诉我一些类似的事情，几乎都是关于工作模式的有意识的结论。一个被虐待的儿童很快放弃了让大人作为看护者的做法，但是却对上帝有着些许希望。他认为，一个强大的上帝会把不好的事情降临在他身上，因为他是个坏孩子，这是他能去改变的事情——这个假设要比认为有一个不好的上帝，或者是根本没有上帝注视着他更好。作为一个孩子，艾丽斯并没有完全放弃她周围的那些大人们，因此她希望她能通过做到最好来赢得他们的青睐——通过成为他们所希望她成为的那样。

以这种可悲但是从表面看来却很有效的假设去生活，艾丽斯发展了一种有时候被称作“错误自我”的特征，这是一种表面上非常成熟的人格，但是却因为太过完美而不能适应外部世界，且与她真实的想法、气质、兴趣没有任何联系。小时候如此，成年后便也是如此：对切特来说她是个完美的妻子，对我来说，她是个不折不扣的病人。

我警告艾丽斯，让我开心的方式并不是取悦我，或者是觉得做了正确的“治疗”。她也感觉到自己的空虚已经来到了她的眼前，不能被忽视，而且这不是一个成年人应该有的感觉。更多的恐惧仍旧隐藏在空虚的后面——一种绝望的、前语言期的甚至是原始的对于包容与联系的需要，一种对于即将来临的抛弃的恐惧，以及对于她的父母抛弃自己的愤怒。

变化是如何开始的

这些伴随着艾丽斯的噩梦般的感觉，对我来说是一种信号，表明她的灵魂已经快要治愈，已经准备去改变她绝望的内在工作模式。对于她是高敏感者的认同，正是我们治疗开始的地方。她知道的第一个方面是她自己是真实的，不是为了取悦别人而被创造的。这给了她一个基础。例如，在她与切特的性生活当中，她会做他想让她做的，但她并不快乐。当她想到一个高敏感者关于性可能喜欢什么或不喜欢什么时，她开始描述得更精确，至少会说出她不喜欢的东西，首先和我讨论，然后和他。你不喜欢的反面就是你喜欢的东西，于是她通过敏感的自我发现了真实的性自我。

有一天，她告诉我，如果不是为了切特和她的孩子，她会盼着死亡。

我说，我以为她曾经想象过，如果她去世，他们会觉得多难过。她茫然地看着我。不，她没有这样想。然后，她补充说，如果他们死了，她也不确定自己是否会在意，她对于说这些感到惭愧。她不知道，也说不出来。第一次，她开始哭泣，令她惊讶的是，她坦言我的死亡可能会触动她。其实，失去我的想法是可怕的。但她永远不想关心任何人。

所以我们的工作始于她开始与别人第一次真正的联系。也就是说，尽管她感到恐惧，但和我在一起时越来越开放和亲密，且不必牺牲自己的基本本能需求。相反，我们的关系帮助她发现了自己的情感。而且她及时发现了对切特和孩子的真实感受。她的工作模式已经开始改变——她是别人可以爱的人，她是可以爱他们的人。

关于“依恋风格”的自我测验

如果你愿意的话，请阅读以下四个句子，然后将其中一个句子旁边的点圈起来，这个句子能最好地描述你对一般爱情关系的态度（即不是你对当前关系或过去关系的态度，而是你对整体关系的态度）。根据情况不同，可能会有不止一个表述符合，但在进一步阅读的同时，请圈选其中一个句子并在头脑中考虑其他句子。

• 我很容易在情感上接近别人。我很乐意依赖别人，让别人依赖我。我不担心孤单或被拒绝。

• 我想尽可能地与他人在情感上接近，但我经常发现别人不愿意像我想要的一样接近。如果没有亲密关系我会不舒服，但我有时担心别人不能像我爱他们一样去爱我。

• 没有非常亲密的关系我会过得更舒心。对我来说，感受到独立和自给自足更重要。我更喜欢不依赖别人，别人也不要依靠我。

• 我很难在情感上接近别人。我想接近，但我觉得很难相信或依赖他们。我担心我会受伤，因为他们会离开我、背叛我或是无情地对我。

依恋理论重新发现了显而易见却很难理解的数据

理解亲密关系的一个重要突破是弗洛伊德及其追随者作出的，他们通过各种方式认识到我们目前的关系是有意识的，还是无意识的对过去的重复。但最近才对这些重复进行了坚实的研究，这种研究被称为依恋理论。

依恋理论从明显的现象开始：新生婴儿是无助的，因此会自然警觉并准备与任何照顾他或她的人保持关系。这种关系意味着生命。婴儿不仅需要营养和温暖，而且必须感到安全、受到良好的照顾、被满足和被爱。缺乏爱不仅影响其成为一个有爱心的成年人，而且还影响心理/神经的正常发展。这是确定的事实。人的生活即社会生活。

当一切正常发展的时候，除了被保护之外，婴儿还想去探索世界。希望照料者保持安慰性的回应以及接纳，成为一个安全的基地，可以让孩子在发现了一些可怕的东西时能够逃离。总而言之，一个好的照料者（1）创造了一种安全感，（2）在孩子安全的时候不妨碍孩子的探索，（3）在孩子探索时不会消失，会陪在身旁。

作为成年人，只要我们拥有亲密关系，我们就会拥有一个内心的安全家庭基地的感觉。这是与母亲或父亲或其他人有关的安全记忆。它允许我们继续依靠别人，使其成为安全的家庭基地。而当别人不可接近的时候，内在的安全感仍然是我们的后备基地。我们可以记得在过去人们很乐意为我们提供帮助，现在往往依然可以，如果他们暂时不能在我们身边，那也会很快回来支持我们。

当监护人未提供这种安全感时，婴儿似乎有些“固定的”的替代工作模式，因为这些模式很容易识别，并且在世界各地都是一致的。

四种依恋风格

回到下面的描述性段落，你可能会看到它们被划分为非常粗略的“依恋风格”，以便你能分辨自己是哪种类型。（通常，对儿童的评估是通过父母的观察进行的，成年人则是通过漫长的访谈进行评估。）这些依恋类型中有两个或更多似乎同样适用于你，或者在你生活中的不同时期是符合的。不过，多阅读几遍你在四种风格中的第一选择应该会引起你的无意识，并帮助你认识到我们是否越来越接近你亲密恐惧的深层次原因。

1. 安全型依恋风格（第一种，约占人口的 50%）：你会因被爱而感到安全，而不是被你接近的人抛弃。你对自己感觉良好，也对别人感觉良好。

2. 矛盾型依恋风格（第二种，约占 10%）：你想要非常亲密的关系，但是害怕对方不会回报。这是因为，通常情况下，你的照料者的做法常常不一致——在某些时候完全无法接纳你，在其他时间内又会过度侵扰。即使你准备独立了，照料者可能仍然希望你是一个有需要的孩子（除了这对他或她来说不方便）。换句话说，这个人是回应自己的需要，而不是你的，所以从来没有真心接纳你。这种对你的不一致对待以及缺乏回应和真爱，使你对如何保持自己需要的一贯的关注感到焦虑。作为一个成年人，你可能会尝试用不同的方法来吸引和保持某人的爱，一般也会怀疑对方即将失去兴趣。总而言之，你对别人感觉良好——他们似乎很完美，比你更好——但对自己的价值却有不安全感。

3. 拒绝 - 回避型依恋风格（第三种，约占 25%）：你决定最好避免亲近。为了应对恐惧和空虚，你已经发展出了一种坚韧的防御，就像这样："我很忙，将要离开，做得很好——我真的不需要亲密关系。"你可能会是一个没有感情、爱"分析"的人，但你或其他人也可能会发现关于所关注的整个问题的一个潜在的注意事项——例如，不喜欢那些"需要"或"怜悯"，激烈地声称你绝对不需要被任何人照顾，同时又倾向于看到人们是如何帮助你获得你想要的。（这种依恋风格在男性中更常见，他们的"男孩标签"指示不需要任何人或表达出感觉。）你的父母可能无视你关于被关注和被爱的情感需求，也许对你的身体需求也是一样没有回应。什么都未被讨论过，很多被封锁了，所以你几乎没有童年的回忆，对于之后或现在对人的感觉也是如此。但是实验室研究发现，正如你所期望的那样，那个拒绝 - 回避的儿童会出现分离的迹象——也就是说，当把他置于沮丧状态时，他们的生理表现出强烈的反应，但是他们说不会感到烦恼。成年后，这些生理反应似乎减少了，好像大脑的一部分区域放弃了尝试记录某些情绪。

拒绝 - 回避者的概念就像后面章节将要描述的自恋者一样。"自恋者"的负面标签是毫无帮助的吗？自恋者不这么认为，这是对一些不好的感觉的防御。拒绝 - 回避者至少浅薄地自我感觉良好，但这对他人而言并不好，而且对于自己来说可能也不是那么好，就像恐惧的回避者一样。

4. 恐惧 - 回避型依恋风格（第四种，约占 15%；在《高敏感者》中没有描述，这个分类现在被更好地建立起来）：你长期羞怯、焦虑、沮丧和孤独（非高敏感者可能特别被动或过度地敌对）。你想和别人在一起，但是害怕被拒绝，所以你非常矛盾，过度唤醒，你对接近他人的机会的反应往往是"混乱的"（这种类型的另一个术语）。你的照料者对你在情感上或身体上可能是严重忽视的或危险的。他们对你是可怕的或自己本身是可怕的（郁闷、焦虑）。你不停地处于冲突之中，想要靠近但又害怕，这使你的行为更加错乱，而且经常创造分离或恍惚般的“空间”。整个依恋问题是一个无休止的苦难的来源。

不像拒绝－回避者，这类人像孩子一样，去试图猜测他或她是没问题的并且过错都与别人有关，像艾丽斯一样，你会更倾向于假定自己肯定有某种错误。作为一个成年人，你可能处在亲密关系中，但是以一种混乱的方式参与其中，这对自己或是他人来说都不现实或不真实，像艾丽斯一样，并不是真正的亲密关系。而且，你对自己和别人都感到不舒服。

你的敏感性和你的依恋风格

是安全还是不安全的类型与是否是高敏感者无关，高敏感者和非高敏感者是安全型的比例相同。我们看护者的经验，而不是我们的气质，为我们提供了当自己探索世界并遇到危险时我们可以依靠的那种工作模式。但是，由于我们是高敏感者，我们的依恋风格对我们影响更大。

我们对自己看护者的过度敏感已经通过一项对 18 个月大的孩子的研究得到了很好的证明，他们与母亲一起被暴露在一个唤醒的、陌生的环境中。正如预期的那样，所有敏感的孩子最初对这些环境做出了反应，表现出停止行动、心脏剧烈跳动的警惕（和他们血液中肾上腺素水平升高）——高敏感者典型的暂停－检视反应。（在同样的情况下，不敏感的孩子没有停顿就进入了环境中）。但是安全地依附在自己母亲身边的敏感孩子只是停下来检视。当确定了新环境是安全的，他们很快就像非高敏感的孩子一样探索。

相比之下，处于不安全的依恋关系的敏感儿童从最初的警惕发展成为真正的恐惧反应，正如皮质醇水平升高所表明的那样。皮质醇是一种当我们感到威胁时分泌的激素，为我们“打架或逃离”做准备，并容易从唾液、尿液或血液中检测出来。研究表明，由于孩子们要不断面临像这个实验中一样的新环境，不安全的敏感的儿童将长期恐惧，血液中皮质醇含量长期较高。长期的高皮质醇会导致慢性日常焦虑、失眠、低免疫反应，以及更易有暂停检视新环境的趋势。所以尤其对于高敏感者，一个不安全的依恋风格会影响到生活中的一切。

你可能不记得自己 18 个月大的样子，但是像这个实验中的学步儿童一样，你的依恋经历已经在塑造你的人格和生理特征。

依恋风格与成人关系——这是一个真正的问题

最近，对依恋风格研究的兴趣遍地开花，主要是因为研究人员已经找到了客观的方法来研究它。婴儿和儿童与父母的依恋风格在实验室和家庭环境中可以进行仔细的观察。这些风格明显不同，通常在婴儿早期建立，并且强烈影响到儿童如何与自己的父母交往——他们玩耍时的自信、对待其他孩子的态度、分享和亲密的能力。

最重要的是，当婴儿在二十多年甚至更长时间的追踪研究中进入成年期后，他们的依恋风格通常不会改变并能预测各种成年后的行为。将“安全”与三种“不安全”的依恋类型进行比较，可发现以下差异：

• 安全类型的人们拥有更多的普遍幸福感。他们对自己的期望更自信，更加平衡和现实。

• 在压力下，安全类型的人们能更好地坚持任务，不会变得高度情绪化或否认这个问题。

• 安全类型的人们不太可能使用酒精或饮食失调来应对。

• 不足为奇的是，大多数人宁愿拥有安全类型的伴侣。安全类型的人们在亲密关系中会更加快乐，也会拉近距离，高防御性或被感觉脆弱所烦心的情况更少。

- 安全类型的人们对伴侣的沮丧程度较低，产生矛盾、嫉妒或担心被抛弃的情况更少。
- 安全类型的人或多或少也会感到愤怒，但是他们认为愤怒更具建设性，在辩论中感觉更好，对自己伴侣的紧张感的敌意较少，并期待更多的积极成果。
- 更有可能将其伴侣视为值得信赖的朋友并接受他们的错误。
- 当焦虑时，更有可能向伴侣寻求支持，如果伴侣焦虑，他们更有可能给予支持。
- 安全型依恋者有更积极的情绪，很少控制自己所有的情绪，特别是他们积极的情绪。这些情绪特征与关系满意度密切相关。
- 安全型依恋者与伴侣分离时，不太可能表现出生理性的唤醒。
- 最后，如果对自己的性伴侣未感觉到爱，安全类型的人们不太可能与之发生性关系。

你如何识别安全类型的人？问他们如何在家庭和学校中长大。安全型依恋者将以直截了当的方式回答，承认一些问题，但不会把合理的外部理由作为主要的考虑。他们有许多幸福的回忆，但他们不会强调自己的回忆。拒绝－回避者会说，他们没有关于童年的回忆，或者说“哦，妈妈几次试图自杀，但这没有使我困扰”，或是回答“童年？很好啊”。除此之外，没有其他回答了。情感会尽可能被弱化。当你只问一句话的问题时，矛盾型依恋者会详细告诉你有关自己童年的事情。如果恐惧－回避者相信你会听，他们会做同样的事情，所以一些更关心的问题将会得到与矛盾型依恋者一样的回应。

不过，请注意，安全型依恋者更倾向于与其他安全类型和不安全类型的人彼此吸引，即使他们也可以使彼此痛苦（可以想象，一个回避－拒绝的人会在一个矛盾型或恐惧－回避者中创造出更多的不安全感）。很显然，这样做会得到极大的帮助，或者可以保护自己。

变得安全

虽然大多数不安全型的孩子长大成为不安全型的成年人，但是有很多例外，研究人员把他们命名为“安全感获得者”。事实上，有充分的理由相信高敏感者很少有非常适合的让他们从不安全类型转变到安全类型的方法。转变需要时间和相当多的工作和思考。不幸的是，关于如何做到这一点的直接建议是非常稀少的，除了“不安全类型的人需要心理治疗”。我认为有比这更多的方法，但在这里，我只能给你一些方法，如阅读十字路口的标志，告诉你最终必须探索其中的每一个，可能在治疗过程中，也可能在治疗之外。这是你必须旅行的道路上的标志：

1. **温柔的耐心**。你用很长时间形成了不安全的依恋，那么同样需要很长时间来消除这种不安全的依恋。依恋风格不易改变，因为生存的最佳机会建立在假设未来重复过去上，高敏感者特别适合在此假设下操作。所以忽略所有关于“只是将你的过去抛在背后”的言论。而且，你温柔善良的耐心是至关重要的。试着停止责怪、惩罚和忽视自己。这是非常困难的，但它重复了在你身上发生的事情，所以维持了这种不安全的依恋——不仅你继续恶劣地对待自己，而且你期望别人也这样对你，因为在某种程度上这是你应该得到的。你不应该去承受它。

2. **有更好的体验**。你几乎肯定已经有了一些安全的关系——少数人不仅仅满足了他们自己的要求，也满足了你的需求，所以让你觉得你值得关注，如果你需要帮助，他们会做出回应。但是你需要更多的这种关系。理想情况下，你有一个浪漫的伴侣和一个同性的朋友，一两个自己本身是安全型的亲戚。你需要几个这样的关系，因为一个不安全的人可能很难做到有安全感——你会倾向于经常测试他们。因此，心理治疗关系通常是你第一个长期安全关系的最佳选择。然而，你所进行的心理治疗必须是为此目的设计的，能巧妙地执行和长期坚持（昂贵，像大学教育）。在《高敏感者手册》中，我建议找到一个负担得起的治疗师。

3. **悲伤**。你需要为童年时的不幸感到悲伤，因为你永远不能回去，不能拥有在早年的岁月中你所失去的，在你不安全的岁月里所受到的损害，会影响你本应过着的充实生活。这种悲伤不是关于“克服它和成长”，而是相反，和这种悲伤一起来度过你的一生。这是你故事的一部分，虽然你会学会不把它带到那些不理解的人的周围。有趣的是，获得安全感会有一个悲伤的残余，像手术后的疤痕，这是在其他安全类型之中没有发现的。

4. **个体化**。个体化意味着能发现你是谁，特别是通过打开你的无意识心灵。找到这个内核会产生一种不同于其他类型的成熟安全性。个体化可以最直接地了解你的梦，这往往需要借助荣格治疗师或书籍和关于梦的研讨会。你会发现治愈过程以一种精确的而且有机的方式展开，在需要的时候提出需要的东西，就好像它被一些更高类型的智慧所引导，这将大大增加你的内在安全感。因此，即使来自这个核心的第一幅图像带来了愤怒或绝望的黑暗情感，你仍可以相信自己是为了治愈需要感觉这些。个体化的想法可以让一个感到内疚的高敏感者以自我为中心，但个体化不是完全以“小我”为中心，因为它也揭示了你的人生目标与你的祖先和世界的联系——命运可能很苛刻地对你，最终将你的注意力完全从你的过去和小问题中转移到世界的未来上。而且一切都很及时。重点是，无意识包含的不仅仅是对改变的具体的恐惧的假设。随着个体化进程的展开，智慧会显现出来。

5. **修改你的假设**。尽可能真实地反思你对亲密关系的恐惧，因为随着你的进步，你会更容易说服自己脱离它们。有时建立在婴儿期的“直觉恐惧”永远不会消失，但它可以通过思考自己重写：“我知道这恐惧是为了保护我，但它就像一个假警报——我不需要对它采取行动。我很欣赏这个警报，但我认为我会忽略它。”

6. **将你的方法与你的依恋风格相匹配**。如果你是一个恐惧－回避者，那么你应与人们多接触，并且不会认为他们会拒绝你。你的任务很重要。如果你是一个矛盾型依恋者，那么你的任务就是让人们放松一点，相信他们会在你要求得到关注的时候回来，而不仅仅是当他们想这么做的时候。虽然你以某种方式感受到了，但是你要开始注意自己并不是每秒钟都需要或者想要关注。如果你是一个回避－拒绝者，承认自己对其他人会死心，就像你的心已经变成了石头，那么，为了爱的机会，你必须让你的心软化。当你打破了自己不在乎的防守，你会感觉更像一个恐惧－回避者或矛盾者。虽然它带来的伤害更大，但对你来说，这是一个很好的进步，它只是意味着麻醉剂正在消失。

7. **体验纯粹的意识**。像个体化一样，冥想给人一种核心的、内在的坚实感觉。冥想的形式应该是毫不费力的，导致你有一种纯粹的意识状态，至少有时只有纯粹的意识、纯粹的感觉、深度的安宁，没有杂念、知觉或情绪（除了和平的幸福）。这是一个令人深度满意的状态，一种“父母在家”的感觉。但这得是伟大的母亲／父亲。什么可以提供更多的安全性？

迈出这巨大的一步

要学习航行，纸上谈兵可不行，你必须在水面上扬帆起航。为了克服对亲密的恐惧，你必须走进一段亲密关系，并且要冒诚实、真实和脆弱的风险。许多害怕亲密的人对我说，“我一直在向人们倾诉自己”，或者“我总是告诉自己的妻子自己感到什么”，但是“我的感觉”竟然变成了“我的想法”，而他们其实很少提到的“感觉”的全部真相，都是出于恐惧——对暴露、愤怒的袭击、抛弃以及其他东西的恐惧。特别是对于高敏感者，失去亲密的机会似乎比拒绝、过度唤醒、吞噬等更危险。但亲密的机会不是无限的。去试试吧。

让我们回顾一下马克斯，就是我在本章开头所描述的那个高敏感男性。最近他告诉我这件事情：他和一个朋友一起在艺术画廊度过了一天，他希望经过一段时间他们会变得亲密，之后她想跳舞。马克斯感到被过度刺激而不知所措，但担心被视为不感兴趣、太敏感，所以他声称他有其他计划。

一个星期后他们相遇，马克斯说自己滑倒了，其实他那天晚上在家里。他很尴尬，希望这个女人忽略了他的滑倒，因为他无法想象他承认自己撒谎了。整个晚上，他感到紧张和分心，在厌恶自己与因她“强迫”自己进入这种情境而生气的情绪中交替。

与此同时，她变得冷静——她可能已经注意到他的滑倒和他奇怪的心情。她可能会认为他不再有趣。但马克斯认为，由于软弱的性格，他既无法说出真相，也不喜欢因夜生活而导致她会离开。

我们所有人都可以看到马克斯需要做什么，即使我们做了他做过的事情。在第一个晚上，他需要坦白自己的疲惫感和敏感度。否则，这肯定很容易被人强调。第二个星期他应该坦白为什么不能诚实地对待她，从而把握住机会。我告诉马克斯，他仍然可以打电话给她，并讨论他们之间发生了什么。如果这个女人完全值得任何进一步的努力，她会感谢马克斯的诚实。马克斯打电话给她并坦白了一切，结果是她很生气马克斯撒谎，不能原谅他。因为她可能还没有遇到自己的“阴影”，她无法共情。要么她也有太多其他说谎和背叛的经历。诚实并不总是在关系开始的时候起作用，也在继续保持这种关系的过程中起作用，但它的意义在于探索是否值得保持。

对某些情绪的开放将比其他做法更容易。你应认识到，你自己拥有恐惧、悲伤、情感、愤怒、乐观、好奇心、不诚实、性欲、内疚和自豪的感觉。想想这些在家里如何处理。其中有些“违背了规则”？违背了规则的家庭成员会发生什么事情？当你和某人变得更加亲密，重要的是要讨论哪些情绪对你们每个人来说是“可接触的”，这样你们就可以注意那些你们可能觉得需要隐藏的东西。

其他亲密恐惧发生时

虽然我在本章中暗示了高敏感者特别害怕亲密，但我认为一般说来，我们比其他人更有可能想要亲密关系，并引导别人走近亲密，尤其如果我们是安全型依恋者，那要么是后期“获得的”，要么是童年有良好的父母抚养。当朋友或伴侣似乎比你对亲密关系更加恐惧时，你应该做什么？例如，每种暗示都表明当你和这种亲密关系都对对方很重要的时候，你们两个人却并不亲密。

显然，这并不能帮助说服别人变得更加可信任。相反，无论结果如何，你的最佳策略是要更加亲密、诚实和脆弱。这不容易。害怕亲密的人可能是非常容易动怒和挑剔的——就像仙人掌所表现的那样，这是最好的防守。但不管怎样，你应该保持开放。更加独立和个体化将对你有很大的帮助，无论你收到什么样的回复，都会使你对自己感到安全。但那样的话，在某种意义上说，你能失去的也不多。

彼得·克拉玛 (Peter Kramer) 在《你应该离开吗？》一书中，给予伴侣改变相同的建议：忘掉改变你的伴侣，对自己做翻天覆地和连续性的改变，从你这边建造桥梁。在这种情况下，尽可能多地诚实和亲密。如果这样做不利于当时的亲密关系，那么它将为下一个亲密关系做铺垫。

对于你关心的亲密关系的最后一点看法

我希望我已经传达了自己认为高敏感者有充足的理由去谨慎，并熟练地去亲密的观点。我尊重你对亲密关系的愿望，希望你不要因为自己的恐惧和退缩，还有自己对亲密关系的疏忽，甚至是偶尔的掩盖而对自己太苛刻。

与此同时，你已经意识到了自己的感受和别人的感受，如果你开始尝试显露这些顿悟，你可能会发现没有什么可怕的。那些被你吸引的人往往是你们特别喜欢的人。如果你向他们解释自己的敏感性，他们通常很乐意满足你的需求。所以让那些不喜欢你的人滚开吧！解决这个问题后，让我们来谈谈恋爱……

第四章

恋爱：敏感性与大投入

我的研究发现，高敏感者比非高敏感者更难恋爱。上一章的讨论认为我们高敏感者更可能害怕亲密，这看起来好像很矛盾。但大多数高敏感者能理解这个矛盾背后的原因：我们更难恋爱，也更害怕恋爱，因为我们被这种自己即将释放的情感的复杂性和深度所吸引，同时我们也知道这种从未体验过的深爱的结果无法预知。

本章对这些复杂的问题做了一些调查，从而我们可以通过一些对当我们沉迷且迷失于一个神秘美丽的世界时所发生的事的理解而感到放心。接下来，为了能有一个安全之地，我们将讨论如何走出这些困境。的确，爱看起来似乎并不神秘，我们将讨论如何恋爱。没有什么能比实践技巧更让高敏感者觉得安定的了。尽管爱情背后会有完全相反的故事，但首先这里对爱情给出了具有实践性和接地气的定义。

爱情是什么？

“爱情是一系列与渴望与某个特定的人拥有和维持一段亲密关系相联

系的态度、情感和行为。”这是我和丈夫给爱情下的学术定义。但就我个人而言，爱情一直是我们生活中最大的奥秘。

我们相爱于1967年，那时我们都是24岁。那是1960年代的伯克利，一段充满激情的时光。我们在一个“会心团体”[①]相遇。阿特是一名研究生，同时也是助教，他是小组的主持者，而我只是一个本科生，小组的成员。但那是他第一次做小组主持工作，而我已在另外一个类似环境中多次承担这个角色。我整个学期都在批评他的领导风格，但他什么都没说。当活动全部结束时，他告诉我“他对我有一些感觉”，我们亲吻了，激烈的争吵也烟消云散。

这种体验极具变革性的催化作用，它不仅创造了一段持续了三十多年的婚姻关系，也促成了我们毕生共同研究的事业，我们一起研究两个人相爱时所发生的事，以及爱情是如何将包括精神、社会、生理和个人等的一切联系在一起的。

第一年，我们阅读了当时关于爱情的所有书面资料，并且不断地讨论着爱情。第二年，阿特将爱情作为他的博士论文研究主题，他做了几项创造性的实验来研究刺激、神秘以及产生爱情的社会情境中的固有力量对恋爱的影响程度。作为一名社会心理学家，他采用这种实验取向而非“个体化学反应”或者为什么特定的人格特征会互相吸引这类流行问题。实际上，当时没有心理学研究者会从那个角度来研究恋爱，处理这样一个难题甚至会被认为非常鲁莽，甚至自大。但是他研究中的一项“吊桥实验”已经成为社会心理学历史上最常被引用的实验之一（接下来我会介绍这项研究）。

从那以后，我们写了一本关于爱情的学术著作和一系列的学术期刊文

① 会心团体（encounter group）是罗杰斯开创的人本主义团体心理治疗的形式，适用于消除人际交往障碍及其他社会适应不良行为。——译者注

章。我们和同事以及研究生一起进行了几十次实验，而且直到现在，阿特还在努力定位大脑中哪些部分参与了激情的爱。1967 年心理学家还不知道爱情是什么，而现在越来越多的人加入了这个领域，并且心理学家对爱情以及恋爱有了很多的认识。然而，我可以坦白地说，至少对于我而言，突如其来的爱情仍然保留着让人敬畏而又向往的困惑。爱情对于我们的灵魂而言似乎十分重要，并且与一些罕见、美妙、超越言语的事物相联系，而它只不过是超越平凡世界的一种方式。但是，我仍然会和你分享这些研究中最好的部分，尤其是与高敏感者相关的那些方面。

高敏感者的强烈爱情与亲身体验

我能提供一个高敏感者恋爱的例子吗？这太容易了。在自我测验中，我的得分是 23 分，阿特得分是 9 分。当阿特和我恋爱时，我们都很快乐，但我同时也会流泪、困惑、失眠、激动。阿特对于他突然意识到我是那个他想要与之一起生孩子的人而感到惊喜，这太不像他了。而我突然对自己一无所知，这对我来说一点也不奇怪，因为这不是我第一次被自己的情绪击垮了。显然，我和阿特的体验不同。

因为有这样的开端，当我在后来研究高敏感者时，就会很自然地问他们第一个问题，他们是否认为自己在恋爱过程中伴随着不同寻常的强烈体验，而且他们很确定地说的确如此。他们是否认为自己带着这种不寻常的激情恋爱？他们十分确定地肯定了这一点。这种体验对于那些拥有不幸童年经历和不安全依恋的高敏感者而言更为强烈，但对那些有良好童年的高敏感者而言也是如此。本章前半部分的目的就是要理解这种强烈体验，但我首先要讲述加里（Gary）的故事。

变色龙变成龙

当我访谈加里时，他已经五十四岁了，并且从事过五六个职业，有过很多段亲密关系。像第三章中的提到的艾丽斯一样，加里是一个高敏感者，他有一段典型的不幸童年。在他的案例中，长期的疾病和父母的缺失使他为了自己的生存开始敏感地观察如何恰当地适应别人和取悦别人。更值得关心的是为了在病愈后证明自己的男子气概，他年轻时成了一名明星运动员，并且成为自己高中的新生班级主席，但他并未从中感到任何快乐。高中毕业后，他加入了空军，到处游历，然后为了“强迫自己能更好地沟通”而成为一名推销员。在这些经历中，他总能做到受欢迎和成功，但他觉得自己就像一条变色龙，只是试图成为别人想要或者环境所要求的样子。他告诉我，他有意识地挑选苛刻的环境就是为了证明他是活着的，没有因麻木而死。“但我从来没有真正体验过自己的生活。”

后来米卡（Mika）出现了。加里当时正在一个网球俱乐部（职业网球是他的许多职业之一）任教，有一个女人信步走来，想要上课。她属于“性感、直接、自然、热情奔放的地中海风格的女人”。加里的整个世界都改变了。他完全坠入了爱河。这对他来说非常难。

用加里的话来说，当他看到米卡时，他感到自己“死而复生”。这似乎是他对生活的第一个真实反应，而非故意取悦他人。确实，与米卡在一起，他总有一种重生的感觉。她也被他“迷住”了。但是她已经结婚了，所以他试图克制自己的感情，再次遵守社会规则。他们有很长时间没有见对方。但他们无法分开。最终米卡为了和加里在一起而离婚了，他们一起开始了新的生活。

但是结为夫妻却给他们带来了危机。在加里看来，“她的性格发生了变化，她变得苛求起来。”他们最终分手了，而米卡再婚了，并且还有了一个小孩。

我们非常肯定的是，加里的不安全依恋类型以及对亲密关系的恐惧对他们关系的破碎起了一些作用。但是据加里说，关键是他们之间的激情仍在。米卡还想和他一起生孩子，他“可以在她的眼神中迷失自己”的情况仍然存在。他可能不知道怎么和她一起生活，但他自己对“一直知道自己爱她”这一点非常确定，他是一条热烈、苛刻的龙，而非变色龙。

有关高敏感者恋爱的四种观点

当我们寻找人们想恋爱的原因时，我们会发现高敏感者在相同的情况下必定会有尤其强烈的体验。

爱上灵魂伴侣

我们大多数人认为，当合适的人出现时，爱情就产生了。在我们的研究过程中，我和丈夫让人们讲述他们恋爱时发生的事情时，他们总是会突出对成为自己爱人的那个人最初的钦佩。

她很美丽，他很英俊，或者她很有个性，再或者有一些特别可爱的怪癖或特质。人们还说，当他们发现对方爱着自己或欣赏自己时，他们会感受到爱——这是在亲密关系中对自己的情感坦诚的又一重要原因。

我们选择伴侣的理论

关于为什么我们会爱上我们所爱的人的理论非常丰富。其中一套理论是基于无意识的——我们会爱上这样一个人，他使我们回想起某个我们早已忘却的人，或是爱上一个我们希望与自己一起解决痛苦的、尚未解决的问题的人，或者爱上一个通过教导我们或是通过我们对他们的反应来迫使我们自己成长，从而能够帮助我们朝某个特定的方向成长的人。一个女人渴望待在森林里的家里，在家里与自己的本我相处，但她会受到臭虫、黑暗、狗熊和闪电的惊吓。而另一个男人却热爱露营，并且喜欢去户外看闪电。她当然会顺从自己的本性爱上这个男人。而一个酗酒的男人会爱上一个酗酒者，并且在面对自己的爱人并做出反应时要面对他自己的酗酒问题。

那些对恋爱生物学感兴趣的人认为，在大脑中存在着一个特殊的系统来控制这种具体的选择——用海伦·费希尔（Helen Fisher）的话来说，这个系统允许"个体将他们的交配努力聚焦在自己偏好的同伴身上"，个体选择他们是由于他们可能具有某些遗传优势。在动物中，这个系统增加了指向特定交配对象的能量，而在人类中，即使没有交配，吸引力也可以持续一生并永存，当然也会有兴奋、结合的欲望以及对爱人的不断思考。至于我们如何来选择我们想要关注的那个人，一些生物学家提出了信息素的概念，许多物种使用无气味的分子来传达攻击或性接受状态的信息。但是，这并不能解释为什么人们可以通过电子邮件或信件恋爱，同样也不能解释如果这种化学物质起作用的话，那为什么他们可以非常迅速地分手。

从我们自己的研究来看，我的印象是大多数人对于什么样的伴侣是好伴侣有相当清晰、宽泛的定义。如果他们遇见了某个在对的时间、对的地点出现的完全适合自己的人，并且确信对方也喜欢自己，那么他们就会急于恋爱。高敏感者往往会做深刻的思考，而且由于天生关注细节，我们可能会对于寻找什么样的伴侣有更加复杂的想法。我们可能会更多地注意到人的外在和内在品质，所以当我们遇见对方的时候，我们能够真正意识到我们找到了——然而却很难坠入爱河。

气质是如何导致相互吸引的

每个人都会被特定的人格或气质所吸引，但我毫不怀疑，对于高敏感者而言，气质是吸引力中一个额外的、可以高度引起强烈情感的方面，它通过至少两种过程来起作用。其中一个是对于另一个高敏感者特殊的潜在吸引力。你可以完全放心，这就好像你面对自己的双胞胎同胞一样，他对你有瞬间的吸引力。有大量的研究表明人类会被与自己相似的个体所吸引——甚至有研究发现那些拥有最基本的相似性、相似 DNA 的人们更可能相爱。

但是产生强大吸引力的第二个原因可能恰恰相反：遇到了一个非高敏感者。他或她看起来似乎很“正常”（像大多数人却唯独不像你），并且拥有非凡的能力。这些能力并非你自己的，甚至看上去很神奇，比如非高敏感者在面对高水平的刺激时仍能保持力量。你可能想要成为这样，或者至少希望在自己的生活中如此。你会感到这种明显的不同会使你成为一个完整的人。如果有这样的一个人爱上你，你也可能会受宠若惊。非高敏感者也能找到你们之间相似的魔力，增加双方的吸引力。你们每个人都会因为这样一个了不起的人爱上自己而欣喜若狂。

当然，有些最热烈的爱情可能发生在另一段关系结束之后或是正在结束之时。无论你上一个伴侣气质如何，尤其是如果事情发展得并不如意，我猜想你在下一段关系中都会被与之完全相反的类型所吸引。你会说这是因为人类总是在寻求差异整合，获得完整感，或者说得更通俗一点，从另一个角度去看草地，总觉得它更绿。这对于高敏感个体而言无疑更强烈，因为如果你的前任是一个高敏感者，你现在不仅渴望与有别于自己的人在一起从而获得完整感，而且渴望与一个非高敏感者在一起从而拥有差异所带来的所有益处，但是你也可能渴望与文化上被认为是正常的某个人在一起，这是理想型——有些事情是非高敏感者觉察不到的，只有当他渴望与高敏感者在一起时才能感觉到。如果你的前任是一个非高敏感者，那你不仅会渴望高敏感者的深度，因为一个非高敏感者会被高敏感者所吸引，而且你也可能会为了改变而渴望与某个像你一样的人在一起。

总而言之，作为一个高敏感者，一些使某人适合你的特殊品质对你来说更为重要。

了解到他人的优点后恋爱

这里的优点是指身体、心灵、灵魂和精神的美丽。研究表明，你以饱含情感的方式关注一个物体的时间越长，那么你对该物体的情感就变得越强烈。你肯定不会长时间去关注引起不愉快情绪的某个人，简单而言，你越是去关注你可能喜欢的某个人，你越会真正爱上那个人。当然，一旦你知道恋人身上的不足和缺点后，你的爱就会发生改变甚至消失。但是，目前我们谈论的是恋爱——是对你刚刚遇到的某个人的一种反应，只是刚刚开始去喜欢、去欣赏、去爱。

到目前为止，你可能会猜到我在本章中针对高敏感者要说些什么：我们高敏感者是关注细节的专家，我们比其他人对信息的加工更深入，并且反思的时间更长。当我们沉迷于某个我们开始喜欢的人身上的奇妙之处时，我们会比非高敏感者感受到更多的感情，这一点可能是真的。

我想我们必须补充一点，如果我们是不安全依恋类型，或者即使我们都是安全依恋类型，我们头脑当中也可能出现这样的念头："如果他/她不怎么爱我，怎么办？""如果我们必须分开，怎么办？"如同喜悦一样，恐惧尤其会给人带来特别激烈的情绪，而且高敏感者会报告包括喜悦和恐惧在内的更多的情绪感受。更多的情感以及对情感更深的加工就等同于更强烈的爱情。

爱上情绪唤醒的环境

对我们大多数人来说，两个人约会时的环境很重要这一观点非常出人意料，我们通常会认为我们之所以恋爱是因为我们遇到了合适的人。但正如我之前所言，实际上如果环境合适，人也稍微有点合适，那么人就好像已经充分准备好了恋爱。为什么我们会珍惜月光皎洁的夜晚、海风吹拂的海滩以及其他浪漫的环境呢？

我丈夫率先在他著名的"吊桥实验"中观察到了这种现象。在这个实验中，无论是在高悬峡谷之上的吊桥上，还是在小河之上数英尺[①]高的坚固步行桥上，男人都单独遇到了同样有魅力的女人。如果他们是在高悬峡谷之上的吊桥上相遇，那么这个男人对女人而言更富有吸引力。此后，许多研究在其他环境中也发现了同样的效应。不知何故，一个令人兴奋的环境能使任何与你在场的人都看起来更富吸引力或更激动人心——或许是由于兴奋所致。

唤醒加上高敏感者等于爱

吊桥实验之后的一些研究发现，几乎任何一种唤醒——看电影，甚至

---

① 1英尺约合0.305米。——译者注

骑自行车——都可以产生吸引力。如果唤醒是恋爱的关键，而且你作为一个高敏感者会更容易被任何新奇的环境所唤醒或者感到兴奋，那么你每个月应该遇到更多的新奇环境，也就是说如果有人和你在这种新奇的环境中相遇，那么这可能使你爱上一个合适的人。你根本不需要被困在电梯里，或者迷失在沙漠孤岛中。你只需要在你的第一次陶艺课上遇见某人就够了。

我们从爱上治疗师的人身上学到了什么？

心理治疗是证明环境影响恋爱的另一个例子。弗洛伊德首先注意到患者经常会爱上治疗师——他把这种现象称作“理想化移情”——哪怕患者在选择治疗师时通常不会在头脑中产生爱，他 / 她也可能会对下一位治疗师感到热烈的爱。在我与高敏感者的工作中，我认为他们的转移可能非常强烈，而且这里要转移的爱要比恢复旧爱或者需要转移到某个人身上的爱更强烈。移情这个术语的意思是暗示。心理治疗能够提供一种少有的深度关注、接纳、亲近和探索心灵最神秘方面的机会。当然，任何提供这种环境的人都可能是吸引人的，或者就像心理治疗师埃塞尔·珀森（Ethel Person）在《爱的梦想与命中注定的相遇》一书中所表达的那样，在这种环境中，“爱情像是一个等待降临的胎儿”。然而，珀森也指出，治疗中最初的强烈的情感会持续很久，或者在另一种情况下，我们暗恋对方却未遭到拒绝时，这种感觉也会持续很久。如前所述，也就是说，当我们不受任何额外寻常的“琐事”的干扰，而仅仅思考对方的良好品质时，爱情就会枝繁叶茂。吊桥实验证明了最初的吸引力，而心理治疗表明了根据所提供的情境，吸引力可以维持多久，用珀森的话来说就是：“既有被拒绝的安全保障，又有在一起的希望（或者错觉），然而要给予足够的空间让坠入爱河这件富有想象力的工作得以发生。”

唤醒的情境加上富有想象力的高敏感者等于爱情

由于高敏感者具有丰富的想象力，因此想象力的作用对于我们高敏感者的恋爱的作用更大。情境越能唤起情感，那么就会激发越多的想象。当你在月光下看不清楚时，或者在海风吹拂的海滩上听不清楚时，你可以自由地想象。举个例子，人们对一个站在高悬在树木丛生的峡谷上的吊桥中的女人想象更多（为什么她在那里？如果绳索断了会发生什么？）。除了吊桥实验，阿特还尝试了男人依次在场的情境。在一个角色扮演的情境中，一种情况是一个女人把酸水（实际上是水）倾倒在男人的额头上来折磨他，同时，她对所扮演的角色感到厌烦。还有一种情境是在一个女人轻微或奋力抵抗后，男人在一场体能比赛中征服了女人。吊桥、折磨剧情、征服强壮的女人，这些都是我们为了创造出一个更能产生唤醒的情境“原型”而做的相当粗暴的尝试，无论我们是否真的做到了这一点，它们相对于更加平淡的情境而言会产生更大的吸引力。

当你作为一个高敏感者穿行于这个世界时——走过街道，看到两只狗在玩耍，买了本书——你更可能会想象一些事情并且会关注到更深层面的问题，会更多关注到事物表象背后的原型层次。或者有人可能会说，你更有可能在最深层面去加工这种情境。或者你可能会坚持认为在外面被唤醒的程度要比家中的唤醒程度稍高一点。关键在于，恋爱情境的特殊性对每个人来说都很重要，对高敏感者而言更为特殊。无论是生理上的唤醒、纯粹的浪漫、来自心底的接受、情绪的唤醒，还是深层次的原型，你都更有可能去感受到它并坠入爱河。

因强烈的无意识力量而爱

虽然我已经提到了在选择一个特定爱人的过程中无意识因素可能起到

的作用，但无意识可能会以自己的方式将我们推进爱河。而且我认为高敏感者更容易受无意识影响。正如我在第三章提到的，高敏感者对无意识具有更开放的态度——无论是在个人层面还是集体层面，无论是由于创伤而被压抑的恐惧，还是在蚕食我们本能的现代社会中被淹没了的智慧，高敏感者都更加习惯于那些与记忆、符号和观念有关的细节。恋爱的易感程度与无意识的感知能力似乎是紧密相连的，这可能是因为相爱的不可控力量是由无意识引起的。有些人比其他人对无意识更开放。某一刻，加里是一个正常的、良好社会化的人，而下一分钟，加里就准备和他心爱的人做任何事情，而不管什么该死的社会规则之类。

爱情与无意识的联系并不是新鲜事——弗洛伊德学派认为人们之所以相爱是因为想退行到婴儿期，并且满足婴儿不受限制的性满足欲望。依恋研究者对婴儿期更感兴趣，但对人性有一个更宽容的看法，他们认为我们渴望重新获得本应该在婴儿期建立的安全依恋。荣格学派对于这些说法都表示赞同，但是他们同时补充说，人类也会在爱情中发现与上帝、天地万物以及所爱的人沟通的机会。

回归到本质精神的天堂

所有这些观点都与这种观点一致，即当我们坠入爱河时，我们便想象着到了天堂。再次说明，高敏感者特别擅长想象。理性地来说，我们知道天堂并不存在，但是想象它并试图去寻找它，能让生活看起来更美好。恋爱在某种程度上是美妙的，因为它会膨胀，不愿遵守普遍理性的观点，像无意识一样摆脱人类的控制。恋爱是狂野的，就像城墙外有狼潜行其中的森林。

约翰·德斯安（John Desteian）在《若即若离》一书中把我们爱的修

复称为本质精神——人们总是渴望生命中丰富、本能的层面，但是当我们越来越遵守那些观点时，被德斯安称为普遍精神的东西却在逐渐地丢失。

普遍精神是指我们的文化正在传达的关于那些适用于大众的东西。就爱情来说，热恋并不是选择生活伴侣的最佳指南，婚姻需要妥协和接纳失望，而婚外情会导致那些破坏长期承诺的冲动行为。普遍精神成为大多数人生活中的个人观点，尤其是对于大多数高敏感者来说，这是一个很好且必要的观点。所以说本质精神是更深层的、更有趣的、身体本能层次的，它滋养着枯燥却更实用的普遍精神。高敏感者也会凭直觉认识到迫切需要本质精神。而且我们能感觉到其中能使我们自身以及这个社会复苏的一条通路就是恋爱，通过这条路，本质精神能到达生活的表层。

高敏感者忠诚于这两种精神，无怪乎我们高敏感者很难坠入爱河。普遍精神就像水坝一样阻碍着恋爱与非理性或不负责任的行为，而这个水坝越高，那么当它崩塌时，洪水就会越大，而我们高敏感者最终会不惜任何代价地去爱。这好比说高敏感者与恋爱基本上是本质精神发挥作用的两条途径，我们都是为彼此而生。

本质精神和普遍精神能结合吗？

从本质精神的角度来看，恋爱包括高敏感者特别渴望的婚姻。婚姻介于深层的本能或本质精神与我们被普遍精神所驯服的日常感情、欲望和价值观之间。为了使二者相结合，我们内心深处的本能和表面感情，创造出了人类因为变得更理性和文明而失去的整体状态。在恋人间，尤其在他们都是高敏感者的情况下，本质精神和普遍精神可以说能够结合而且会有结果，差不多有一方是这样希望的。如果他们真的创造了新生活，所有人都会关注到。恋人会对那些曾经似乎很重要的事物失去兴趣，然后在生活中去发现新意，然而其实并没有那些新意。

通常，恋爱会孕育或催生出生活的意义，特别是对于高敏感者而言，生活的意义在于基于本能或欲望想去见证一个具有孤独个体自我的人的结果，而这个个体自我持一种下定决心去适应并且接受普遍精神的态度。这个自我想要牺牲自己来获得某些更有意义的东西——不仅仅是他所爱的人，更多的是那段关系、那个新生的孩子、爱情本身、心头挚爱以及宇宙万物。

如果两种精神结合，那会有一个什么样的产物？

约翰·豪勒（John Haule），一位荣格学派的精神分析家，在他的著作《神圣的疯狂》一书中解释说，苏菲教派（Sufis）认为深爱能产生一种“下一代”的感情，一种被称为无我的新型爱情。无我意味着对神圣凝视的狂喜。基督教和犹太教神话中描述了通过爱神来获得相似的极乐状态，但是浪漫的行吟诗人与苏菲教派强调人们同样可以很好地通过消失在对方体内的神而获得无我。

可能我已经失去了你们中的一些读者，但是我知道你们中的很多人仍然会与我同在。我相信高敏感者可能总是会有这种经历，当他们恋爱时或已经在向他人解释自己之前，这种经历并非非理性的愚蠢，而是在我们内心和周围无时无刻不在的一种潜在极乐。

当然，无我会使高敏感者比非高敏感者更容易误入歧途，从而陷入一种没有结果的痴情或是一场错觉崇拜。但是如果是真正的无我，根据苏菲教派的教义，你将通往永存，这是“另一层次”的爱，在许多高敏感者看来更加真实。在永存状态中，你会被自己更突出的人格特质或者这个世界中更强大的力量所围绕。没有别人——只有你自己。所以从这个视角去看，你通过这种精神果实去认识真爱：它引导你认识自己最深处最抽象的自己（详见第九章）。

远方的爱，无回报的爱，不可能的爱

出于和高敏感者会爱得无法自拔一样的原因，高敏感者往往遇到更多的是“不可能的”爱。特别是在诸如谁比较有可能或者谁对你感兴趣这样的实际问题上，无意识并不总是尊重意识。如果你留意到了微妙的线索，你就可能会认为一个事实上对你并没有任何兴趣，却无意识中显现出了兴趣的人对你有兴趣。另外，正如你在第三章中所了解到的那样，你可能会在有意识中想要爱情，但却在无意识中惧怕亲密，所以一种不可能的爱就是最佳选择，尤其是对恐惧－回避型或者拒绝－回避型依恋风格的人更是如此。

如果你发现自己爱上了一个不能或者不会回应你的人，你该怎么办？你必须学会去驾驭这不可能的爱，改变它，而不是让它成为一件丢脸的、造成永久伤害的事，或是成为一种回避亲密关系的手段。特别是你需要一种力量来克制自己与一个不可得的人之间的一种外在关系的决心。其中你需要充分认识到你永远都有选择与某人在一种内在层面上相联结的权利（第九章会详述）。

你也需要相信自己值得拥有来自外部爱人的真正承诺、关注和关心。而从你的内部爱人身上，你可以有或多或少的期许。少指的是缺少肉体实体和接触。多指的是当爱人是一种内在形象时，无我和永存更容易获得。

然而，总的来说，除了内心的爱人，我们大多数人会从有血有肉的爱人身上获得更多的智慧，感受到更多的安全感和愉悦。

或许将不可能的爱转变为你所需要的爱的最简单的方法来自卡尔·荣格。他喜欢说无意识创造了如此糟糕的情境“来迫使个体表现出他的最佳状态……抛弃他的意志和机智，而且什么也不做，只是等待，同时依赖一种成长和发展的非人力量”。所以，当面对一堵墙的时候，荣格总是会说，为了跨越这堵墙，你不要挣扎与攀爬，而应该像一棵树一样扎下根去等待来自深处的明晰。当面对不可能的爱时，进入并沉入你的内心深处，然后等待心灵来揭示这种激情的意图。

考虑再三之后你想要恋爱了

正如我在本章开头所保证过的，我们现在从关注神圣转向解释实际——如果你希望爱情降临在自己身上，那么为了促成爱情要做点什么呢？同时，如何深化一段新的恋情让其朝着爱的方向发展呢？能否将这样的神秘简化为一个建议列表？我们不如拭目以待。

下列所有要说的都很简洁，这些问题没有多么复杂和困难的知识——除了我的知识之外。（关于爱情羞怯，见第二章有关描述。）哪怕是一些细微之举都可以为你的生活带来更多的爱——你不需要一天之内建成香格里拉，甚至根本不需要建造它。你和某人之间的一些感情也已经建立了，而且很少有人不渴望感情。

我会以自己关于如何来描述一个“好的赌注”的清单开场，这样你就不会将我给你的建议用到错误的人身上。接下来我会讨论如何会见一个高敏感者，及如何会见非高敏感者——选择权在你。你会在阅读了第五章和第六章之后对与这两种类型的人谈恋爱的利弊更加清楚。我会以如何深化一段新的恋情来结束。

好好选择，否则人们不会相爱

下列没有一条是与某人拥有或回避一段感情的理由，但是在我的经验中，它们都是出人意料的良好预测因素。我认为高敏感者尤其可以从新指南中获益，因为我们对所有人都那么具有同情心，对于任何善意的举动都那么感激，而且有时候是如此乐于"安于现状"，不确定我们是否还能够找到人来爱这样一个过度敏感的灵魂。与此同时，那个可以真正欣赏你的人就在转角处等待着你。

• 伊莱恩 (Elaine) 的第一条原则：看这个人如何对待他或她的妈妈。不要管母亲是不是应得这种怠慢，这可能意味着你可以从中了解这个人的第一段亲密关系并不是那么热烈。

• 必然的结果：试着去找一个安全依恋类型的人，不管你自己是哪种类型的。（我在第三章中描述过如何识别出"安全依恋类型"）

• 与不同文化背景的人建立亲密的友谊关系是美好的，但是对于一段终生的、专一的伴侣关系要做长久而认真的思考。那会有你无法想象的分歧与压力。

• 倾听这个人的工作经历。高敏感者通常比其他人有更多的工作变动，但是一大堆关于被炒鱿鱼或者由于遭到伤害而不得不离开的故事并不能表明其工作关系良好。爱情关系也涉及一起工作。

• 要当心那些总是谈论自己而对你很少表示同感的人。

• 也要当心那些对自己的身体和外表过分迷恋的人。

• 回避各种类型的成瘾的人。让他们先恢复几年，然后再去爱。

• 不要留在脾气暴躁的人身边，即便他们只是偶尔发作。他们很可能会变得不是偶尔发作。

会见高敏感者

1. **去他们去的地方，做他们做的事情**。为了做到这一点，你必须去想他们所想，这对你而言很简单，因为你也是他们中的一员。假如你外出时想要深度、有趣地体验不太刺激的事情，你会去哪里呢？尝试出席研讨会（研讨会时间比较长，中间会有茶歇，你可以认识其他人），宗教静修，以及艺术和历史活动，但要避开拥挤的人群（比如早去或者晚去或者在活动的后半程去）。走进大自然，参加像远足、慢跑、游泳、骑行或者游船等独自一人就可以进行的活动，你可以在停车场、休息区或者与这些运动相邻的商店里与他人攀谈。记住，为了与其他高敏感者交流，你必须单独外出。这些清单上可以尝试的地方还有很多，除非你停下来告诉自己没有地方去遇见高敏感者，因为他们不会去一个有快乐时光的地方或单身俱乐部。

2. **学会认出他们**。对你来说，只要你开始留意，这应该不难。高敏感者通常有一种关于自己的感觉或样子。这难以形容，但是这种特质（包括气质）确实在他们的体态和表情中流露出来，例如成习惯性的姿势或表情。高敏感者通常看起来更深思熟虑、细致入微，或许还有一点纤弱、谨慎或者沉思。他们会在一边，在观察和思考正在发生的事情时表现出一种深沉冷静，但受到过度刺激时很可能会看起来慌乱迷茫。如果他们身处一个群体中，常常话不多，而说出的话要么语出惊人要么异常平凡，因为他们处于过度唤醒状态或是为了逃避关注。

3. **请其他人把你介绍给他们所认识的高敏感者**。如果你的朋友不理解“高敏感者”的意思，你可以要求见见他们认识的其他“像我一样敏感的人”或者“内向的人”或者“安静类型的人”。尤其问问你最外向、最会交际的朋友们——他们可能会认识为数不多的像高敏感者一样的有趣的怪人，但是还没想到介绍给你认识。

4. **要小心谨慎并耐心地接近高敏感者**。你在一个聚会中认出另一个高敏感者，或者被介绍给某个高敏感者，或者听到别人谈论起某个高敏感者。很有可能这个人正在考虑离开而不是再去认识其他的陌生人，不管这个陌生人是不是高敏感者，这些我们都要面对。你知道你需要做什么——除非你非常焦虑，一想到跟陌生人说话就紧张得无法思考别人的需要，有时我们就会变得害羞。但如果你能做到的话，接近他人就像自己愿意被接近的那样——带着关心、温和的指引，并且给高敏感者留出足够的空间来观察和考虑你。或许你可以对你们双方关心的事物做出评论——一个高敏感者可能会做出的一种观察，例如注意到一处景点中细微的美景，或者群体中正在发生的事情。把自己想作试图提供一个休息区、一个庇护所，或是试着展开一些比较深入的对话。谈论的话题取决于聚会的类型，这个话题要对你正在与之交流的高敏感者进行暗示。但是我能想象在一场艺术展上被卷入到一场对话中，会被问到类似这样的问题：“创造力与狂野之间真的有所联系吗？你是怎么看的？”或者在一场宴会上，被问到：“我不太明白为什么完全不认识的陌生人会在这里彼此介绍自己，而在不远处的大街上他们却绝不会看对方一眼。”

假设你已经尽最大努力了，但是你看到的仍然是一副我不知道你在说什么的表情。你可能观察到这里对高敏感者来说太嘈杂了，因此你正考虑离开，而且你假设他或她也准备离开，但是你们也许可以找一个安静点的地方。或许也可以走出去。或者如果你非常勇敢，比如你很少做这类事情，但是你的直觉告诉自己如果你们只是为了一次谈话而找个时间在一个安静点的地方会面，那你们两个都会享受其中——那么你们会交换电话号码吗？

在了解高敏感者的过程中，假如你不是讨人嫌，那么坚持很重要。如果你得到了中性或者心不在焉的回应，而非一种完全拒绝，那么就再试一次。我知道这违背了你们高敏感者在没有十足把握之前不冒险的天性，但是如果你真的想要认识另一位高敏感者，你就需要克服这一点。高敏感者总是停下来审视你，并且需要时间来对你做决定。在更好地了解你之前他们可能会多次改变自己的想法，但是如果你不去接近他们的话，他们可能根本就不会去了解你。

会见非高敏感者

1. *去他们去的地方，但是要以你自己的方式去。*你可以到任何地方去见非高敏感者，包括我刚才提到的能够找到高敏感者的地方。事实上，在高敏感者常出现的地方去寻找非高敏感者也许是个好办法，如交响音乐会或者登山俱乐部，如果你也喜欢这些活动的话。这样你就会与自己遇见的非高敏感者有一些共同的事情可做。

如果可能的话，要确保与非高敏感者交谈的情境不会让自己太兴奋。如果你在群体中或者与陌生人在一起感到不舒服，那么你就不要试着在小组活动中去认识陌生人。否则，你不会表现出你最好的一面。那就以某种方式离开小组。例如在远足的时候，试着见见自己领先或者落后的两个队员。或者邀请你在班里、聚会上或者其他群体活动中认识的非高敏感者单独跟你走走或者吃顿饭。

2. **当你感到激动或者紧张时，问一些问题并倾听。**在初次见面或者当你觉得快要激动时，将注意力从你自己身上转移到非高敏感者身上。问一些问题——你可以在提问之前想一些问题，就是那种不能简单地用是或否来回答的问题，比如“你在哪里长大？”或者“你喜欢去哪里旅行？”。非高敏感者没有你那么紧张，他们会聊得很自如。当你被所听到的内容吸引时，你就会忘记关注自己，再加上你可能是一个好的倾听者，而且你的兴趣可能会被欣赏。

3. **让非高敏感者了解你，尤其是你的内心方面。**不要光听而不谈自己。同样，要提前想好自己最有意思的一面，以及如何提出来才能引起他人的兴趣。我的经验是高敏感者的第二印象都比第一印象要好。我们可能还没准备好开玩笑，我们在初次见面的时候属于少言深思的类型。

然而，不是所有的非高敏感者都会看重你的深刻想法，了解与自己聊天的非高敏感者对你的深刻想法是否感兴趣很有用，这样的话你就可以知道是否还要继续与他或她聊下去。如果你只是倾听的话，非高敏感者可能会觉得很高兴，然后你很快就会接受他或她对你表达的情感（而你是因为受到欣赏，出于感激而回报以这种表达），后来却发现你在其中仅仅处于一种单向的社交关系之中，总是扮演着听众的角色，深刻反思你非高敏感者同伴的表现——这对你来说不是一种好的社交情境。

4. **对你们之间的差异有所准备。**你们之间的差异迟早会显现出来。从一开始你就要准备下一章所论述的工作，勇敢地捍卫自己的特质，要看到你们两个人都尊重你的敏感性、性别和本质——所有这些都是你。同时，你也会尊重对方的气质、性别、本质以及其他所有东西。你不必喜欢你们之间的差异所带来的所有结果。如果有些差异使你烦恼，你可以通过公开地承认它来尊重自己的感受。但这并不意味别人有责任去改变自己的不同。

不要忘了非高敏感者可能会被你的直觉、敏捷的思维所威胁。要夸赞他或她表现出的能力，并指出你们之间的差异以及这些差异是如何相互补充的。

加深感情

不管你是否已经遇到了高敏感者或非高敏感者，如果你想要恋爱，那么你就要加深这段感情。为了增加亲密而做计划是否会太刻意？如果你是因为真的对对方感兴趣才做这些举动，那么就不能说是刻意。如果计划不够浪漫，那么恋爱就不会发生吗？这取决于你的耐心，但是作为一个社会心理学者，我真心认为特定的情境以及你在该情境中能控制自己去做的事与恋爱有很大的关系。彼此能否见面更多地取决于你，而现在感情能否加深和持久则取决于你们两个人。

1. *如果你喜欢他，看在老天的分上，那就说出来*。告诉对方你的感情是你能承担的让爱情发生的最大的风险。你不想太强烈或者明显夸大自己的感情，但是当感情日益增长时，你们其中一人终究会认识到它，确信和认识它的那个人是你自己。你不必赌咒发誓为永恒的爱献身，只要对你现在的感受和将来可能的感受保持坦诚就好。

2. *一起花时间在一些有创意或有情感意义的情境中*。你可能会想，“接下来她会让我安排和某人一起被困在电梯里”或者去一个摇晃的吊桥。是的，选择相爱的地点看起来很刻意。但是，无论我们什么时候与别人约会都要做好计划，而且是浪漫的计划，那何不有些创意呢？一次野餐，哪怕是室内的，也比在当地的伪浪漫连锁餐厅有意思多了。带着盒饭去动物园吃怎么样？或许就在狮子的面前。创意和想象力是高敏感者带给一段恋爱关系的礼物，或者能带来一点小小的反思。

感情的加深大多是在你们共同经历紧张时刻的时候发生的。学生们从一起应对期末考试的复习中认识到这一点，运动员们从一起在加时赛中奋力厮杀中认识到这一点，父母们从与其他父母一起经历怀孕和孩子出生后建立的友谊中认识到这一点，相反，去看电影或者看别人在他们紧张时刻相拥的视频则完全不同。所以，下次你纠结而且你遇到的这个人似乎很适合你时，那么就在你进行牙根管治疗之前让这个人与你一起等候，或者与你一起等候你母亲手术的消息。比如你可以跟某个人聊聊你狗狗的去世。或者如果他或她处于危机中——也许忙到没时间和你约会——问问他或她有没有什么你能帮助的。你答应的不要比自己预想的还多，但是过去帮忙干些家务或者清理一下猫砂这种与生活相关的行动会比选一个餐馆吃饭更有惊人的亲密感。

3. **将心理治疗所学的移情知识加以应用**。完全接纳，这对于恋爱中的你来说应该很容易。加以培养——允许对方的独立、贪玩和幼稚。别忘了给你们俩留点私人空间。触摸到原型边界，也许可以读一些诗歌或神话中的爱情故事给彼此听。最重要的是，要促进你们两人之间的亲密感、彼此的袒露、信任与真诚（但是真诚值得用下面列出的观点来检验）。

4. **诚实**。你可能会对我说的这个感到厌烦，但是你越真实地面对自己的感情，你们两个人就会越亲密。当然这也是有局限的，主要取决于你们关系的发展阶段。亲密的自我表露在各个阶段都会表现出来，我们绝大多数人对在哪个阶段表露出来合适都有很好的判断。但在正确的时机率先进入下一个阶段就好比率先说出你爱对方。它可以引起一种很深刻的反应。

除了你的爱情之外，你还能对其他人或事诚实吗？你可以说出对方对你作出反应时的恐惧或者对你们将来关系的恐惧。当你对别人感到失望或烦恼时，你可以坦白——排除心中的异见通常会大大加深你们之间的联系。你可以谈论你关于你们两个人作为一对的看法，或者谈谈你们的“过往”（哪怕只有几个小时），或者你们两个长期形成的习惯——就是那些你们两个一开始总是说或者不说的那些事情。如果关系到位的话，对方就会与你分享类似的感受和所见所闻。

5. **当心跳到错误的结论上**。这是一个被反复证明了的心理学事实，例如，如果我们或某个与我们亲近的人撒谎，我们要么认为它是因情势所迫，要么认为这是一个意外事件，但如果撒谎的人我们不认识，我们就会把它归因于其人格：这个人是不诚实的。如何把这个心理学规律用在正在认识的某个人身上呢？假设你给某人留言而未得到回应。你可能会猜测朋友是因为太忙，或者是他或她的应答机坏了——这种情况解释了一切。但是，如果你为了约会打电话给一个相对陌生的人，而他没有回电话，你会假设他或她太完美了以至于对你不感兴趣，或者是太粗鲁，抑或是冷漠——他或她的人格解释了这一切。但是考虑一下：这个古怪的人和朋友或陌生人一样，他们的生活太忙以至于没有回复，或者他们的应答机没有记录你的来电。再打一次电话吧。

自尊心低的人，包括许多高敏感者，都会在对他们自己和他人做出结论时犯这个错误。我们做错事是因为我们的人格瑕疵，别人做错事就是特定情境下的一个意外事件。如果我们不回电话给一个相对陌生的人，我们可能就会认为自己懦弱、羞涩。当别人不回电话给我们时，我们会认为他们特别不喜欢我们，或者由于太忙而不想为我们费心。这种情况实际上是我们单方面想象的结果。但是考虑一下你自己的情况，如果你想打电话的那个人在你们见面时表现得更友好些，那么你会毫不犹豫地打电话给他。当我们对自己或他人不做许多人格归因时，当我们认识到人们不能完全用诸如羞怯、粗鲁，甚至是高敏感等标签来解释，而且遇到的情境是复杂、丰富、通常不可预知的和极其有趣的时，无论是自爱或者他爱都会增加。

6. **留给时间**。与流行的观点相反，只有约 11%的人说他们曾一见钟情。更常见的情况是，一个熟悉的人逐渐变成所爱的人。高敏感者尤其需要时间来判断别人——你也需要时间，而且如果另一半是一个高敏感者，那他也需要时间。你们需要时间在一起并且你们需要时间来彼此思考。感觉明显会改变——想一想你自己是如何改变的。如果你坚持，爱可能会成长，也可能会消亡。然而，时间在你这一边，你们彼此了解得越多，无论发生什么事情，对你们来说是最好的概率就越大。

“预防”恋爱

我们也会有完全不想恋爱的时候。也许我们希望留在一种大起大落的关系中，忽略其他选择，关闭我们所有的出口。为了不恋爱，我们可以如下文所说这么做。

1. **不要表达自己任何的浪漫感觉**。浪漫的感觉最好是相互的。

2. **和有吸引力的人在一起时，避免兴奋、亲密或激起性欲的情况出现**。如果你在这种情况下或者事后产生好感，要搞清楚它到底是什么——仅仅是当时的情境所致。

3. **承认你对特定气质的迷恋**。特别是，如果你的伴侣是高敏感者，我几乎可以保证你任性的浪漫冲动将会将你引向一个非高敏感者；如果你的伴侣是非高敏感者，则会引向一个像你一样的高敏感者。但是，因为你不能拥有一切，你可以欣赏你所拥有的，但是不要对你着迷的采取行动。或者更好的是，与某个拥有你的伴侣没有的气质的人发展出一段亲密但并非爱情的友谊。

4. **不要与任何明确寻找浪漫关系或者对浪漫关系来者不拒的人亲密。**把亲密留给你的伴侣或者明显不会成为浪漫关系的友谊。两人之间的亲密包括分享非常私密的想法，通过高度的坦诚、接纳和友好建立信任，或者仅仅都是常常独自一人。尤其要注意不要进行“游戏治疗”！你可能会产生理想化移情。

5. **切勿因小失大。**你恋爱的冲动永远都是来自心灵的重要信号。它们是你的想象和渴望。忽视它们是你的损失，因为它们下次出现时会变得更为强烈。当你感到自己满怀情愫时，为了明白为什么在这种情况下，在你生命的这个时间点，为了这个特别类型的人，你会产生那么多的爱，你最好试着推迟任何行动。哪些不平衡需要尝试调整？这没有什么好恐惧的。你越理解自己的感情，你就越不可能对它们做出反应。

恋爱之后

对于你们很多人来说，恋爱的时光似乎过去很久了。你想了解接下来会发生什么。也许你想知道为什么爱会凋谢以及如何使它复燃。这种几个月来意味着自然的生物把戏的激烈欢愉会让每个人结婚吗？

在接下来的三章中，我们将会讨论“恋爱之后”，首先探讨的是与非高敏感者恋爱，接着探讨与高敏感者恋爱。在第七章中，我们会看看高敏感者需要记住的几个重要的点，无论我们的伴侣是何种气质。

第五章

高敏感者与非高敏感者：当气质冲突时如何使爱情长久

气质上的不匹配和由此产生的误解，无疑是气质给亲密关系带来的最大问题。根据我的数据，大约有一半的高敏感者的伴侣不是高敏感者。另外，有趣的是，我们中有超过百分之五十的人认为自己的伴侣是非高敏感者，但实际上他们并不是。而且，正如没有两个人有完全相同的身高，每对夫妇中有一人会更加敏感一些，而另一个的敏感性则稍微弱一点——或者一个高敏感者的敏感性在某些方面较强，而他的伴侣的敏感性则在另一些方面较强。因此，我建议大家阅读本章和下一章（关于两个高敏感者如何相处，因为我们的伴侣中有许多人虽然相对于我们来说是非高敏感者，但就他们个人而言仍然至少是中度的敏感者）。但首先，让我们来认识帕特里克（Patrick）和康妮（Connie）。

帕特里克和康妮

帕特里克，一个高敏感者，而康妮，是一个非高敏感者，他们已经结婚三十年了，他们深爱着对方。他们有出色的沟通能力和耐心，并且互相尊重。他们花时间一起相处。他们在每次面对危机和反对者时相互支持。但是，他们的关系充满着压力（虽然很少打架），特别是他们的两个女儿成为青少年后。

一个新的纠纷是他们现在在同一所中学任教，所以他们能够轻而易举地相互比较。

帕特里克的教学有效，但需要大量的付出。他是一位认真负责的老师，受到管理者、家长和学生的尊敬，很快就得到了专业的好评，但他每天晚上都很疲惫。相反，康妮经常被管理者指责没有履行她的分内职责，但她每年都当选学生最喜欢的老师。学生们爱她的活力，她也喜欢教书。她给每一个班都增加了特别的活动——有时帕特里克也会提出建议，但这些建议对他自己来说因压力太大而无法做到。

周末，帕特里克承担了与康妮同等甚至是更多的家务，家务都快赶上他的教学任务了。但他每次都尽快做完这些事情以求心安，他会回到画室作画，这是他真正的爱好，或去他的花园除草和思考。康妮总是利用周末和女儿们一起做手工。几年前，她决定做毛绒玩具，在节日里她将这些玩具送给亲戚和其他该送的人。后来她的一个长颈鹿玩偶被一个高端礼品公司的高管看到，他买了她已经做好的所有玩偶，并且希望买更多她愿意卖的玩偶。现在大部分玩偶的制作工作都由康妮雇用的当地妇女完成——康妮现在除了教书还管理着一家非常成功的小型企业。

康妮和帕特里克决定利用这些额外收入来设计更多的周末共度活动。此外，帕特里克现在可以考虑提前退休了。但他们差异的利弊从未如此突出。这在成年夫妇中很常见——每个人都想要更忠实于自己的天性，而高敏感者 / 非高敏感者夫妇的困境则是需要越来越多的创造力、尊重和宽容。

在讨论高敏感者 / 非高敏感者夫妇的幸福和挑战时，我们要在头脑中牢记帕特里克和康妮的例子。

好消息

你们俩是如何从你们的差别中获益的

1. 在你们之间，你们有灵活性，有更广泛的能力——所以你们比其他夫妇收获更多，处理更多，也享受更多。你们有“混搭优势”。当你们作为一个团队运作的时候，你会注意到细节，而你的伴侣则会根据这些信息行事。你可以到达自己的极限，因为你知道当你过度唤醒和疲劳的时候，你的伴侣将会接管和保护你。例如，帕特里克意识到他们的女儿需要一些控制，而康妮通常是那个把他们的决定付诸实施的人。

2. 对你们双方来说，你们的关系有趣且刺激。“对立的婚姻”永不枯燥。你们把彼此作为奇遇，过着那些彼此相似的人体验不到的生活。康妮通过帕特里克体验艺术家的微妙视角，帕特里克通过康妮经历了企业家的刺激。

3. 应对你们的差异来塑造性格。差异会拓展你们彼此。差异是这个星球上最大的问题。当你学会与他人一起生活时，你增长了关于如何在没有过度的判断、不满和失望的情况下承认差异的所有知识。

4. 你们会改变彼此。你们将互相教导。你们会将对方作为自己的一部分。研究表明，两个相异伴侣在其一生中会改变彼此的人格，变得更加相似，从而为他们自己增加新的维度，而两个性格相似的伴侣则往往保持不变。

5. **你将学习更多关于自己的“阴影”的内容**。在荣格的理论中，阴影是否认自己、不喜欢自己的一部分（在第七章会进一步讨论）。两个非常相似的人可能会忽略他们共有的阴影部分。例如，两个非高敏感者为了工作需要，一周要进行几次长距离的飞行，但他们可能不会抱怨彼此生活的失衡。两个容易被善于操纵别人的亲戚、推销员或假的慈善机构的请求所打动的高敏感者，永远不会抱怨对方容易受骗。但与你不同的伴侣会有一个非常不同种类的阴影，同时他会更可能意识到你的阴影。

帕特里克经常指责康妮容易做出很多承诺却不履行自己的承诺的做法——这就是康妮的阴影，如果是另一个丈夫，尤其是一个非高敏感者丈夫，可能不会注意到这一点，甚至与她有共同之处。

康妮则指出帕特里克是如何在学校保留一种天真的“政治”而不是坚持自己的，另一个高敏感者妻子可能不会关注到这些事情。

你们高敏感者如何受益

1. **保护你远离困扰，帮你完成自己不喜欢做的事**。高敏感者会感到内疚，这可能会成为一种优势，通常对你来说是难事的事情，对你的伴侣来说则相对容易，他或她是真的很高兴被你需要——这可以让你的伴侣对你不会完全消失在自己的思想里而感到安心。经常做这些事情会使你的伴侣保持他或她恰当的刺激水平。当我和阿特旅行时，他更喜欢去查看火车时刻表和买票，我更喜欢静静地等待他这样做。我们都不需要为此感到内疚。

2. **你的非高敏感伴侣爱你，这使你有被尊重的抚慰体验**。高敏感者长期感到自己低人一等，或者感到不受非高敏感者尊重。找到一个爱你的人对你非常有益——这在很大程度上可能是因为你很敏感。

3. **你将会有更多的冒险活动。**因为你的伴侣在进行一个活动之前并不像你一样犹豫，所以相比于一个高敏感者与另一个高敏感者在一起，你肯定会有更多的冒险活动。

关于这方面我最喜欢的例子是，我一直很想拥有一匹马，但在某种程度上我猜想这是不可能的。当我遇到阿特后，我们在乡下住了一阵子，他问我："你为什么不买一匹马？"我解释说，我从来没有养过马，不知道如何饲养它，马又大又难养，我们既没有围栏牧场，又太忙了，没法照顾它，等等。他说："从图书馆里借一些关于养马的书，再买一些你可能需要的东西，然后找人帮你挑一匹好马，把它带回家，这样就会迫使我花时间在家周围建立一个围栏。"于是我最终拥有了一匹马。

以一个不那么戏剧化的方式，阿特哄我去欣赏了很多的戏剧、芭蕾和音乐会，我们去的次数比我以前独自去的要多得多——他喜欢和我一起做这些事，所以我去其实是为了他。

但我因他和我一起出去而感到很高兴。当我一个人的时候，我很少出去（当他独自一人时，会比和我在一起时出去的次数更多）。

4. **你会变得更灵活，因为在保持自我的同时，你也会变得更像你的伴侣。**经过多年和阿特外出，当我独自一人时，我实际上也偶尔会去看戏剧或芭蕾。我比自己认为的更加想念它。非高敏感者的行为模式特别具有自发性，并且不允许自己成为常规生活的奴隶，从而使自己更可能打破自己的禁锢。

你的非高敏感伴侣如何受益

1. **高敏感者留心细节，享受好的东西，改变令人困扰的东西，从而使生活更好，环境也更好。**阿特和我最近搬进了一个新公寓，从第一天起我就被那个脏窗户所困扰。阿特从来没有注意到那个窗户，但当我提到它的时候，是他找到了清洗它的方法。窗户清洗干净了，他赞叹地说自己更喜欢我们的新家了。装饰公寓的故事也很相似——我不得不拒绝了他的很多想法，这些想法对我来说会营造一个过度刺激的环境，但是他现在对这个地方宁静的样子也很满意。同样，我会在散步的时候向他指出一些事情，因为他非常喜欢这样，虽然他过于忙着说话而没有注意到自己的这些问题。

2. **高敏感者会让自己的伴侣参加高敏感者式的冒险**。阿特和我喜欢在法国徒步旅行。我们使用的地图很详细。在我们最近的一次旅行中，我几次注意到地图上的微小十字架图案，这是教堂或修道院的标记。在我的请求下，我们步行几英里[①]到一个偏远的地方去参观这些建筑，阿特喜欢它们。同样，帕特里克特别关注某些政治不公现象，并经常讨论它们。康妮，一个非高敏感者，现在也有这个兴趣，这多亏了帕特里克，实际上康妮比帕特里克更爱冒险，只不过是他第一次向她指出了这个问题。

我也是那个让我们双方开始中和的人，阿特特别喜欢这种中和，而且喜欢了将近 30 年。

3. **高敏感者为了避免麻烦，在非高敏感者注意到之前发出警告**。康妮和阿特都说，他们的伴侣会事先考虑好，留神观察着问题。我们高敏感者会最先注意到某人正在变得恼火。我们会在东西完全损坏前知道它需要修理。帕特里克和我是两对夫妻中坚持做退休计划的人。阿特和康妮则更为乐观，也更为健忘和冲动，他们也对变得糟糕的“失望悲观的氛围”感到厌倦。有时帕特里克和我是对的，有时我们是错的。但阿特和康妮深深感谢那些已经被证明了是正确的早期警告，以及避免了那些代价高昂的麻烦。

4. **高敏感者为他们的非高敏感伴侣创建一个更健康的生活方式**。虽然

---

① 1 英里约合 1.609 千米。——译者注

非高敏感者可能会忽略需要睡眠、饮食、运动，或需要停下来休息的信号，但高敏感者不会。因为夫妇们发现在这些事情上保持某种程度的同步是比较容易的，因为非高敏感者会无意识地过一种更明智、更敏感的生活。例如，我必须每周休息一天。当阿特独处时，他从来没有定过休息时间，但当他与我在一起以后，他也认同我们从定期休息中受益颇多。

挑战

我对高敏感者在亲密关系中的满意度调查数据表明，高敏感者与非高敏感者伴侣的快乐感稍低。尽管如此，这些都只是轻微的差异，许多高敏感者 / 非高敏感者夫妇与高敏感者 / 高敏感者夫妇一样快乐或甚至更快乐。也就是说，如果你正在读这本书的话，你与非高敏感者有一个美好亲密关系的可能性会更大。

然而，我希望你能现实地面对这一挑战，并鉴别自己为什么会遇到这些困难。精神病学家伯顿·阿普尔福德（Burton Appleford）在《敏感性——痛苦或狂喜？》（*Sensitivity—Agony or Ecstasy?*）一书中认为，敏感性差异很大的人们之间的婚姻问题与智商差异很大的人们之间的婚姻问题的严重性有某些相似之处。例如，正如那些高智商的人所拥有的特定经历，他们智力稍弱的伴侣不可能经历，也不可能分享一样，高敏感者与非高敏感者之间也存在同样的问题。然而，与拥有较低的一般智力的伴侣不同，你有一个有着“不同”类型“智力”和优点的伴侣。这是我们在探索高敏感者 / 非高敏感者夫妇的挑战中需要记住的。

最佳唤醒水平的差异引起的问题

人类与其他动物一样都有一个强大的驱动力来维持最佳的唤醒水平。气质相似的夫妇中，在最佳状态上的巨大差异也只是暂时的——例如，一个人临时加班，另一个待在家里一整天。如果这个情况是暂时的，那么这很容易让人妥协，甚至能完全适应对方的需要，在家里待着的那位会让加班的那位在家里尽可能好好休息，如果有需要的话自己会独自出门。但是，如果气质差异造成的最佳唤醒水平的差异是内在和永久的，那么事情就不幸了。妥协会变得更为重要——一个人总是适应另一个人是行不通的。同时，妥协会导致高敏感者的过度警觉和非高敏感者的厌倦，从而导致双方都不满意。这些问题的解决方案（在本章后面讨论）需要真正的创造性。

回顾帕特里克和康妮，帕特里克有一个试图用戴便携式水下呼吸器潜水来取悦康妮的故事——包括在一次昂贵的旅游套餐里，其中包括一天的深海潜水活动，但那天康妮生病了。帕特里克独自去了，他不想浪费钱或者说回避这个挑战，但他最终陷入了经常性的恐惧之中，并极其疑惑自己是如何让自己落到这个境地而感到不痛快的。从那以后，他放弃了尝试去享受他不能享受的东西。但他们仍然一家一起去有便携式潜水活动的奇异地方——康妮会安排旅行计划，使帕特里克有时间在海滩上放松，而她和女儿一起去潜水。

问题是当一对高敏感者/非高敏感者夫妇同意过更独立的生活，这种独立生活与每个人喜欢的刺激程度相一致时，如果太过独立，可能会导致疏远。康妮的公司使帕特里克为她感到骄傲，而这笔钱也确实使他们的生活更轻松。但是他们现在的生活更为独立，这给他们带来了一种感觉：他们不仅仅是分开的，而且常常在某种程度上是相互对立的。高敏感者和非高敏感者的最佳唤醒水平之间的差异也会导致其他一些问题。

1. *非高敏感者似乎想要更亲密，而高敏感者则想要更多时间独处。*即使一对夫妇对亲密的恐惧程度很低，并且依恋风格相似，高敏感者仍然可能比非高敏感者想要更少的亲密。尤其是在辛苦了一天后，亲密是一件高度唤醒的事情，所以高敏感者可能更喜欢独处。在嘈杂的餐厅享用一顿丰盛的大餐，紧接着在更嘈杂的夜总会跳舞——请忘记这样的“浪漫之夜”吧（从非高敏感者的角度来看）。除了感到可能被拒绝之外，非高敏感者可能感到失望——这里有一个人准备和他/她的内心和灵魂建立联系，但这个人的配偶却只想回家坐在那儿盯着墙。

2. *你们两个必须处理好你（高敏感者）的过度唤醒的次数。*如果一对夫妇不了解高敏感者的自然极限，两人都可能不断地引起高敏感者的过度唤醒。那么你们双方都要应对所带来的后果，如烦躁、愤怒、抑郁发作、频繁的感染和受伤、心不在焉的错误、失眠或强迫性的担忧等。你作为高敏感者，也可能通过食物、酒精或药物来麻木你过度唤醒的系统。当过度唤醒转变为慢性时，上述后果也会变成慢性的。

通常你们两个都能明智地理解高敏感者的极限，但拒绝承认你们每个人仍然在违背这种极限的程度。你可能会觉得自己像一个精神病或抑郁症患者，而你的伴侣像一个医生或治疗师，总是期望能够遏制他或她自己的感情，使事情平静下来，成为拯救者。

3. *你们都必须面对间接地体验对方迥然不同的经历所带来的溢出作用。*当你因截止期限、工作上受批评或过度唤醒高度紧张时，你的非高敏感伴侣不但帮不上忙，反而也会变得有点焦虑不安。你并不希望变成这样。而非高敏感者也厌倦了这些，从他或她的角度来看，你只是在小题大做。

当非高敏感者一个人承担了很多，并且即将接近过度唤醒状态时，就像康妮要兼顾她的家庭、教学和兴旺发展的新事业，像帕特里克一样的高敏感者无法提供帮助，还觉得特别受影响。他想给她自由，当他看到这样繁忙的活动时会不舒服，但他试着不去抱怨。但是，当她甚至抱怨说任务太多了时——你还敢抱怨——他感觉自己快要爆发了："你制造的这一切！你还指望我来帮忙？如果你这样痛苦，那就停下来别再做了！"

4. **高敏感者在工作中会有更多的困难，这对夫妻关系会造成很多影响。**例如，让我们面对这种现实，大多数高敏感者不会做每周工作四十个小时的工作，特别是如果你再加上往返时间以及孩子在家等你的时间的话。非高敏感者可能不明白你可能会在工作中遇到各种类型的问题。你的工作必须要有意义。你很难找到一个适合自己的工作氛围和工作环境，因为工作场所更适合其他百分之八十的人。所以你可能会不断换工作，甚至从一个职业换到另一个职业，经历着一次又一次的改变——你的伴侣会和你一起经历这些。

最重要的是，你可能会没有非高敏感者赚钱多，如果你是一个男人的话，这可能是一种特别体验。但这种情况并不罕见——我能够至少想到五对高敏感者/非高敏感者夫妇，高敏感男性赚钱较少，甚至一分钱都没赚。在每个案例中，夫妇俩都有足够的钱，但双方都在与自己赚钱的性别刻板印象斗争——有时会斗争成功，有时会失败。

然而，这个问题并不仅限于高敏感男性。如今的女性也希望去工作，大多数夫妇都想要有两份收入。当孩子还小时，女性不工作是可以接受的，但一般来说，不工作的高敏感女性会像男人一样感觉这是"不对"的，这样会让她们不如她们工作的伙伴，或者这样就没有理由为她们自己花费。她们的丈夫可能羡慕他们身边的夫妇，因为他们的妻子在工作，这样他们的财产会更多，压力也会更小。

一些解决方法

1. **提醒你的非高敏感伴侣，亲密有多种形式。**正如我反复说的，你们每个人都必须相信对方的经历。你作为高敏感者，在一段忙碌的时间后，“放空”是必不可少的。这是生理上的需要，与爱情无关。你甚至不必完全自己一个人待着。事实上，你可以经常和你的伴侣一起多放松——如果你只是想安静地待在一起。但在一段时间的高强度刺激后，在你们共度亲密时光之前，你们必须要有一段时间来“放空”。这就是现实。

当你觉得亲密时，一定要告诉你的伴侣。对你的伴侣来说，你们俩看起来都似乎“只是在阅读”，如果你提到感觉在一起静静地阅读很快乐，他或她或许也会感受到这种亲密。

尽可能适应你伴侣的亲密观念。如果要一起享受一场摇滚音乐会或者汽车比赛，嗯，悄悄地带上你的耳塞吧。如果你不想让自己成为一个殉道者的话，一起去是一个很好的表达你的爱的方式。伴侣之间不应该有太多不快，顺便说一句，如果对方忽略了这样一种爱的举动，那就幽默地指出来吧。真正重要的是，每个人都会意识到通过那些适应性举动所表达的爱的程度。也许你关于摇滚音乐会的体验不会像你的伴侣一样愉悦，但伴侣和你一起默默阅读时的体验也不会像你感受到的那样快乐。

2. **接纳并为你们在最佳唤醒水平上的差异做计划。**接受你们双方不再否认这些局限的要求。为什么要否认？为了适应你这个高敏感者，有些东西就必须要放弃。唤醒源自多方面，如果其中一方面增加了，其他方面则必须要缩减。一个新生婴儿？如果你要去抚养孩子，你将不得不在工作上减少时间或放弃工作，这意味着收入的减少。开始新工作？在短短几个月内，你不能完成家里的大部分家务，而且要放弃你们共同的休闲活动。如果可能的话，以后再继续做。但这对你的伴侣来说很难。

一旦你真正接受了这些局限，对它们进行规划就相对容易了。这里有为数不多的几个建议，对你们双方而言应该都适用。

• 决定你的优先事项，让有些梦想先实现。对你来说，拥有高度成功的事业可能需要你只能生一个孩子，甚至不要孩子。

• 你需要一个自己的房间，或者至少一个属于你自己的角落，以一个平静的方式布置它。当你的伴侣处于快乐或不快乐的发狂状态时，你可以撤退到自己的私人空间里。

• 如果可能的话，住在某个安静的地方，或至少待在一个通过隔音减少噪声的房间里。

• 定期到大自然中去。

• 避免不必要的决定和选择。坚持曾经做出的决定。接纳某些被证明是错误的决定——你不可能事先知道某些事情，也不可能总是正确的。

• 你的伴侣应该允许你有自己的日常活动，尤其是在这些活动不打扰他或她的情况下。

• 坚持做预算或财务计划。高敏感者经常会经历负债。要有一定的财务盈余——要预期到经济的波动起伏，这样就能减少财务对你生活的影响。

• 留出一些额外时间——为去某些地方留出一些额外时间，如赶飞机或参加婚礼。大多数高敏感者确实会因自己必须要赶时间或要迟到而遭受痛苦。

• 让假期变得简单而有意义。不要卷入过度刺激的娱乐表演中而使自己无法享受假期。

• 要确保自己充足的睡眠、锻炼、休假与精神体验的机会在你的余生中保持平衡——对于高敏感者来说，这些是一切事物的基础，因此保持生活的平衡是你的第一要务而非多余的东西。

3. **你们两个也必须做好安排使非高敏感者保持在他或她的最佳唤醒水平上。**虽然这并不是一个迫切的需要，因为这个世界自然会给非高敏感者很多事情去做，但非高敏感者的唤醒不足也不应被忽视。他或她可能也需要一个空间来静思——播放收音机，把一堆凌乱的纸放在你不能容忍的地方，工作到很晚或者很早，当然一般只是无所事事。他或她在睡前可能需要到咖啡馆去读一会儿书，而不是简单地在家里度过一成不变的夜晚。顺便说一句，唤醒不足的非高敏感/非高感觉寻求者不一定要寻找一种全新激进的体验。他或她只是需要多一点点刺激。非高敏感/高感觉寻求者则需要相当大的新奇冒险。

4. **一起规划时间的过程中要有创造性。**这是必要的，因为你们必须一起度过快乐的时光从而使你们的爱保持活力并仍吸引你们彼此。

你怎样才能有创造力呢？例如，我一直不是很喜欢探索大城市，但阿特热爱大城市。幸运的是，在城市里，我可以享受一两天的艺术博物馆和美食餐馆之旅。我喜欢在森林里，在海边，或者徜徉在一片美丽的风景中，只要我们继续前进，阿特也会喜欢这些。所以，当我们旅行时，我们通常在欧洲城市待几天（对我来说不是太陌生，或者对他来说不是太熟悉的地方），做我们都觉得有意义的事。阿特使旅行变得简单，他做好了所有的安排。接下来我们会到开阔的地方进行乡间徒步旅行。

5. *要意识到你们一起做的每件事都会因你们的差异而受到影响——这种影响通常以你们并不怀疑的方式出现。*你们如何争论，争论什么，你们如何做爱，这些都受到你们完全不同的神经系统的影响。当有问题时，试着看看是否可以用你们的气质差异来解释。这种解释真的有助于停止责备和防御，而责备和防御是夫妻间发生冲突时的最大问题。

6. *要注意如何在"斗争中"运用你们自己的气质差异。*一旦你们意识到彼此之间的差异，在权力争夺中你们的气质差异会引诱你们利用这些差异让形势有利于自己，而所有的夫妇都有这些差异。不要把你们自身的这些基本方面作为武器或容易达成的目标。这是不公平的，例如，你的非高敏感伴侣会通过制造高强度刺激的烦躁策略使得你为了避免过度唤醒而在简单陈述自己的情况后让步。如果你的伴侣提到一些你不想妥协的要求、令人恼火的事或怨言，你就因为过度唤醒而威胁要完全崩溃或爆发，这也是不公平的。通常这些策略会在我们没有意识到的情况下悄悄地影响我们的行为，所以关于这一点如果你们在冲突中的行为对你们来说"闻起来可疑"，那么你们现在要做一点自我反省。

你对细节的格外关注所带来的问题

下一组问题是对细节的敏感导致的，它们可以通过琳达（Linda）和马克（Mark）的例子很好地说明。

琳达和马克

琳达小时候和母亲的关系很好，但她父亲为了娶她母亲的表妹，在她六岁时就和她母亲离婚了。从那以后，琳达一家就经常搬家，在新学

校里琳达很安静，交朋友很慢，而且觉得她自己从来都不适应那里。八岁左右时，她觉得自己是“神经兴奋型”人格，与众不同，并且在某种程度上接受了自己的这一点。在大学里，她遇见了马克，这是她第一个也是唯一一个感兴趣的对象。她立刻喜欢上他可爱的本性，他安慰她，对她柔情蜜意，他“拥有优雅的举止同时又不失风趣”。

乐趣对琳达来说很重要，因为她很容易感到无聊——典型的高敏感／高感觉寻求者。作为一个年轻人，她寻求“冒险寻求者”作为朋友，直到她意识到与他们走得太近是一种“太大的消耗”。马克与她相反，是一个既不是高敏感者也不是高感觉寻求者的有趣的人。正如琳达所言：“他从不感到无聊，总有事情出现——只是与我相比，他既可以容忍更多的无聊，也可以接受更多的刺激。”他有全副武装、几乎麻木的神经系统，加上良好的心态和教育，马克是一个很好的支持者。

琳达总是觉得马克“几乎是太过”尊重她的敏感性了，因为相比之下，她最终发现自己没有尊重他的非敏感性。起初，她避免与马克发生任何冲突，接受他的价值观和思维方式，从不承认分歧。然后在1973年，她开始思考一些马克根本不关心的事。他对精神问题的漠不关心导致了琳达的自我反省。冥想对她来说变得非常重要，而他对兴趣的缺乏实际上是很令她痛苦的。她不再喜欢他了，危机降临到他们头上。

琳达开始与那些更具精神内涵的男人进行远距离恋爱，然后她有了外遇。她和马克分手了三次，“很明显我认为他没有精神内涵”，但她无力阻止自己对他的爱的日渐消逝。

然后，她遇到了自己现在的精神导师，一位智慧和温柔的哲人。她对他充满了爱，但这种爱与对马克的爱不完全相同。马克对这个人闯入他的婚姻而感到愤怒。他仍然希望他们回到原来的相处方式，他们一起做所有的事情（也就是说，她要同意他的一切决定），他不能分享这种精神追求。

琳达的老师告诉她，应单纯地去冥想，并把马克当作她人生道路的一部分。“我们所得到的，是我们应该拥有的。”马克拜访了这位哲人，结果，他对琳达的精神兴趣的态度有相当大的软化。琳达开始意识到她对老师的强烈依恋，部分是因为自己六岁时父亲离开了自己。琳达对老师的依恋仍然存在，甚至增强了，但不再是那么无意识和贪婪。

然而，她自己需要改变。老师鼓励她要尊重自己，琳达坚持要和马克进行婚姻治疗。她开始“反驳”。她仍然不会对他生气，“但会感到受伤和后退，并最终坚定地说：‘那是你的方式，不是我的。’”。她对他的不满和失望已经减少了。但她仍然很伤心，因为他将永远无法分享她生命中的重要部分。但是她与那些一起拜访自己的精神导师的人相处得很舒服。她认为他们中的绝大多数人都是高敏感者，“那里的气氛对我很有帮助”。

最重要的是，琳达现在明白了她和马克实际上多么互补。“我已经成长了很多，他教会了我很多。”她现在也更加意识到了他们之间的相似之处。“他是我的弱点，我因此而讨厌他。我们的优点也相似。尽管他是对的，我可能本来也不应选择他。”

差异——爱的理由如何成为蔑视的理由

琳达和马克是一个典型的高敏感者 / 非高敏感者被他们自己处理细节的差异所相互吸引的故事，这个故事给了琳达微妙的精神体验，也给了马克一个关于生活表面现实的清晰、实用的观点。这种差异起初带来了对彼此的喜爱和欣赏，后来却变成了对彼此失望和恼怒的最大根源。事实上，在他们关系最糟糕的时候，我认为他们全然蔑视这份未曾变过的差异。

婚姻研究者和实务婚姻咨询师都发现，这种差异通常是这样起作用的，尤其是当他们卷入对对方来说几乎无法理解的人格方面，比如气质差异中时。起初 A 因为 B 非常成功而喜欢他（但 B 完全没有雄心），而 B 喜欢 A 是因为想要一个美满的家（但 A 没有这样的才能）。后来 B 厌倦了 A 总是工作，A 觉得 B 很无聊。在细节与实用意识存在差异的情况下，蔑视的可能性似乎巨大，因为对立的性情之间有巨大差距——可以说是天壤之别。

让我们考虑其他一些问题，这些问题可能是由于你热心关注细节，而你的伴侣却没有关注引起的。

1. **随着你们俩越来越现实，你们的敏感性就变成了评判的依据，而你的非高敏感伴侣很容易变成防御型。**也许你对自己的伴侣的“肤浅”感到失望。他或她是“无能的”“完全无意识的”。一旦开始这一观察，你就会彻底进行下去。这一观察的每种可能的后果和自己伴侣的每个“缺点”（至少从你的观点来看是缺点）都将被纳入考虑的范围。因为你的直觉通常很敏锐，你的伴侣可能会认为你关于所有这些缺陷的观点是对的，并感到羞愧。然而，这也可能似乎全是错的，而且非常不公平。

我同意彼得·克拉玛在《你应该离开吗？》一书中的建议，当我们变得非常亲密时，敏感的人会被我们接收到的有关对方的无数暗示所压垮。每个人都有缺点，高敏感者突然经历另一个人的癖好，这种体验比我们可能曾经体验过的、不那么亲密的关系更为细致。把一个有一点问题的可靠的人（因为你熟悉每个问题）与一个真正有问题的人区分开是很困难的。

除此之外，作为高敏感者，你关注到的自己伴侣的缺点要比伴侣关注到的你的缺点要多得多。如果你因为父母而对童年感到失望，你会更倾向于挑剔和失望，就像琳达是因为她父亲一样。在某种程度上，琳达是无意识地观察马克潜在的令人失望的品质的。

不难想象，你默默地或大张旗鼓地把他或她的“污点”分类的做法会对你的伴侣产生影响。你伴侣的核心自我价值感会受到威胁——毕竟，你很敏感，你太了解他或她了，以至于不可能是错的。所以要小心——没人能在这样长时间的攻击下不进行包括反击在内的强有力的防卫，从而来管理好这些问题。

2. **你也可能会走到另一个极端，避免对你所注意到的缺点发表任何评论**。为什么？你倾向于深入处理所有事，而深入处理别人对我们的批评也是很痛苦的。为了避免被批评，你可能决定永远不批评自己的伴侣，但最重要的是你自己不被批评。从你的观点来看，你们甚至可能有一个双方永远不要互相批评的心照不宣的协议。问题是，在任何长期的关系中，伴侣双方一定会开始产生不满，并且需要说出这个问题。否则，怨恨就由此而生。压抑的愤怒必然会伤害真正的亲密关系。如果你运气好，最终愤怒会爆发，亲密关系会恢复，但迟到的爆发会带来很多不必要的痛苦。

在一个稍微不同的剧情中，伴侣避免对对方做出任何批评并为其中一方（或双方）创造了一个过度接纳、幼儿化的氛围——这种情景可以把理性的成人变成一个很少为他人着想的孩子气的享受者。这可能会推迟爆发，但爆发仍然必定会到来。

虽然每个人理智上都知道这些事，但在亲密关系中，高敏感者仍然会出现这个问题。即使是那些拥有最美好童年的人似乎也对受到批评很敏感，所以我们能很轻易地决定要预防它。当相互之间不批评的状态持续了好几年，然后平衡被打破时，结果很可能要么是关系的结束，要么是一个充满活力的新开端。你可以通过计划达到其中一个结果。

3. **你似乎能读懂你的非高敏感伴侣的心灵，而你的伴侣却不能读懂你的心灵——这会导致所有类型的沟通问题。**一个后果是，你的非高敏感伴侣可能期望得到充分的理解，而事实上在你对他或她的理解上总会与他和她对自己的理解有很大的差距。你也可能会误以为你的伴侣意识到了你的某些事，而他或她事实上没有，因为从你伴侣的角度来看你应该意识到。当你知道自己还没有在直觉上理解时，你可能会感到相当失望。或者如果你的伴侣给了你暗示，你可能只是厌倦了说一些对你来说显而易见的东西。

4. **特别是在与不止一个人的交谈中，你可能少说话，试着深入思考话题，而你的伴侣则可能用“肤浅的”谈话来填补这些空白。**或者整个话题都变了：有人在讨论他们的背部问题，而你在想你对脊椎疼痛了解多少。同时话题转到饮食，你则在考虑营养。然后转移到餐馆、旅行、外交、政治。你几乎什么也没说——在你看来，你听到的也不值得去回应，因为非高敏感者说话似乎不经考虑。你的沉默可能被理解为害羞或不感兴趣——但不管别人怎么想，他们填补了你留下的空白，假如你不介意的话。但事实上，你有很多想说的话，并且感到非常失落，甚至气愤。

5. **当你心情不好的时候，你可能倾向于控制自己的情绪并反思，而你的伴侣则通过表达每一次小小的关心或不安来缓解紧张情绪。**例如，在为旅行打包行李时，你可能喜欢保持安静，专心致志。你的伴侣则可能会用各种各样的问句来进行连续评论，如“我想知道天气会怎样？”，还有“票在哪儿？”。你们在危机期的行为反映了同样的冲突风格。你试着保持冷静，保持安静，而你的伴侣则想大声说话，如果你俩都做出了自己想要做的反应，事情会变得很糟糕。当你认真负责的时候，你会觉得你必须对所有问题和担忧做出反应，但你的伴侣并不是真的希望得到答案——他或她只是想在你们并肩奋斗时能从和你的谈话中获得安慰。但是不停的谈话会增加刺激，破坏你的注意力，导致恼怒，甚至冲突。

6. **你破灭的幻想导致了某种判断，而且你的判断导致了你伴侣的防御情绪，你俩就会产生更多的“分裂”。**分裂是一种最初的防御手段，也是童年时最常用的防御手段。它让我们在某刻认为自己或其他人是极好或极坏的，但我们不必处理那些我们接受起来有困难的好或坏的方面。起初，生活就是这样简单。当我们初次恋爱时，我们可能会把对方的坏特质与他“分裂”开，而只看到最好的一面。当我们醒悟或感受到攻击时，如果这种感觉很糟糕，我们可能会把其他好的特质从他身上“分裂”出去，只看到可怕的东西。

当然，当我们不得不感到自己是十全十美或是糟糕透顶的，拒绝承认任何能证实这一点的意识经验时，同样的分裂也会发生在我们自己身上。为了保持这种盲目，我们通常通过把它投射到某个人身上来“摆脱”被否认的另一半——谁还能比我们如此与众不同的伴侣更方便呢？

从理论上讲，高敏感者不会过多使用分裂和投射的防御方法，因为我们不擅长任何否认的、合理化的防御。无意识以更为明显的方式渗入我们，如分解、弥漫性焦虑和躯体症状。但是，我们可能会因为对自己或自己理想化的人挑刺而感到苦恼。这个挑刺似乎有太多的含义——真的太多了。因此，当我们面对新的现实前，我们或许可以先“分裂”。

例如，假设一个尽责的高敏感男性被他的非高敏感妻子告知，她感到自己被忽视了，因为他是如此不可靠。他可能会在那一刻看到一些事实，但随后会被这些暗示所淹没——他已经花了自己所能给予的所有时间和她在一起了，自己在工作中已经不堪重负了，但现在看来他作为一个丈夫也失败了。这种自我认识是难以忍受的，所以他要为自己辩护。他认为她是一个有缺点的人——她一直苛求、控制或者太贪心。他为什么要娶这个糟糕的人？现在，她浑身都是坏的，自己却什么都好。真叫人松一口气。总体考虑后，他可能会认为实际上他们俩都是好的。她是有理由抱怨的。他看到她甚至对自己不那么生气。他只需要安排更多的时间和她在一起，保持他自己的生活平衡。

亲密关系几乎总是牵扯到一种有趣的分裂形式——一种极端特别的形式。有时这是无害的，如某对情侣认为他们中的一个在看图和寻找方向方面是有天分的，另一个在这方面却很糟糕。有时，这种分裂很严重，就像一个人似乎很能挣钱，另一个则在这方面没有希望，因此，后者永远不会产生一种经济独立的感觉。由于高敏感者/非高敏感者夫妇已经有许多差异，这种特别化的分裂对他们来说会更容易发生。事实上，就敏感性而言，不那么敏感的人开始被双方视为非常迟钝的人。在你们的关系中要注意这一点。

一些解决方法

1. **控制你对每个缺陷的意识**。正如精神病学家彼得·克拉玛所说的那样，对于你，一个高敏感者来说，陷入一段恋情“需要有意识地努力去忽视那些被非常精确地感知到的东西”——也就是说，你的伴侣的缺点，已经变大和变多了。当你深入地处理它们时，它们似乎对你生活的各个方面都有影响。然而，一旦你知道，你的敏感性可能会夸大自己伴侣缺陷的数量和严重性，你就可以弥补这一点。专注于你伴侣的优点，同时也要处理好这些深刻的问题。记住，每个伴侣都是一个整体。至于缺点，要反思这个事实：当你选择一个伴侣时，你就已经选择了一系列问题。看看你周围，你真的知道哪些人比你的伴侣更容易相处吗？如果你认为可能和一个高敏感者相处会更好，一定要读下一章关于两个高敏感者在一起可能会有的问题。

把你几乎不了解的人理想化是很容易的。正如埃塞尔·珀森所言，迷恋需要足够的疏离，因此“恋爱的幻想可能会发生”。所以以毒攻毒：用你们高敏感者的想象力去想象一下真的和另一个高敏感者生活在一起会是什么样子。想象一下你会想念自己甜蜜的非高敏感伴侣的哪一点。

2. **与自己的伴侣分开一点——他或她的小缺点不是你的**。在亲密关系中，我们可能把伴侣视作自己的一部分，这样我们就可能把自己和他们混淆了。如果你正在决定是否要从燃烧的建筑物中救出你的伴侣，或者是否要分享你的一个肾脏，这就有帮助了。如果你不仅担心自己可能要做的事会打扰别人，而且担心你的非高敏感伴侣可能在做什么，就没有什么帮助了。再加上低自尊的传导，你们双方的自尊都会降低，你肯定会认为自己是这个星球上最不敏感的令人生厌者或者麻烦制造者。

举个例子，当你觉得自己的非高敏感伴侣“完全无意识地”、冲动地说了一些话，没有关注到别人看上去（对你们）感到厌烦或恼怒的时候，尝试用新的方式思考。你可能不会那样说话，但如果他或她这样做，那又怎样？真的会打扰到别人吗？其他人会喜欢你的伴侣吗？如果有需要，你能信任别人会把你的伴侣安排好吗？你会根据朋友的伴侣的行为来评判自己的朋友吗？当他们谈论太多的时候，你甚至会对他们的伴侣做出很多不好的评判吗？可能不会。

3. **减少分裂，收回你的自我否定**。灵魂用分裂来保护自我不受无法容忍的真相的影响，但心灵似乎并不太喜欢这种解决办法——它迟早会要求分裂的事物回到意识中。希望像琳达一样，你们的关系仍然保持。所以，当事情看起来“黑白分明”时，这是一个按兵不动而非做决定的好时机。这是一个关键的时刻，你要考虑你感到最难过的到底是自己伴侣的缺点还是你理想化的优点。

4. **同样，为了减少分裂，试着同时考虑消极和积极因素。**与其处理自己伴侣的一个特质，使其带来关于他或她的各种消极影响，不如试着根据特质本身的许多积极、消极和中性意义来考虑这个特质。（我们将在第七章具体讨论这一点。）

5. **当不止你们两个人时，要求自己的伴侣邀请你加入交谈，而不是填满你留下的空白。**他或她可能会征求你的意见，或者把谈话转到你擅长或者深度感兴趣的地方。同时也可以让你的伴侣把四人分成两组，因为一对一的交谈对高敏感者来说更有趣。

6. **当你真正需要沉默的时候，请保持沉默。无论何时，你都要容忍“喋喋不休”。**尤其要讨论你们在需要沉默或者谈话时的差异，讨论时要把二者当做平等但不同，而且结果对你们双方都有影响的行为方式。当伴侣在你真的需要安静的时候说话，他或她最终会为你的疲劳和烦躁付出代价，或者他/她会因在你不喜欢的时候喋喋不休而感到愚蠢。另一方面，如果你的伴侣必须为你一直保持沉默，我敢打赌，你真的会错过那些令人熟悉的和安心的谈话。此外，当人们都沉默了，我们高敏感者就不得不担心他们真正的想法是什么——这是非高敏感伴侣不太常见的担忧。

7. **学会把你的音量提高到非高敏感者能听到的水平。**认识到你喜欢的巧妙的、柔和的、间接的处理方式这一点很重要，因为这一点并不总是被非高敏感者所理解。我的丈夫经常开玩笑地说，在一到十的度量范围内，我会在一级或二级的声音水平上让他做一些事情，然后如果我说的话他没听到的话，我就会把声音级别提高到十，对他发怒和批评。第一次时达到五级可以算是完美，尽管这对于一个高敏感者来说似乎太多了。

对于说话声音，我真正的意思是，你说话的声音有多大，就代表你有多直接和果断。不是“阿嚏，我要感冒了”，而是“请你把暖气打开好吗？”。高敏感者能很好地接收“暗示”，但非高敏感者通常会错过这些。（顺便说一下，这个建议对于工作场所中的非高敏感者来说也是非常重要的。）

由低自尊引起的问题

鉴于第一章讨论过的所有原因，高敏感者在我们的文化中被认为是不理想的。即使是那些最爱你的人也在轻轻地暗示你，为了你自己，你应该尽量不那么敏感。当然，你长大了，觉得自己有一些问题——有些事情是你无法改变的，因为那是你明显异常的神经系统的根本问题。所以，不管你用什么样的成就来补偿它，你可能都会发展出一种根深蒂固的自尊缺乏感。

最初我们很难理解低自尊对真爱有多大的阻碍。感情上基础性的缺陷对自我来说很危险，它会让你陷入抑郁和自我毁灭的危险境地。因此，灵魂必须把保护你的脆弱自我置于首位。你爱的是谁，你们如何亲密起来的，你如何回应调情或拒绝，这些都取决于它是否会支持或进一步削弱自我的自尊。不要在意你如何回应他或她或别人对自己的伴侣的影响，这只能排在第二位。

此外，你不敢把你的鱼和别人的鱼放在一个鱼缸，因为你觉得自己的鱼又小又无生气（就像我们在第三章中讨论过的那样）。然而，你可能会选择那些其鱼缸里似乎满是有活力的鱼的人，因为再也没有其他人会让你自我感觉良好，或者弥补你认为自己缺乏的东西了。如果对方的鱼也变得有点没有生气了，你可能会暗自高兴，但是你也可能会因自己的低自尊而被迫去寻找另一个鱼缸。

或者你可以选择一个其鱼缸里几乎是空着的人，来让你感觉更好，或者至少为了让你感到是安全的而拥有某个人，但这也会让你不满意。

简而言之，低自尊可能会导致你选择错误的伴侣，变得不诚实，或背叛你爱的人——几乎很难提高你对自己的好感。特别是对高敏感者与非高敏感伴侣来说，低自尊会产生特殊的问题。

1. 与一个非高敏感者在一起可能会给你带来额外的、危险的意义。正如我之前所述，至少在无意识中，你可能倾向于把非高敏感者视为正常的、好的、幸运的，并且值得尊重的人，这是因为你不是非高敏感者。在这种黑白分明的思维下，起初你可能会把自己所有良好的特质都分离出来并把它们投射到你的非高敏感伴侣身上，这样你就更难看到你的优点和他们的缺点，你割让太多权力到你伴侣那去了。权力使人堕落，你太多的屈服会使一个好人变成一个觉得有理由不断控制或批评你的人。即使一个伴侣一开始犹豫不决，如果你无意识地邀请你的伴侣和可怜愚蠢的你一起跳那场舞，那么扮演"万事通"的角色对你来说也是十分具有诱惑力的。如果他或她不知道这些步骤，你就一直引导他或她，直到他或她清楚。

在所有这种非高敏感者理想化的支配下，我们低自尊的高敏感者也能感到可怕的嫉妒。嫉妒通常在无意识中运作，但这使它更具破坏性。就像灰姑娘的姐姐和继母，嫉妒的人想拥有美德，但它似乎完全属于他们周围的人。他们想奴役好人，如果失败了，他们将设法破坏他们的美德，并且将拥有它的人一起毁灭掉。他们会直接地，或象征性地，或是在想象中一遍又一遍地这样做。如果你意识到自己如此嫉妒，请放心，你不是一个人在战斗。

2. **朋友和亲戚的评论太有分量了**。当你对自己不确定时，你可以向别人寻求关于你们关系的建议。别人不仅不够充分了解你们两个，以至于不足以做出评论，而且他们可能会强化那些已经让你对自己或伴侣感到难过的刻板印象和偏见。

阿特是个精力充沛的人。当他还是个婴儿的时候，他的婴儿床必须装两组床栏杆才能保证他待在里面。当他六个月大的时候，他母亲的医生建议她离开他去度假——因为他把她弄得精疲力竭。当她离开的时候，据说，他需要有五个家庭成员来照顾他。他不是个坏孩子，只是个精力充沛的孩子。

大多数人觉得看阿特活动一个小时就已经筋疲力尽了，他们把他旺盛的精力和强烈追求的每一个目标从源头上解释为神经质。如果不知道他的气质，我可能也会那样看待他——也许他们是对的，他所做的一切都只是为了抵御他已有的生存焦虑。当别人问我是如何与他相处时，如果那天我对自己和阿特的关系感到不确定，我可能会说自己不知道该怎么做，甚至真的开始对自己感到抱歉。

但这只是他的气质。他接受我的气质，我也要接受他的气质。他从我们的差异中受益，我也一样。他为我做了这么多，这都多亏了他的那些能量。但是，当人们表达对他气质的偏见和误解时，这一切都很容易被忘记。

反过来，阿特会让人们问自己，他是如何与一个如此专注于自己内心世界的人生活在一起的，她如此地大惊小怪和纤弱，以至于他不那么渴望加入这个团体，去享受乐趣。这些都是忽视了高敏感者优点的偏见。然而，他承认自己必须要小心，以免陷入其中，尤其是当他对自己感觉不太好时，因此，他一直在犹豫是否要选择继续和我分享他的生活。

3. **高敏感者还受到宏观文化偏见对气质的影响，特别是那些关于“四种性别”的相对价值观。**这是第二章的主题，我只是要提醒大家，我们都被灌输了这样一种观念，即非高敏感男性是一种坚韧的理想型，非高敏感女性可能是几乎一样的坚韧的理想型，而高敏感女性和高敏感男性则是另外一种情况。如果你相信这一切，你就有麻烦了。如果你认为自己的非高敏感伴侣是最理想的，你就会把自己视为二等公民——这对你们俩都不好。你的伴侣将被迫觉得他或她做出了一个糟糕的选择，即选择了一个高敏感者——并且必须接受一个会干扰自己真实形象的形象。

一些解决方法

1. **以《高敏感者》和《高敏感者手册》中建议的方式，通过重组自己的“失败”并欣赏自己的特质，来解决自己的低自尊问题。**

2. **意识到你对自己气质的内在偏见。**审视过去那些因为你的敏感而让你感到自己有缺陷的人，试着去倾听并且反馈到内在的声音中。寻找你的父母、你的学校时光、媒体以及你可能使用过的其他自助书籍对你的影响。《高敏感者手册》也可以帮助解决这个问题。要相信：你做的每件事都会增加你对自己的敏感性的欣赏，这也是对你非高敏感伴侣的爱的表现。

3. **用现实主义取代嫉妒。**千万不要丢掉你的优点——你确实拥有很多优点——同时要关注包括你的伴侣在内的其他人的困难。他们的生活并不像表面上那样开心或美好——有什么可羡慕的，对吗？

4. **当心他人对你的影响。**批判性地阅读你遇到的关于气质、羞怯、内向等方面的任何内容。当你听到气质偏见时，大声说出来，这样你的消极反应就不会让这些偏见渗入你的信仰体系中。

5. **注意你对伴侣的气质的偏见。**当你作为一个高敏感者变得更快乐时，你可能会发现自己的非高敏感伴侣有更多的缺点。但是这种分裂并不强调你要去尊重自己，事实上，从长远来看，你会重新审视自己，这一次是你去选择伴侣。你们是两个独立的人，也许你们两个都很好，只是各有千秋。记住，尽管在文化上对高敏感者有偏见，你的伴侣仍然爱着你。他或她可能已经学会了如何忽视这些偏见，把你看成一个兼容并蓄的整体，尽管每个人都对他或她指出了你的缺点，但你们相处得仍然很好。因此，你的伴侣可能是一个很优秀的模仿对象，你也可以学着从兼容并蓄的整体角度来欣赏他或她。

给可能拥有非高敏感男性伴侣的高敏感女性的忠告

正如我在本章第一段中提到的，更多的高敏感者认为他们应该与非高敏感者结合，但实际上却不是。这似乎尤其适用于高敏感女性。经典的“性别战争”问题是，女性对男性的感情过于敏感，并且厌倦了男性的无法回报。但你所谓的非高敏感男性伴侣可能实际上是一个高敏感男性，他谨慎地掩盖了由于早期对男孩角色符号强烈的灌输而导致的敏感（见第二章）。最重要的是，假设他曾有一个艰难的童年呢？作为一个男人，他更有可能采取回避－拒绝型的依恋风格，他似乎对拥有或展示自己的感情不感兴趣，尤其是需要或关心他人的感情。

你作为一个对深刻的感情感兴趣的高敏感女性，对这样一个男性来说是非常危险的。他害怕被诱惑到那个让他暴露出脆弱和不像“真正的男人”的危险地方。如果他拼命哭泣或者极需要你，你会离开他吗？还是因为看起来他永远不会这样？或者你可以用你自己的敏感使自己适应他的防御，并且哄劝他向你开放他的敏感和脆弱？如果他不是完全对你开放，你能帮助他接受他对心理治疗的需求吗？如果你想想这个星球上的问题，就会发现有那么多的男人需要高敏感女性的帮助。如果不适合你，那么帮助他们所有人，甚至只帮助这一个，都不是你的责任。但是如果他能感谢你的努力帮助，在不做过多判断的情况下倾听你自己的内心挣扎，甚至给你一点回报，那么对你来说这个选择可能确实是正确的。

改变你不能接受的，接受你不能改变的

最重要的是，获得有关你能改变什么和不能改变什么之间的区别的智慧。是的，你想要成长和改变，并且希望你的伴侣也能如此。你想通过敦促改变来互相帮助。但在成长中最重要的一步是相互接纳——接纳由自己伴侣的先天局限所带来的难以避免的失望，欣赏每个人都是“兼容并蓄”的和“当你选择伴侣时，你也选择了一系列的问题”的观点。

接受生命和死亡的极限，在你所拥有的每一天中的许多时刻，为你能觉察到的和所爱的一切而激动不已，这几乎是智慧的精髓。

因此，现在高敏感者/非高敏感者夫妇已经考虑了他们的快乐和问题，现在是时候让高敏感夫妇走到灯光下了。

第六章

当彼此都高度敏感时：保持两个相似的人之间的平衡

用一章去讨论具有相似气质的人的问题似乎没有必要。毕竟，我一直强调气质差异而非气质的相似性对良好亲密关系的影响。这听起来像是高敏感者/高敏感者夫妻会因为他们丰富的敏感性而遭受痛苦，但是，实际上因为他们双倍的敏感性，他们也确实存在自己的一些问题。

此外，正如我所说，我的研究表明许多高敏感者往往认为自己正在交往的伴侣是非高敏感者，但实际上他们的伴侣也非常敏感，甚至是高敏感者，只不过没有一个感觉非常敏感的人那么敏感而已。在上一章里，我认为这种差异的错觉源自分裂：如果两个人都是敏感的，但其中有一个人更为敏感，那么这两个人可能会决定他们中的一个是属于敏感的，另一个则不是。这是不幸的，因为有些时候，不那么敏感的伴侣实际上更容易受敏感性这种特质的影响，而总是被视为更敏感的人可以介入并且提供帮助，还知道该做些什么。但所有这一切都需要更为敏感的高敏感者认识到自己或伴侣实际上有多么敏感。

因此，即使你似乎不是一对高敏感者/高敏感者夫妻中的一员，你可能仍然比你意识到的更像，或者对你来说，考虑这种可能性至少是有益处的。此外，你可能就是将来其中的一员，将来肯定会遇见高敏感的朋友、高敏感的亲戚。所以请继续阅读下去。

好消息

好消息，当然，我之前已经宣布了：相比于你与一个非高敏感者在一起，当你与另一个高敏感者在一起时，你会对你们彼此的关系更加满意，这一概率略高于百分之五十五。这对于高敏感男性来说尤为如此。身处高敏感者/高敏感者夫妻中的人也倾向于说他们与伴侣更加亲密。

我们也可以称这个为好消息：这么多敏感的人已经找到了另一半，考虑到他们更有可能内向、害羞，或者更有可能喜欢在周六晚上独自宅在家中。我将介绍三对高敏感夫妻，通过介绍他们是如何相遇以及相爱的从而证明我的观点。他们的故事会让你以为存在一个专门的丘比特或守护天使，只是为了撮合高敏感者们在一起。

共同的思想与心灵的相遇

凯特（Kate）和亚历克斯（Alex）是在他们二十几岁的时候，通过电子邮件找到对方的，但是他们建立联系却花了很长的时间。在这期间，他们互相了解，交换照片，并且开始给对方写信，后来他们终于见面了。当他们见面时，凯特坦诚她并不喜欢亚历克斯的高嗓门。但是，亚历克斯从一开始就喜欢她，痴迷凯特的品味。凯特并不习惯有人喜欢她：凯特曾有过五六段关系，所有这些关系中的另一半都是非高敏感者，当他们之间的问题没有得到解决时，她或她的伴侣往往都认为这是她的错。看来她的无意识认为："真正的男人（非高敏感男性是她唯一了解的）不喜欢我。"亚历克斯认为，对于他来说她是完美的。为此，她认为他有点古怪。

事实上，根据凯特的说法，她与亚历克斯之间的每件事情都是不同的。她对他的最初的感情并不像她对以前的男朋友那样强烈，他们彼此之间的乐趣在过去的几年中稳步增长。尽管她的家人更喜欢她以前的男朋友，但这一次她和亚历克斯都必须忽视家人的意见了，他们的家人不能理解他们在对方身上了解了什么。凯特从高中开始就意识到自己是一个高敏感者，因为她不喜欢喧闹的音乐，也不喜欢夜总会。现在她非常确定她的选择。她无法想象除了高敏感者以外，她还能和谁在一起。

特蕾莎（Teresa）和胡安（Juan）在大学里相遇的时候三十多岁了。特蕾莎曾经有过几段热烈的浪漫关系，结局却很糟糕，每一段关系都使她比过去更加谨慎。她认为自己爱上了爱情观念，几乎要沉溺在幸福和危机之中了。当她在班级里遇到胡安时，她之前遭受的那么多苦让她根本不想再恋爱了。然而，她真的想要一个终身的伴侣和孩子。

特蕾莎正在上心理学的课程，为了寻找最能满足她需求的人，她决定通过一个更加科学、合理的方式多做几次尝试。在与胡安的几次约会后，胡安被认为似乎是一个合适的人，虽然他不是一个言辞得当，外貌出众，或者浪漫的人，但他考虑周到。他们之间有一种平静的氛围。现在她发现，他和她一样，是一个典型的高敏感者。

七年后，特蕾莎有时会担心自己被自己骗了，她并没有体验到自己渴望从爱中得到的幸福感，但胡安"总是在我身边。如果我让他改变，他就会尝试。他是个好父亲。他情绪健康。我们的感情逐年升温"。

在第二章，你认识了戴安娜和斯坦。我着重描述了戴安娜与非高敏感者罗恩不幸的婚姻，这纯粹是因为在大学毕业之后，她需要为没有准备过独立生活的敏感自我找到一个庇护所。离婚后，戴安娜最终在一次研讨会上认识了斯坦。一年后，他们在一次瑜伽训练营上再次相遇。像大多数其他高敏感者/高敏感者夫妻一样，他们慢慢地走到了一起。他们不生活在一起，这很好地保护了他们各自独处的时间。他们一起度过星期天、星期一和星期二晚上，而其他时间他们则是分开的。

事实上，这种对独处的需求几乎使他们无法成为夫妻。在他们开始约会后不久，戴安娜发现斯坦在自己的假期这件事上一直在对她撒谎。他会告诉她自己在工作，而不是承认他选择独自度过他的假期。她当然对此感到苦恼。但他之前一直长期处在这样一种关系中，他的非高敏感伴侣非常气愤他不与自己共度假期。因此，他为了避免一些争吵养成了撒谎的习惯。当意识到戴安娜的不同之处时，他立即改掉了他的老习惯。事实上，他发现她知道他什么时候需要时间独处，她也很高兴给各自留出独处的时间。

在这些故事中，我听到的是这些伴侣必须要适应与相似的人待在一起时的自由感——不需要那么多的伪装、解释、争吵。同时，他们的爱情进展缓慢。这是一件矛盾的事，因为一般来说，高敏感者往往很难恋爱，显然，他们不会迅速恋爱，至少不会与其他高敏感者迅速恋爱。凯特和亚历克斯发现，虽然思想（也许是神经系统）会立刻知道自己已经找到了对的人，但心灵的欣赏可能要随着时间的推移而缓慢增长，特别是考虑到文化对高敏感者的偏见。我们的文化给了我们关于非高敏感者的理想型的瞬间、冲动、强烈的爱。无论什么原因，两个高敏感者也许都不会有这样的爱情故事。

当你尝试了解高敏感者时，这种潜在的不同爱情剧本似乎对欣赏很重要——这可能需要时间，你可能会比你意识到的更喜欢对方。所以，现在让我们来思考一下为什么这种喜欢会与日俱增。

你们俩是如何从彼此的相似性中受益的

1. *你们相互了解*。也许了解的终极考验是，你是否能够理解并原谅被欺骗。当然，戴安娜对斯坦选择独自度过假期的谎言感到生气，但她完全能够理解。她仍然可以相信他。一个错误是由个人的人格缺陷导致的，还是由一个困难的情境造成的？因为斯坦非常喜欢戴安娜，所以她完全可以理解他需要时间独处，并没有把他的谎言归于本质上不诚实的品质，而是归于情境——这是一种在非高敏感者（像她自己的前任罗恩）过去带来的压力下的连续不断的本能反应。她自己可能也这样做了。然而，一个非高敏感者可能不愿，也不会这么宽容。

2. *你们在一起时感觉很舒适*。你们身体上的舒适程度与刺激唤醒的程度相似。一个选择不调高音量，另一个选择关低音量。（当然，没有两个人有完全相同的敏感性。）你们之间可以有更多的价值认同，更多的感知。你们中的一个说："你看到了吗？"另一个说"当然"，而不是"什么，你疯了吗？"，也不再是"你只是太敏感了"。多么令人高兴啊。你们可能在社会公正、环境保护、致力于内心生活，以及思考存在的意义等重要性方面意见一致。你们不会为了这些而争吵，也不会因为彼此的兴趣不同而感到孤独。

3. *你们在努力沟通方面做得很彻底*。斯坦和戴安娜实际上每周末进行一次"签到"，当他们讨论自己的"红旗"时，他们注意到了自己潜在的关系问题。他们有这个计划，甚至为他们所观察到的问题准备了一个术语

“红旗”，这些抓住了两个高敏感者可能对他们的关系付出认真关注的品质。高敏感者之间不必相互说服，良好的关系要下功夫经营，而且良好的沟通是复杂的。

你个人是如何从彼此的相似性中受益的

1. **你的伴侣会提高你的自尊心**。虽然这不是自动的，而是通过相互关爱，大多数高敏感者才学会更爱自己。在这种文化中，这可能是一场持续终生的战斗——想一想，尽管他们的家人不理解他们对伴侣的选择，亚历克斯和凯特还是彼此相爱了。当凯特告诉亚历克斯，她父母不太关心他时，他一定觉得自己有一些基本缺陷，反之亦然。但亚历克斯发现，尽管凯特的家人更喜欢非高敏感者，但是她个人对他的喜爱胜过对她过去认识的所有非高敏感者。这有助于他认识到自己的价值。他们都意识到他们必须避免内化气质上的偏见。

2. **你将能够深入了解自己的感受，特别是那些需要治愈的感受，而它们通常能被彻底理解**。无论你的伴侣是否有同样的问题，他或她都可能以一种有深度的和有疗愈性的方式倾听。

既然有这么多的福分，你们俩哪里还会有困难呢？

挑战

正如我从前所言，似乎高敏感者和高敏感伴侣在一起时感受到的愉悦要多于与非高敏感者在一起时。然而，一般对于高敏感者来说，无论伴侣的气质如何，与非高敏感者相比，他们都更容易在自己的关系中感到不快乐。所以两个高敏感者在一起，尽管比高敏感者与非高敏感者在一起要快乐，但平均而言，他们获得的快乐要少于两个非高敏感者在一起时获得的快乐。

在高敏感者中，总的来说满意度稍低，这可能是因为高敏感者倾向于深度思考对人际关系满意度的测量问题。也许高敏感者给出的是多方面的、矛盾的、严肃的、有责任心的答案，尽管局外人会说高敏感者之间的关系是快乐的，或者会比非高敏感者之间更愉悦。

但不太满意的趋势可能反映了一个事实：大约一半的高敏感者有过不幸的童年经历，并且成年后是不安全型的依恋风格。高敏感者深受所有这一切的影响。同样，关于婚姻满意度的研究非常清楚地表明：如果伴侣中的一个有较多的不安全感、消极情绪，或“神经质”（焦虑和抑郁），他们的关系都会更加不愉快。一个人痛苦，那么不管他或她的伴侣是痛苦还是不痛苦，他们的关系满意度都会受到影响。

显而易见的是当两个高敏感者在一起时，负面情绪干扰他们的关系的可能性较高，这也许可以解释他们在平均水平上的关系的幸福感略低。

关于你们相似的低最佳唤醒水平的问题

1. 你们俩都不可能克服关于面对他人时的小小的不适。两个高敏感者常常欣喜地发现，他们的出租车司机开车很奇怪，或者都认为餐厅太吵。但是，你们其中谁会阻止司机的行为并且执意不付钱就下车，从而冒险引发一场令人不安的局面？谁会要求一个安静点的桌子，否则，就带领你们俩没有负罪感地离开？我并不是说高敏感者在必要的时候不会采取大胆的行动，但这些是困难的、需要唤醒的小挑战，两个高敏感者可能会放弃那么做。但是，一个非高敏感伴侣可能会为了一个高敏感伴侣，饶有兴致地接受挑战。当这些小事还没有解决的时候，你们俩都可能受苦，双方都希望对方能够更加英勇地行事。拥有高敏感男友的高敏感女性可能这种感觉更强烈。

2. **你们俩都不喜欢处理“事情”**。例如，你们俩可能都不喜欢因任何事情“打无约电话”给陌生人，即使是为了询问信息。你们肯定不喜欢冲突。你们不喜欢疯狂忙碌的日子，不喜欢生活中的巨大变化。你们甚至可能不喜欢跑腿和购物。你猜怎么着？非高敏感者经常会这样做，这对他们来说并不难——仅仅是一种乐趣或挑战。在与高敏感者的关系中，你会比与非高敏感者在一起时要做的更多。很容易想象，有时候你会希望另一半是一个不那么敏感的人。

3. **你们俩都不能长时间地工作，也不能在充满孩子吵闹声的房间里纵情狂欢**。你们的生活方式一定不同于两人中有一个或者两个都是非高敏感者的夫妻，因为你们的局限，你们会有不可避免的比较和失望。

4. **你们俩会倾向于避免处理你们之间的冲突**。事实上，人们确实喜欢“有益的斗争”，但你们可能不会。你们可能在理智上会认为分歧是不可避免的，批评是需要表达出来的，而争论则可以消除隔阂。但你们可以将冲突无限期地拖延下去，甚至告诉自己一切都好。

5. **你们俩倾向于在其他地方寻求刺激，而把待在一起视作放松心情的安全环境**。世界上有很多激动人心的地方——在家时你们说想休息。所以你们在一起休息，你们喜欢这样。

当你们相遇时，你们彼此都很激动。你们发现为彼此提供了新的视角、新的机会、新的乐趣。你们的生活丰富了，自我扩展了。当相互了解的兴奋感随着熟悉的加深而下降时，你仍然想把你们的关系看作自我扩张的源泉。你们两个可以通过一起进行内心的工作实现这一点——一起讨论你们的希望、恐惧、洞察力和梦想。但是为了让自己感觉到自我的完整，你们也需要时不时地在中途出去放松放松。整个世界就是你，那么你就会了解它。出去放松通常是高敏感者自我扩张的最大源泉。你们的关系也需要你们走出去，而不仅仅只是待在家里或封闭自己。

一些解决方法

1. *如果有一些你们都不喜欢的任务，就用你们的直觉和创造力去解决它们。*主要是简化你们的生活。现在有很多关于这个话题的书，可能是高敏感者写的。或者找到创造性的方法来稍微增加收入，然后雇人去做你们不喜欢做的事情。一个聪明的高中生或者大学生可以打电话、跑腿、付账单，甚至帮你处理一些麻烦和冲突，而这一切只需要付出很少的薪水。向高中校长或者大学的职业顾问寻求推荐——你们想要一个需要工作的优秀学生（大多数都是）。当然，他们很快就会走了，你们必须培训新人，但雇他们很便宜，并且他们渴望得到第一份工作。（但是，不要卷入他们的生活。）

2. *不要计划生很多孩子。如果你们已经有了，那么计划让你们中的一个人不工作。*当另一个人在家里时也会给予帮助，这样他或她每天都可以有时间休息。事实上，对高敏感者 / 高敏感者夫妻来说，最好以某种方式分开照顾孩子，让每个家长都有一段时间可以不用承担与孩子有关的责任。

3. *充分利用你们的差异。*根据你们的喜好分配任务。你们每一个人总是会发现自己做某些事情比另一半更容易，这是显而易见的。但高敏感者往往选择对自己来说最困难的任务，而不是最简单的——因为让别人做让他们自己感到害怕的事情，会使他们感到内疚，他们忘记了其他人可能并不会感到害怕。记住，当你心情好的时候，有时候任务也会变得容易。考虑到这一点，你们俩可以商量好你们能够等待多久，直到你们中的一个进入这种好心情中。

4. **要意识到，正因为“世俗”的、高度唤醒的任务对你们来说是很困难的，所以有时候它们的确是你需要做的**。除了因为你们自己的缘故需要完成这些工作，从长远来看，这些工作带来的生活压力较小，而且打电话和跑腿，可以成为自己自我发展的内在工作的一部分，正如你天生擅长的任务，如艺术的自我表现、在自己领域的高等教育、心理反应，或是精神实践。所以赶紧开始行动起来，而让你的伴侣完成下一回合吧。他或她可能会抱怨和拖延，但你不要急于感到内疚，也不要急于干涉。你们俩都需要练习。

5. **冲突发生前后，你们都需要讨论将如何处理**。特蕾莎和胡安尤其对争论感到不舒服。她特别震惊地告诉我，有一天晚上，他们争论了一个半小时！（只有两个高敏感者会在七年的婚姻中仅仅一次就争论这么久。）她为了不过于激动而硬撑着，通过谈论过去的经历来谈论她自己，尝试着不要反应过度，在“扮演治疗师”时，让胡安说话，并努力坚持告诉自己不都是她的错。最后他们去了各自的房间。她深呼吸，祈祷着，仔细思考着。“我们花了几个月才能克服它。”她和胡安再也没有讨论过那个特别的问题。

特蕾莎和许多高敏感者一样，认为小的预防胜过这些必要但几乎致命的治疗。她和胡安需要更多的，而不是更少的时间去讨论是什么困扰着他们。他们还需要花更多的时间去讨论他们应该如何交流，以及何时交流。

戴安娜和斯坦从与过去那些完全不想交流的非高敏感者的关系中学到了这些预防技巧。他们渴望每周进行一次签到，讨论本周的“红旗”。

没有像戴安娜和斯坦这样的计划，高敏感者可能会被不可避免的麻烦所困扰，所以他们会避免将来比过去争论更多。这是一门难学的功课。如果你们公开并有意识地讨论冲突，而不是试图掩盖它，你们的争吵就会更少，待人更加友善，并且也会克服失望，消除烦恼。

讨论处理你们俩都害怕的争论的方法。例如，抽出时间（在下一章讨论得更多）。找出哪些吵架策略最困扰你们俩，不要使用它们。而且一定要考虑找一个值得信赖的婚姻治疗师，在激烈的争吵中来帮忙“遏制”你们。

你们也可以试着提出问题，而不必坚持在令人筋疲力尽的讨论中解决问题。这样，你们就可以从你们深度加工的共同偏好中受益。这意味着当你在处理自己的生活，反思生活时，必须要面对分歧时的紧张，但学会这样做会使你受益。

在下一章中我们将详细讨论适合高敏感者的，关于如何在亲密关系中改善沟通问题和解决冲突的一些一般建议。

6. **为了与伴侣一起做精彩的事情，保留自己的最佳能量**。可以给彼此大声朗读一本书，也可以讨论你们刚刚看完的一部电影。这意味着你们不用每天晚上因一天的无聊新闻（或过度刺激对方的坏消息）使彼此厌烦，然后独自去睡觉，去阅读。计划如何一起摆脱一些容易改变的生活步调，并确保你们会这样做，这通常是度过一晚上的一个很好的方式。（我们将在第七章进一步讨论这个问题。）

你们相似的细节意识带来的问题

当你们意识到每一个小细节以及情境的暗示时，做出决定会变得非常缓慢，这就是高敏感者。另一方面，正因为所有这些对细节的敏感性，当高敏感者被太多的细节和微妙之处过度刺激时，我们会忽略一些显而易见的东西。我们成为最心不在焉的教授，总是没带钥匙或雨伞，因为我们都沉浸在思考之中。当你们俩彻底地处理所有事情时，好处和问题似乎都会倍增。

1. **你们做决定有困难**。你们可能会认为所有夫妻做决定时都有困难。其实不然。大多数夫妻只让其中一人做决定。一个高敏感者往往不能承担所有的责任，也不能承担其中的风险。大多数夫妻有时也会冲动地去做一些事情。高敏感者 / 高敏感者夫妻唯一可能会冲动去做的事就是跳入一个非常温暖的游泳池。

高敏感者 / 高敏感者夫妻可能开始害怕做决定，这意味着他们害怕将自己生活中的重要部分整合在一起。当你们俩开始认为自己是一对连餐馆都不会选择的失败者时，夫妻间的自尊会降低，关于吃意大利菜好，还是吃中国菜好的思考会毁掉一个美好的晚上。高敏感女性可能希望她的高敏感男性伴侣是更大胆的领导者。

高敏感男性可能更多地希望他的高敏感女性伴侣是一位知道他想法的公主，或者电影明星。事实上，在有机会思考之前，双方都不喜欢对方替自己做决定。

2. **对伴侣最小需求的敏感性以及试图满足这些最小需求的做法可能会使你们筋疲力尽，对方轻微的不适都会使你们感到内疚，并降低你们的个人责任感**。当特蕾莎告诉我她必须学会平衡自己付出了多少，承受了多少，以及她和胡安，两个高敏感者，如何保持他们的需求的独立时，我明白了这些。所有的夫妻都要根据他们自己关于分离 - 相互依赖的品味来达到这个平衡。但是两个高敏感者可能迅速地亲密无间，所以他们从来没有机会选择自己可能更喜欢的平衡方式。正如我在第二章中所论述的，一旦习惯他人的最小需求，高敏感者自然会努力地去满足它，除非他们有意识地不去尝试。

例如，特蕾莎认为自己总是应该为胡安做饭。因为她母亲为她父亲做饭，而且她注意到胡安回家时很饿，每天都喜欢在固定的时间点吃饭，并且是一个挑食的人。与此同时，胡安意识到特蕾莎不喜欢做饭，因此很难享受用餐的过程。然而多年来，他们都没有谈过这件事。一旦他们讨论了，他们很快会达成共识，当她喜欢做饭时才应该做饭，在其他时间，他可能喜欢为他们俩做饭，或者当他饿了时自己给自己做饭。

同样，特蕾莎喜欢偶尔参加社交聚会活动，但胡安不喜欢。当他们俩都必须去时，特蕾莎经常察觉到胡安的不适，她试图把胡安介绍给其他人，并且比她打算的更早离开。胡安去了并且比他打算的停留时间更久，因为他知道这对特蕾莎来说很重要。他们还没有讨论和解决这个问题。

慷慨与牺牲在一线之间。每个人必须决定这是哪儿，并对自己的决定负责，必要时进行协商谈判。总是长时间一味地顺从会累积怨恨。是的，你可以好心满足伴侣的需求，也可以为自己的伴侣提供方便，但这不是你的义务。他或她是一个成年人，而不是一个襁褓中的婴儿。保持这种做法。

3. **你们可能在实际生活中遇到麻烦，应该脚踏实地、实事求是地看待世界上的一切**。虽然高敏感者的直觉很准，因此他们更喜欢使用直觉，但是直觉并不是绝对可靠的。这只是了解事物的一种方式，通过有意识或无意识地认真处理你所拥有的信息，并了解事物是如何发生的，或者将发生什么。还有另一种方法来了解事物：获取更多信息。但作为高敏感者，你们可能更喜欢直觉。去问，或者去看，并不是你的天性。这些更容易唤醒，需要更多的努力——也许似乎不太优雅和聪明。但是，未建立在经验基础上的直觉等同于猜测。

直觉使用过度会如何影响高敏感者/高敏感者夫妻呢？在某种程度

上，当你的直觉无法弥补信息和经验的缺失时，它会给你带来压力，比如说，你的生意失败了，或者你不能在自己已经接受培训好几年的领域里找到一份工作。或者你只是开车穿过小镇，认为一家商店会开业而没有打电话去确认，结果发现因为是星期天所以商店很早就关门了。这也是你们和他人之间产生误解的原因。这也是夫妻间低自尊的另一个原因，因为当你们在身体上、经济上、职业上或社交上再次迷失时，你们会觉得你俩都是失败者。

4. 你们都太敏感，太容易受伤害，也太容易被批评，太快地去道歉。“对不起，都是我的错。”“不，这是我的错，让我做你想做的事吧。”“不，我想做你想做的事。”

通过充分地处理细节，你可以略为认真地对待小事。对于自己和他人而言，你会看到比实际上有更多可能的结果。你越是处理情绪化的内容，包括批评或者他人的不适，你对这种情绪的感受就越多。例如，凯特向我描述了当亚历克斯过度地（因为她的品味）对于她指出的错误表示歉意时她有多困扰。这是她很难提出一点点的抱怨，也很难提出恼怒的原因。

一些解决方法

1. 做决定时，首先要确保你拥有的信息是基于事实，而不是基于无根据的直觉。去获得一些做决定的帮助。如果是关于生活的决定，去找个咨询师。如果是关于商业的决定，请个顾问吧。关于旅行的决定？那就去请教曾经去过那里的人。如果是关于购买的决定，阅读消费者报告吧。这让一些像你们一样的高敏感者夫妇感觉做决定轻松多了。只要确定你问的人没有理由从你的决定中获益。考虑气质方面的差异——不要问那些认为直接潜水就会知道水有多冷的类型的人。

2. 如果可以的话，花时间来完成你最终的选择。高敏感者常常不自觉或自发地做出决定。一开始，你们不知道该怎么办，然后有一天你们突然醒悟了并知道该怎么办。你可能无意识里在最开始的一天或两天里采取了一个决定，而后来你却选择了另一个决定，在这期间，你是如此“优柔寡断”，令人担忧。但通常我们最终会知道应该如何选择。如果想要到达直观确定的最终位置，我们就必须承受长期不确定的紧张情绪。

如果你们不能避免匆忙的选择，试着想出一种方法，如果出了问题，你们可以不去实施它或者减少它的影响，并同时考虑一下，如果你们特别害怕匆忙做出的决定会变成现实，那么你们会怎么做。也许不是那么糟糕。否则，对于高敏感者 / 高敏感者夫妻来说，决策压力会很大。

3. 如果你在很长一段时间后没有到达确定的地方，也许是时候用自己拥有的最佳信息继续前行了。有时候，由于害怕，特别是对变化和新奇事物的恐惧，确定的感觉永远不会到来。如果你怀疑恐惧正在影响你的直觉，“切换机能”。如果所有的数据、逻辑和感觉都说明了这一点，你们可能必须互相帮助来克服这种恐惧。

当你们俩最终做出决定时，或你们中的一人做出一个个人决定时，试着停止所有对它的进一步的分析。同时，也帮助你的伴侣停止进一步的分析，不要一遍又一遍地分析它。随它去吧。是的，它可能是错误的，但对于困难的决定，你不可能拥有完整的信息，并且不知道它将如何提前出现。如果以后你知道你选择错了，那就知道怎么错了。想象一下，在没有更多已知的信息的情况下，你们就做出确定的决定，这对你们来说太难了。

顺便说一下，高敏感者们通常会做出明智的决定。不要将你个人和你们夫妻曾做过的良好决定当作是理所当然的——记住你过去的成功。

如果你现在必须做出的决定似乎很重要，那么请允许自己把它当作一份艰苦的工作去对待，你在工作方面是一个专家。我经常说，相比于花一段时间做出一个正确的决定，我们的文化欣赏更快速的决定，即使它是错误的。高敏感者喜欢后者并且通常也是这么做的。同时，作为专家，也许你不需要像以前那样长时间地分析。

4. **当敏感过度时，相互制约。**在某种意义上，你们很少想尝试处理细微的事情，但有时这是你们的任务，这令人奇怪。例如，你需要听到批评的声音，听到对某件事的抱怨，而不是把它处理到一个你认为自己很糟糕的程度。这可能不是你的错，但如果是的话，那就让自己犯错吧。我知道这很难做到，但它非常重要。你每天都会犯错误。如果你能避免自我防御或陷入自我厌恶，那么对你的伴侣以及你们的关系都会更好。如果你确实陷入其中的一个困境，那么当你走出困境时，道歉并发誓下次会更好地保持你的观点。

敏感也有助于你们花时间来消化批评和“失败”。利用你伴侣的帮助。通常情况下，这些都是次要的、完全情有可原的、可逆的，甚至是无错可言的。我很难学会这个方法。在我参加博士学位笔试的三周后，一天晚上我回到家，打开我的邮箱，发现一封邮件上说我考试失败了——在我们班同学的眼里，我是班里最好的学生之一。这是多么可怕的夜晚。然而到了早晨，我发现这是一个错误。它确实是个错误信息。原来我并没有失败。

5. **为了扩大彼此细微处理的灵活性，考虑荣格提出的四大机能。**按照荣格的观点，意识的心智有四种机能，是接近世界的四种方式。每一种机能都是一种智力，每个人都有自己擅长或主导的机能。大多数但不是所有高敏感者都是直觉型的。直觉型善于聆听和观察，无意识地处理所有的细微之处，然后直觉开始超越所给的信息。与直觉型相反的是感觉型——通过简单的看和听来加工信息的“表面”。与直觉型相比，感觉型花费较少的时间思考他们的所见所闻，花费更多的时间关注实际存在的东西。他们不凭借直觉去知道更多的可能性。他们看到什么就是什么。魔术师喜欢他们——因为他们不会好奇把戏是怎么完成的。他们喜欢阅读指导，遵循食谱，只想“要事实”，甚至可以在工整地填写表格时找到一些乐趣。

另外两种机能是思维和情感——也是对立的。比我们如何处理信息更重要的是我们做出决定的原因。我发现高敏感者在这四大机能上的分布是比较均匀的。思维机能使用抽象的原则或理论作为决策的规则。情感机能不是关于情绪的决定，而是关于评价人性、个人的影响，包括情绪的影响。“思维家”和“情感家”也同样富有同情心（或同样的自私），但是他们提供的帮助会有所不同：情感型的可能先抱起受伤的孩子并安慰他，思维型的可能首先回顾急救规则并决定是否拨打急救电话。在这世上，我们需要这两种类型的反应。

有测验可以确定你的主导机能。你也可以确认你最弱的机能——当你必须使用最弱机能时，你会感到真正的无助、沮丧、敏感和羞愧。你的主导机能则与之相反。如果你的主导机能是直觉，那么发展感觉机能将是一项终生的任务。你可以用自己的思维和情感增强你的直觉，这样自己可能更加平衡。例如，关于一个决定结果的思考或感受，往往会告诉你什么时候该去收集更多的信息了——这像是感觉型会做的，而不是直觉型会做的。

在亲密关系中，知道你们各自在四个机能上所处的位置是很有用的，因为这样你们就可以弥补彼此的弱点，利用彼此的优势。对于两个高敏感者来说，这更有用，因为直觉可能是你们两个的主导机能。当你们俩有相同的主导机能时，你们会相互增强它，减少你们对其他机能的使用，并暗自忽略你们共同的劣势机能，直到它阻碍你们为止。

把你的劣势机能当作自己的发展任务和心理计划，甚至作为一条精神道路和自己的生命意义。高敏感者通常是被这种构建事物的方式所激发的，我相信这是正确的方法。荣格认为劣势机能是通往无意识的大门。例如，如果你是直觉型的，并沉浸在音乐、性、食物等感官体验中——这时候你的无意识最开放。（感觉型则不容易被感官所左右，会“习惯于感官刺激”。）荣格认为劣势功能的发展是通往更完整的整体性的重要途径。看得更多，活在当下并留心，听而不探其意——这种感知方式实际上定义了直觉型的启蒙。

当你的伴侣正在使用劣势机能时，你最好不要通过挽救来实施帮助。让一个直觉型的伴侣在没有你的情况下独自看地图。当一个人正面临走进荒野的可能性，并作出无根据的假设时，建议其伴侣也在场。如果你的伴侣是情感型的，在没有你的帮助下，他或她需要通过逻辑条件来思考。如果你的伴侣是思维型的，去感受他或她想要什么，不管它的实用性如何。如果你的伴侣是感觉型的，去看看表面以外的其他无限可能性。

关于高敏感者的低自尊问题

如果其中有一个人意识到并防止他或她内心对敏感性的偏见，那么两个高敏感者可以提高彼此的自尊。否则，两个高敏感者可能会相互缠绕，使彼此的自尊水平更低。在这种情况下，可能会出现下列问题。

1. *你们之间缺乏尊重*。我已经讨论过自爱对爱别人的重要性了，特别是因为我们都倾向于将伴侣视为自己的一部分，甚至把他们的特质和自己的特质混为一体。当有人与你非常相似时，这就更有可能了。所以你越认为自己“太敏感”（劣等，失败者，等等），你就越会以同样的方式看待你的高敏感伴侣。你贬低自己对伴侣的选择，是基于两个理由，一是你贬低了自己的选择，二是贬低了别人对你自己的喜欢。

低自尊也可以投射出你不喜欢自己的哪一方面，但不能像我在第五章中描述的那样面对伴侣。如果你在无意识中感到自己的敏感使你变得软弱、神经质，不是一个“真正的男人”或“能干的女人”，你可能通过将与你如此相似的伴侣视为同样的软弱、神经质，或者认为他作为一个男人，她作为一个女人来说也很失败，来试着摆脱这种感觉。例如，如果你抱怨自己的伴侣总是沉浸在自怨自艾中，那么你可能有过忽视自己痛苦的一段经历和强忍眼泪的过去。你对那些沉溺于你不允许自己沉溺的事情的人没有耐心。

即使你的投射中有一个相当大的“吸引点”或客观真理，你也需要同情你们俩。如果你或伴侣是“软弱的”或“神经质的”，这可能是因为不幸的童年，也可能是因为生活中有太多的压力，加上需要其他东西的敏感神经系统。当你接纳自己时，你对伴侣也会更加宽容。

2. **你们其中一人或两人很容易焦虑或抑郁，这会影响其他人。**低自尊通常会导致消极情感——这些感受关于你期望世界如何对待你以及你期望如何去应对世界的恐惧或绝望。我见过抑郁、焦虑、不安全型的高敏感者几乎可以正常工作，并与朋友相处，但没有人可以对伴侣隐藏这些消极的情感，尤其对高敏感伴侣更无法隐藏。即使是默默地隐藏这些感受也会被注意到。当你遇到麻烦时，另一半可以妥善处理好你的烦恼，或者另一半觉得他或她的依靠已经不在了，在这种情况下，你们俩都可能螺旋式地低落下去。

一些解决方法

我已经充分强调了尊重你们的敏感性的重要性。我特别为高敏感者 / 高敏感者伴侣补充以下的内容。

1. *一定要重视你与自己伴侣的敏感性*。有时候你可能只是对自己的敏感性感到不满意，或者只是对自己伴侣的敏感性感到不满意。但在较低的意识水平上，你必须判断你们俩。你对自己特质的欣赏会随着你从电视上看到的、从过去记住的、从熟人那儿听到的各种事情起伏不定。

凯特不喜欢夜总会和喧闹的音乐，但她希望自己喜欢。亚历克斯不介意她不喜欢它们。所以我能想象当凯特听到镇上的一对夫妇有着激动人心的夜晚时，会开始为他们不出门而责怪亚历克斯。你的敏感性很容易影响到其他高敏感者，然后他们开始抱怨。那么你就不必对自己感到糟糕了。但真正的解决办法是记住兼容并蓄——重视你敏感性的优缺点，如不喜欢别人眼中令人兴奋的夜晚，并且对你们自己感觉良好。

2. *尽可能地治愈你的伤口*。如果遇到了困难并有一个非常敏感的伴侣，心理治疗和各种内在工作是一种爱的行为，是一种道德责任。他或她不能帮助什么，但却很容易受你的情绪的影响。让它成为你的人生目标，去增加你的安全感和希望。如果你的伴侣感到抑郁或焦虑，你们俩稍微分开一点，给对方一些空间来完成他或她的内在工作是有帮助的。不要个人化地看待他或她的情绪，也不要让恐惧和绝望传播给你。保持这种分离的稳定，保持面对抑郁时的冷静，这需要你自己治愈性的和勤奋的内在工作。这不是简单的意志力的问题。但是，当你坚定地支持自己的伴侣，而你的伴侣也能做到这一点时，你们俩就可以一起探索快乐的理由和生活的意义。

3. *考虑药物治疗*。如果你或者是你的伴侣感到抑郁、焦虑，而你们也被建议用药物治疗会有帮助，这可能是挽救你们关系的决定。这不是关于敏感性是一种病或综合征的问题，如果医生试图告诉你这个，那么拒绝配合他或她。绝大多数高敏感者觉得他们的敏感性实际上能够通过服用抗抑郁药得到更充分的体验（这通常是有抑郁或焦虑症状的高敏感者的治疗选择）。因此，你可能会发现用药物治疗，可能再结合一些心理治疗和良好的心理咨询，你不仅会对自身感觉良好，也对你的伴侣感觉良好，还会对你的敏感性感觉很好。是的，还有其他的方法来治疗抑郁和焦虑，你应该充分了解自己的选择。但是要选择其中一个并采取行动。每一阶段的两周或三周的持续性抑郁或焦虑会增加下一个阶段的风险。所以，行动起来吧。

凯特，或者说凯特和亚历克斯，是一个很好的榜样。在大学期间，凯特陷入了深深的抑郁之中。她终于意识到她身体的情况，她无法入睡，无法进食，并开始服用抗抑郁药。每当她停止服药，抑郁就会复发，所以她选择一直服用药物，这样就没有问题了。也许，她从自己的母亲那里继承了一些易感性——一个“高度紧张、焦虑的人”，或者是母亲的深度抑郁，给童年时期的凯特带来了一些极端的压力，这影响了她的神经生理的灵活性。也可能是，当时机成熟时，凯特需要探讨她对这些年母爱缺失的感受。不管她抑郁的原因是什么，我认为她直截了当地处理这件事是很有意义的。

然而，彼得·克拉玛在《你应该离开吗？》里提出一个忠告［他也是《倾听百忧解》（*Listening to Prozac*）的作者，在这个主题上经验非常丰富］。有时，夫妻之间会建立起全面的关系，以应付彼此的沮丧和焦虑。如果一个人开始进步，另一个人可能会跟着进步，然后他们会有一个很好的结局。但由于很多原因，另一方可能拒绝进步，也可能无法跟着进步。这使得选择是否进步变得很艰难。他或她将有一种几乎无法忍受的冲动，想要摆脱这种抑郁的生活。但放弃另一方似乎也难以接受。所以，如果你们两个都感到焦虑、沮丧，那么尽量同时寻求治疗。

给你们俩的最后一段话

总之，庆幸找到了一个与自己相似的人吧。如果这也意味着你和自己的伴侣有更多治愈性的工作，由于你们的过去以及你们的文化对这一特质的态度，那么这就是你们特定的“兼容并蓄”的一部分，就像高敏感者与非高敏感伴侣有各种各样的好事，也有各种各样的问题一样。幸运的是，你们俩可以很好地互相帮助，成为彼此在微妙心理学和关系心理学方面的真正专家。发展这些专业知识是我们下一章的目标。

第七章

成就满意的、敏感的伴侣关系：给高敏感者的亲密关系建议

让我们从一个即将步入婚姻殿堂的高敏感者的故事开始。他是典型的高敏感类型，为了能够正确地开始新生活，他阅读了七八本人际关系方面的最好的书，这些书有些是由他的婚前咨询师、朋友推荐的，有些是从网上搜索来的。他还分享了婚礼筹备的工作，当然了，他也在不断地深化与未婚妻的关系。他了解到我过去从事的是跟他的敏感性有关的心理治疗，如今他即将为人夫，他很想听听我的看法，因此他给我打了电话。他开始担心自己不能成为一个好丈夫。他似乎能够看到书中提及的所有迹象——在他的成长过程中他家庭中的各种麻烦、无意识问题的迹象，他日益增长的烦躁、焦虑、抑郁和突然的情绪变化——这些确定的神经过敏症的迹象，会成为幸福婚姻的祸根。

站在这个旋涡外，我能看到一个更为严重但又简单直接的问题：他一生中最重要的成长即将到来，他被过度刺激、过度唤醒了，被压得喘不过气来了。这种过度唤醒使他痛苦，也可能使他周围的人痛苦。痛苦的人无论从外界获得多么好的建议，都不会有幸福的约会或婚姻。所以我问他是否对选择的伴侣有任何疑虑。他说不完全是，他只是怀疑她的选择。我告

诉他，没有人可以肯定婚姻会怎样，他的不确定使他变得焦躁，但这就是生活。也许他可以边看书边等待——他有好几年的时间——在刺激不可避免的这一段时间里，他可以优先维持自己的最佳唤醒水平。他和自己的未婚妻可以一起向着这个目标努力。从他的话语中，我听得出来，她与他一样，被压得喘不过气来，而且很可能对于他的忧虑更加不安。的确，我说过，在他们为了对方可以学习的所有事情里面，这才是最重要的。

我告诉你们这个故事是因为我不希望你们像他一样被压得喘不过气来，所以在这一章里，在众多如何维持快乐关系的方法中，我们提供了其中的几种——在我看来这些对高敏感者来说尤其重要。不管你和自己的伴侣在气质上是否匹配，这些建议都适用。这些都是高敏感者需要牢记的重点。

讨论这些之后，我会提供建议，教你如何找到一个好的关系咨询师——这种专业人士每对夫妻都需要，其重要性不亚于好的家庭医生，尤其当你是高敏感者并试图深入思考你的爱情的时候。我们也会考虑什么时候该停止挽回一段关系并离开，这对高敏感者来说尤其困难。

我们将从一个你们可能从未听说过的建议开始，这是我和我丈夫最新研究的结果。

一起做令人兴奋的事情的重要性

我在上一章中提到，如果两人都是高敏感者，那么他们需要小心的是，不要让两人的关系成为悠闲的避难所，那会变得无趣。但这恰恰就是高敏感者关系中最常见的问题。如果两人都是高敏感者，他们可能会在家里宅很久，这使他们的关系变得乏味。如果你是高敏感者，你的伴侣是非高敏感者，那么你可能会经常让你的伴侣独自外出，这样的话，你的伴侣处于最佳的唤醒水平，但就这段关系本身而言，它不会再让你们觉得成长、兴奋。

当坠入爱河时，让你知晓自己感受的方法之一就是，你们俩都感到兴奋、精神充实（像第四章描述的那样），觉得被你纳入生命中的这个人扩展了你的生命的内涵和外延。你们可以彻夜长谈，为他人的故事痴迷，或沉醉于你们自己的新见解。（为了能够通过研究捕捉到爱情中的这种自我扩张效应，几个月来，阿特和我每周都会从单身青年那里收集他们的自我描述，而在这段时期内，他们有些人恋爱了。刚恋爱的青年人会更详尽地描述自己，想法也更加多样化。从字面上来看，他们确实“扩张”了。）

当然，你们彼此了解之后，这种兴奋和扩张的感觉就会减退。实际上，不管是不是高敏感者，随着时间流逝，大多数夫妻都会报告关系满意度的持续下降。人们几乎本能地会开始尝试一起做一些令人兴奋的事情来纠正这一点——旅行、去新地方、会见彼此的朋友。一起构筑生活本身就是一件令人兴奋的事情——装饰房间，抚育孩子，一起工作。而那些拒绝一起做上述活动或者其他令人兴奋的事情的伴侣，往往更容易发现自己对这段关系的不满。他们可能不会把无聊看成关系上的问题（尽管它确实如此），即便是在这段关系之外，在工作或朋友关系中，他们有各种有趣的经历。

突破新领域需要开创性的研究

这些关于无聊的讨论都不是猜测。大约十年前，阿特和我进行的一些初步的调查发现，关系中的无聊是对更普遍的关系的不满现象的有力预测源。后来，阿特的一个博士生，夏洛特·赖斯曼，设计了一个实验来更为周密地检验这个发现。她让已婚夫妻浏览一个潜在的活动清单，并让他们指出，哪些需要他们一起做的活动是“有趣的”或是“令人兴奋的”。然后，三分之一的夫妻被随机分配一起做他们自己选择的令人兴奋的活动，这些活动每周进行一个半小时，为期十周。另外三分之一的夫妻被分配做他们自己选择的有趣的活动，时间安排与前一组一致。第三组是控制组。十周结束后，那些一起做令人兴奋活动的夫妻在婚姻满意度上有了显著提升。而耗费相同时间一起做有趣的活动的夫妻，以及控制组的夫妻在这十周内的婚姻满意度没有任何增加。也就是说，如果仅仅花更多的时间在一起而不做一些令人兴奋的活动，并不比不多在一起要好。

在另一个实验中，我们让夫妻来到实验室，然后随机分配他们到下列条件中：共同参加一个非常令人兴奋的、具有挑战性的任务，或是共同参加一个枯燥无味的任务，或是什么都不做。之后，让每对夫妻规划一次旅行并对这个过程进行录像。他们的讨论由经过训练的观察者进行打分，这些观察者并不知道这些夫妻先前是否参加过任何一项特别的活动。那些共同参加了令人兴奋的、具有挑战性任务的夫妻，在讨论过程中表现得更为积极、更少敌对。同时，在实验前后，研究者让参与研究的夫妻报告他们的婚姻满意度以及他们对彼此的爱意，那些一起做令人兴奋的、具有挑战性任务的夫妻在满意度和爱意方面比其他夫妻表现出更为明显的提高。

这项研究在研究亲密关系的群体中引起了很大的轰动，因为关系质量一直被视为每个伴侣的个性、过去经历以及他们的沟通技巧的结果。然而，很多夫妻之间的麻烦很可能是由无聊引起的。就像那些在一段时间内没有经常散步的狗狗一样，无聊的人会挑起各种麻烦，个人的、人际的，只为了使关系有趣起来。

对高敏感者小心运用兴奋

当然，作为一个高敏感者，你需要明白一起做令人兴奋的事情并不是一起做过度令人兴奋和过度唤醒的事情。这意味着你们两个人都处在最佳的唤醒水平，而不是总把你们的时间花在安静的休息上，从而为下次你们单独进入这个世界积蓄力量。通过这种方式，你就把自己的关系、兴奋和休息这三者联系起来了。

选择你们两人都觉得有趣、兴奋的活动。如果你的伴侣也是一个高敏感者，这就简单了——你们的最佳唤醒水平是一致的。如果你的伴侣是非高敏感者，你也许想选择一些对你来说足够熟悉但对你的伴侣来说足够新鲜的活动，这样的话可以使你兴奋但不会过度兴奋，同时，会让她或他觉得很兴奋。举个例子，我骑在马背上感觉很舒服，但对于阿特来说这很刺激。玛利亚是一个高敏感者，而丹是一个非高敏感者（你们很快就会更好地了解他们），他们经常会去玛利亚的祖国秘鲁以及其他一些拉美国家旅行，这些地方对于玛利亚来说就像在自己祖国一样，但是她仍旧会因为回到祖国或新的旅行而感到兴奋。丹不会说西班牙语，他总觉得拉丁美洲的任何地方都让他觉得很兴奋。

如果你们两人中有一人不爱多言，那么一起做一些令人兴奋的活动对于改善你们的关系非常有帮助——或者你们似乎已经这么做了！这也可以是提高整体积极情绪的一种方式，那样的话你们可以解决或重新解决你们的冲突。你们如何处理冲突？这是我们的下一个主题。

在对话中欣赏彼此的观点

我已经提到过处理性别和性格差异的重要性，但我还想在这里强调一下。人类的差异是根本性的，因此他们对这个世界的感受和反应是截然不同的，两个在任何一点——诸如性别、性格、种族、宗教、贫穷或种族歧视的经历——上存在不同的人可能会很难相信，他们的挚爱，或其他任何人，会抱有如此疯狂的观点。但是，即便是一般的冲突，例如，如何花钱或养育孩子，有时都会让你觉得你们一定来自不同的宇宙。解决方法也是一样的，首先要下定决心听取对方的观点，并认为对方的观点是有效的，因为那是你所尊敬的人的观点。然后对话。

听的时候感同身受，说的时候突出重点

那些给夫妻提建议的人，包括我在内，习惯于把重点放在反思性、感同身受的倾听上。但还没有证据证明这就已足够，因为有时一个伴侣很善于倾听，但没有足够的影响力去表达他们自己的观点并使其被认可，或者很容易就屈服了。这一现象首先在女性中被观察到，但从我的经验来看，高敏感者，无论是男性还是女性，都更倾向于妥协，让他们的伴侣讲个不停。他们担心，如果他们试图用充分的证据反击自己伴侣的观点，将导致过度唤醒。因此，高敏感者会附和其他人的计划。但这是行不通的。大量的研究表明，在一段关系中，如果所有的权力和影响力都掌握在一个人手里，那么长期而言，双方都不会感到快乐。所以你最好学会在对话中坚持自己的目标。

在对话中，一方面要求共情性的倾听，倾听者不仅要关注谈话的内容，还要关注谈话者的感受，不打断，不解释，不建议，不谈论自己的经验，不提问。（这在《高敏感者》和《高敏感者手册》中都有叙述。）在对话中，另一方面的要求是：当你的伴侣倾听时，坦白地表达出自己的观点，不畏惧、隐瞒自己的真实想法。你要直率、诚实、不带责备、使用

“我申明”“我需要它”或者“我这么认为”这几种方式。然后等待你的伴侣的回应或是辩护，在这个过程中要遵照惯常的原则，不要试图打断你的伴侣“真正在做的”事情或对之提出建议。

对话——事关尊重和信任

对话时，你们都必须信任对方，不仅要倾听，不要草率地判断或打断他们，而且要说出所发生的事情的全部真相。每个人对事情的看法都有其合理性，都应该受到尊重，不应当被篡改、批评或否定，无论以任何方式——来自你的伴侣，或你内心的批判声音，或出于对过度唤醒的恐惧。

如果你的伴侣不选择对话的方式，而只是通过他们自己的方式来解决问题，那么你需要向他们解释，为什么这从长期来看是一个严重的错误。简单地说，如果他或她希望你们变得亲密，那么你们必须相互信任，而信任要求任何一方都不要被感受主导，这就要求你们能够彼此尊重地聆听对方，对最终的结果有同等的影响力。

当然，有些问题你们是永远不会达成共识的，对于这些问题，尤其重要的是你们必须坚持对话的基本原则：关于价值观和情感方面的问题（不是类似于哪里是北的问题），每种观点都可能是正确的，每种观点都有其合理性。通过聆听对方的意见，你可以更好地理解潜在的问题，以及自己伴侣不愿意让步的原因。经过一次良好的对话后，你可能会觉得，如果你们角色互换，你可能也会持有跟他或她一样的观点。但你不是自己的伴侣，所以你不会也不能持有相同的观点。这也很重要。

丹和玛利亚

我有幸看过一次很好地运用对话的例子，主人公是我之前提到过的丹和玛利亚。丹是一个非高敏感的犹太人，一个环境法领域的律师。玛利亚是高敏感的秘鲁人，天主教徒，也是一个有才华的舞蹈家。初见面时，他们没有就宗教问题讨论过。而决定结婚后，他们就如何抚养孩子讨论了两分钟。丹强烈地认为，即使只有部分犹太人的血统，孩子也应按照犹太人的方式来抚养。玛利亚经历了一段怀疑自己信仰的时期，也为了避免冲突，她认为自己可以妥协，因而同意了这个计划。

然而，当玛利亚成为准妈妈之后，她又重拾了自己的信仰，恢复了秘鲁血统的根基。但对于丹来说，协议就是协议，他不仅仅不想把孩子抚养为天主教徒，也不希望玛利亚认为她在如此重要的事情上可以随意改变想法。对于玛利亚来说，这个情况她曾经遇到过——为了让丹高兴，也为了避免争执，她会在某些事情上赞同丹的看法，因为她经常会迷失自己，但之后她便会发现自己不能就这么妥协。有一次，她答应了丹不做某事，但之后她还是做了这件事情，于是她对他撒了谎，隐瞒了真实情况，这使得她十分羞愧，当然丹也发现了事实真相。这个插曲后，他明确指出她有些不遵守自己的承诺，甚至更加坚定地不让她在宗教问题上违背二人的约定。这是他们来拜访我时的状态，大多数事情都是丹告诉我的。

当玛利亚诉说她最近才发现自己狂热地希望天主教成为她的孩子们以后的生活方式时，很显然这时候丹应该坐着聆听，他不应该打断玛利亚的讲话，批评她或为自己辩护。他也需要听她诉说，她为何一开始会同意他的观点，不仅仅在他们决定孩子的宗教教育这个问题上，还在其他许多问题上，因为她的丈夫，作为一个经验丰富的律师，不达目的是不会罢休的，不管她多么疲惫、心烦意乱，为了避免争吵她只能如此。至于那次撒谎，她认为自己已经为此道歉，后来也再没有做过这种事。难道他真的从来没有欺骗过她吗？她认为，他不止一次地暗示过她，因为她撒过谎，所以她可能不是传授孩子宗教价值的最佳人选，这让她格外伤心。但让玛利亚记忆最深的事情发生在他们结婚前，当时他们在讨论婚后去哪里定居，当她被他咄咄逼人的气势弄得十分沮丧和愤怒时，她终于爆发了，尖叫着说她恨他。然后，他平静地称她为情绪化的拉美人，就好像这终于证明了他是正确的而她是错误的，然后他就出门了。后来她道歉了，他们住在了丹认为最好的地方，她也答应以后再不会那样了。她的确没再那样了。但我可以看出，丹终于开始意识到，也许好一点的方法是去探究是什么导致了她的那种状况，或者更好的办法是从一开始就聆听她的观点，而不是让她生活在对他的恐惧中，隐藏自己的怨恨。

接下来轮到丹了，玛利亚需要聆听她丈夫对于他的犹太血统的感受。他在大屠杀中失去了大家庭中的大部分人，他对天主教教徒和教皇几乎没有给过犹太人什么帮助而感到愤怒，他希望孩子能够把自己看作犹太人，那对他来说意味着一切。至于先前那次因为定居在哪里而争吵的事情，在他的记忆中，她的愤怒让他想起儿时父亲发酒疯的情形。直到这次对话前，他都没有完全意识到，他内心深处有着深深的恐惧，担心她会撒谎或者在其他方面背叛他，这种恐惧令人痛苦。

听到丹在冷静的逻辑立场下隐藏着如此炽热的情感，玛利亚被深深打动了。她也看出来了，如果她坚持做自己，对他来说意味着重大背叛的事情——她撒的那个谎——可能就不会发生。

我认为在这个例子中你们可以很容易地了解到对话的必要性。尽管丹和玛利亚的对话并没有，也可能会使他们在孩子宗教教育方面得出一个对两个人来讲最佳的结果，但毫无疑问它会让人感觉到，无论他们做什么，他们达到这个目标的过程以及对所有未来的决定都会由两个人共同、平等地完成。这就是对话所能做的。

在冲突中抑制过度唤醒状态

我的第三个建议在婚姻研究者看来越来越关键。无论一个人的性格如何，这条建议都适用，但对高敏感者来说这很可能是最重要的一点。玛利亚讨厌自己在与丹争吵时的过度唤醒状态，为了避免争吵她情愿让步，忽视自己的想法和需要，甚至撒谎，对她来说，这并不是正常的、真实的自己。你很可能知道，高敏感者很担心被过度唤醒。这种担忧会阻止你做你认为应该做的事情——例如，在对话中表明自己的观点——无论你多么敏锐地意识到你需要这么做。

非高敏感者也担心被过度唤醒。尽管丹没有充分意识到自己的这种担忧，但当玛利亚发脾气并朝他尖叫时，他一定是被过度唤醒的。也许对他来说这是如此令人厌恶，因此从那时起，他就一直在用理性的观点来控制他自己的情绪表达。在丹的事例中，由于说不清道不明的恐惧感，他担心他们其中的一个人像他的父亲一样会失控，情绪化的争论会迅速导致过度唤醒的后果，而一旦被过度唤醒，无论原因或过程如何，对非高敏感者来说，一样会导致不愉快的状态，一样会导致关系判断上的失误。但高敏感者更容易被过度唤醒，也会最先达到这种状态。

过度唤醒的征兆

约翰·戈特曼是西雅图华盛顿大学的心理学家，他撰写过《婚姻成败之道》《获得幸福婚姻的 7 法则》以及大量的研究论文，他研究的是什么因素导致了婚姻成功或不成功（这是一个聪明的方法，因为大多数的书籍都是由关系治疗师写的，他们通常只关注不良的关系）。他在实验室条件下研究夫妻间的互动，他非常敏锐地意识到了过度唤醒对夫妻对话的不良影响，他让助手在他的实验室里布好线路，这样当他发现夫妻处于过度唤醒状态时就能训练他们去降低他们的唤醒状态。

尽管戈特曼不讨论性格方面的差异，但我会：高敏感者更可能体验到过度唤醒，因此在你的关系中，游刃有余地解决这个问题对你来说尤为重要。你可能非常清楚过度唤醒是什么感觉，但现在让我们来回顾一下过度唤醒时的一些外部表现，戈特曼和其他人详细探讨过这个问题，这样你们就可以在彼此身上观察这些表现了。

如果测量过度唤醒的人的心率，其结果大约在每分钟 95 次到 100 次（确切地说，对每个人而言，什么是高取决于他们的静息心率）。他们会更多地闭上眼睛（试图减少刺激）或者眼皮会颤动。他们会把胳膊在胸前交叉，或转身与伴侣保持距离。他们可能会玩弄自己的头发、铅笔或纸巾，或者用手捂住自己的脸。他们的面部肌肉看起来是紧绷的——下巴绷紧，双唇紧闭，上唇毫无血色。“悲伤肌肉”会变得紧张：眉角上翘，两眉间也会产生皱纹，或双眉变得笔直。声音越来越高，呼吸越来越浅——它来自喉咙，而不是胸腔。会叹气或言语错乱，例如句子说不完整、重复、口误、遗漏，或发出很多感叹。

在更广的意义上，被过度唤醒的人会表现出更少的幽默感和兴趣，或对任何事情都表现得不积极。他们对威胁过度警觉，一有消极的想法就会持续很久。此时，他们不能处理新信息、新见解，因此你对他们说什么都无济于事。如果你希望他们能够学习一些新行为，放弃吧，被过度唤醒的人是不会运用新知识的，除非它们经过多次练习已经被转化为自动化的行为。

通常，被过度唤醒的人或想要逃避讨论，例如玛利亚，或希望完全地控制讨论进程，例如丹。如果你让他们依旧我行我素，那么他们更容易抱怨各种事情，而表现出戈特曼所称呼的“四骑士”，它们分别是：指责、防御、蔑视和拒绝或情感退缩（最后一个是高敏感者最典型的特征）。

防止过度唤醒

显然，你要阻止过度唤醒事件的发生。以下是一些方法：

- 当你们其中一人感到疲倦、过度刺激或对其他事情感到压力时，不要开始一次可能导致唤醒的讨论。
- 去一个受保护的、安静的环境讨论，如森林、海边。
- 用温和的、机智的方式提出一个紧张的话题，说出对方的所作所为里一切让你欣赏的地方，以使矛盾最小化。
- 当事情出错或你认为自己有错误时，试着改正并接受别人做同样事情的尝试。
- 寻找可以妥协或让步但又不会觉得违背了自己的意愿的地方。
- 当过度唤醒似将发生时检查下脉搏。我是认真的。这是一个非常客观的方式，它意味着你们中有一人需要暂停一下。
- 暂停时间至少要持续二十分钟，这段时间可以让你们恢复正常。
- 就何时恢复讨论达成共识，不要拖延太久。
- 双方应达成共识，尽一切可能地保持一个最佳的唤醒水平，从过去习惯性过度唤醒的状态中恢复正常，治愈过去的情感创伤。

• 作为进一步的预防措施，你务必要做到的是，无论如何，在你们的关系中，使积极事件和情绪发生的频率远多于消极事件和情绪。

关于纠正争吵中的错误：一个例子就是侮辱或给你的伴侣贴标签（“你是个废物”或“你是个神经病”），而不是就事论事——这绝对违背了正确吵架的原则。与防御恰恰相反，应立即说：“我不该说那些，对不起。”戈特曼认为，如果夫妻能表现出这些技能，83% 的婚姻可以走到最后，因此学习这种技能，当你的伴侣承认错误时，赞美他们，这样你们俩都能从中获益。

通过冥想、放松、按摩、特殊饮食或心理治疗从过度唤醒状态中恢复过来，这可以使人在冲突中保持一个更加宽广、平静的视角（与过度唤醒时的被压迫、受威胁的状态相反）。因此，对自己负责并不是以自我为中心。这是必要的，尤其对于高敏感者来说，这是一种投资。

当高敏感者保持积极状态，也就是他们的神经系统运作正常时，他们就会成为约翰·戈特曼所描述的婚姻银行账户中的大储户。当你们中的任何一个人遇到了积极的事情，无论是美妙的性生活、友好的交流、午餐时愉快的聊天，或是一个满意的假期，你们的账户中都会增加一笔存款。而在消极事件发生时，无论是一次小的争吵，还是孩子的死亡，账户里都会有一笔支出。当账户空了，只需一次过度唤醒可能就足以结束这段关系，因为此时再没有理由继续了。因为高敏感者更可能被过度唤醒，更可能产生强烈的喜悦或者忧郁，可以这么说，这让他们成为关系世界里的大亨，但“金钱”来得容易去得也快，也就是说，高敏感者很容易往婚姻银行账户中增添好心情，但也容易破产。（实际上，高敏感者可能是最后一个离开关系的人。）长期的过度唤醒或长期对它的恐惧而避免对话，在婚姻经济萧条的时期一定会导致感情的破裂。

参与：按你的方式做，但不要回避

冲突和愤怒并不能预测离婚。实际上，无论是幸福的还是不幸福的夫妻，他们不能达成统一意见的事情的数量和类型是差不多的。发生冲突时的行为才是离婚的原因。高敏感者在发生冲突时可能会逃避或退缩，这是最糟糕的策略之一。大多数关系的结束都是由这种回避导致的。80% 的离婚夫妻说他们仅仅是“越来越疏远”，而只有 40% 的夫妻把离婚的原因归结为吵架、意见不合。争吵也许能解决问题，但是对冲突避而不谈只能让两人“越来越疏远”，正如玛利亚或杰克一样。

杰克和雷文

在这对夫妻中，高敏感者杰克，是一个在全职保姆帮助下抚养三胞胎的年轻父亲。雷文，孩子的母亲，是家庭医生。杰克的事业也很成功，他是医生的实习顾问，平时在家里工作。他头脑聪慧、敏感，即便当初从他和雷文相识的医学院退学，做这些对他来说也不在话下。但事业带给他的成就感只是表面的。什么是他真正想要的，他现在仍然不知道。

三胞胎的到来对杰克来说是一个打击，此前他并没有为他们的两年关系做好要一个孩子的准备，更别提三个了。至少他还没准备好。他成年后的生活，无论是进入医学院，在那里学习，或是痛苦地决定退学，都承受着巨大的压力。而雷文，比杰克年长七岁，似乎已经感到了自己的老去，所以杰克同意在她不易受孕的时候使用助生育药物。

当第一次得知雷文怀了三胞胎的时候，杰克曾暗示过自己的不开心。雷文大为恼火，她觉得杰克责备她，显然是不爱她，也不爱这即将到来的孩子。杰克从未忘记她的大叫："你想让我流产吗？是吗？"他感到羞愧和震惊，也再没有跟她讨论过内心深处的感受。雷文似乎也没有在意。杰克对生活施予他的一切感到遗憾，于是决定把自己所有的爱都给这三个孩子，为他们牺牲一切。他的生活似乎是结束了。他也尽量不去回想他的婚姻。

回避的征兆

杰克在经历一个典型的回避现象，雷文也可能如此：

• 你认为你们的关系问题过于严重，无法解决，于是决定最好的方式是自己解决问题，而不是发生更多强烈的过度唤醒的事件。

• 你试图调整、降低自己的期望。但你没有感受到真正的接受和爱——如果你在戈特曼的实验室，那么他也许能分辨出来，即使你看起来平静和顺从，他也能看到慢性的生理唤醒。一般来说，最终离婚的人，他们的心率每分钟比正常人多跳动 17 次。

• 你们两人开始各过各的生活。

• 你感到孤独。此时除非有其他的原因，例如你的宗教信仰、经济状况，或刚出生的三胞胎，否则你不会结束这段关系，但这一步似乎是不可避免的。

回避也不总是那么极端。它可能只发生在某个领域。也许你们放弃一起度过闲暇时光，放弃讨论你们在工作中的处境，或放弃性生活。这似乎是可以忍受的。但即便只是一个领域，你们的关系也已经处于危险的境地。

再参与

解决回避的最好方法是，在麻烦刚开始的时候注意到它，阻止它继续恶化。作为一个高敏感者，你可以在问题还很细微的时候注意到它们：易怒感、愤怒、徒劳感、距离感，或对这段关系的担忧；意识到你的伴侣并不了解你的真实想法，你对他或她也并不了解；对共同讨论某些话题会发生的事情产生过度唤醒的感觉；缺乏接触或表现爱意的欲望。

要克服回避，你们俩都必须承认这是一个严重的问题并努力改变它。要改变它的话，首先，需要那个回避的人，通常是高敏感者，谈论最初让自己停下的事情。通常这种讨论是很特别的，这时的高敏感者是被高度唤醒的，或者他们会听到别人指责他们一直以这种方式处理这个话题，以至于它现在看起来如此危险，令人痛苦、失败或破败不堪。无论讨论中出了什么问题，你们都应该重新审视它，以不再出错。下次一定要通过对话的方式解决问题，而不是指责或戒备，如果在此过程中唤醒程度太高，那么你们必须暂停。

第二点，回避的人必须做出改变，公开地对话，站在自己的立场上激烈地争辩。如果你是这样的人，在某种意义上，你不能再像以往那样，只是反应性地倾听或只听取他人的观点，而必须反其道而行之。你必须完全地听从自己，表达你自己的需要、感受和观点，而不是把这些都留在心底，并认为讨论这些事情是无用的。

在杰克的例子中，虽然有些晚，但他首先需要说明为什么在这段关系中，他不希望这么早有孩子，以及他对未来的绝望。就像丹倾听玛利亚那样，雷文也应该不带有任何判断和戒备地倾听。然后他们互换角色。

然而，在一些问题上，即便是深爱的伴侣，如果不进一步深入了解他们为什么如此敏感，那么平静的倾听也是很难做到的。举例来说，雷文也需要面对这样一种可能性：她因流产会带来伤害而大发脾气，这可能反映了她自己的内心想法，这对她来说是完全不能接受的，但当杰克只是暗示了一些担忧的时候，她还是很快就想到了这些。这就引出了我们的下一个话题。

揭开那些不被承认的持续终生的希望和恐惧

在那些看似特别激烈和反复发生的冲突背后，往往藏着一个终生未实现的希望或未解决的恐惧。在雷文的例子里，三胞胎所要求的生活方式和她的实践经验会终结她和伴侣建立亲密的私人关系的希望——这怎么能有时间呢？而在杰克的例子里，他希望在医学院肄业后能过上一种全新的生活。

高敏感者尤其难以找到工作的意义并对它有终生的希望。我们需要更多的意义和目标，如果任何事情似乎阻碍了我们，即使我们想要取悦伴侣，也会遭受巨大的痛苦。我们也有根深蒂固的恐惧，我们会极详细地加工那些我们所经历过的或听到过的可怕经历：对灾难的恐惧（例如，使我们拒绝搬到一个会发生地震或龙卷风的地区），对我们所爱的人的恐惧（使我们在是否允许十几岁的孩子学习开车的问题上与伴侣争吵），对这个世界的恐惧（伴侣的离去对我们来说将是最可怕的事情）。

我们可能会因深度的希望和恐惧而感到不安，也可能会因个人计划中那些恐怖的、理想主义或利己主义的部分而感到不安。

隐藏的希望和恐惧如何积少成多

想象一下你忘了保留一些可以用于扣减税款的发票，忽然你的伴侣大声责怪你是如何浪费掉你们辛苦赚得的薪水的。这背后说明了什么？也许是因为你的伴侣对儿时贫穷经历的恐惧，或者他们由于某个秘密而攒钱，或许是朦胧中希望买一些东西、旅行、提早退休或换一份工作。也许他们认为你不重视这个目标。也许这是真的，所以你不想对这些税额斤斤计较。也许你希望的是过一种无关金钱、每天都很充实的生活，在死亡或疾病到来前，你嘲笑所有为了未来而攒钱的人。所以你们会为了一张发票而大喊大叫。

还记得第一章中的克莉丝和乔丹吗？乔丹，一个高感觉寻求者，想要接受公司安排他去往伦敦办事处的调动。这件事不完全是小事，但也不是不合理的愿望。克莉丝的反应是希望他们能够去咨询一下，这样乔丹就会意识到自己患有注意力缺陷障碍而继续留在家里。即使这个方法不能奏效，克莉丝也打算拒绝搬走。她为什么要拒绝呢？实际上，克莉丝一直暗暗地希望可以搬到一个小镇上，扎根在那里并发展归属感。与此同时，乔丹一直计划去各种地方生活，尤其是充满活力的外国城市。他们都阻碍了彼此对人生的全部憧憬，他们需要开始谈论这个话题了。

丹和玛利亚争吵的背后，实际上是关于这个家庭究竟应该传承犹太人的遗产还是传承天主教的希望的冲突。这怎么会没有严重的冲突呢？

当你有一个终生的愿望，而你的伴侣似乎在阻碍它实现的时候，你可以用难以想象的热情去争取——即使你自己可能从来都没有明确这种愿望和阻碍，甚至没有完全意识到。同样地，当你存在一种长期的恐惧，你的伴侣似乎忽视了它或希望你去克服时，你也可以倔强地拒绝做这些事情。所以当你们其中一人或两人争吵、辩护或拒绝时，试着问：“在这喧闹声下，有没有一种巨大的莫名的希望或恐惧？”通常是有的，只是我们无法形容它罢了。

在另一个方面，作为一个高敏感者，你可能会像杰克一样，不想有太多的争吵和喧闹，而只是逃避。

当心本质精神消失的时刻

在第四章中，我形容约翰·德斯安的爱情观为本质精神的上涌，那是在普遍精神笼罩下的丰富的、本能的生活境界，也就是集体的、文明的生活境界。我还说，当我们坠入爱河时，我们产生巨大扩张感的一个原因可能是我们感受到了本质精神的注入，这是我们在童年期甚至更早之前，当人类变得压抑并失去与大自然的接触时丢失的那部分东西。本质精神常常激发我们最深切的期望和梦想，对高敏感者而言更是如此。扼杀它的话，你会冒着被过度抵抗的风险，或者是不爱了而离开的风险。

问题是，尤其像高敏感者，也是通过我们如此认真、频繁的社会化活动来吸收普遍精神的。我们能够感知到灵魂深处本质精神的存在，正如那些可以定位发掘水源地点的人能够感知到地球深处的水一样。当我们冒险去爱的时候，我们正是在挖掘这种本质精神，并且感受着纯粹的快乐。我们试图不惜一切保持这种感知能力。但正因如此，我们可能会再次失去它。这会发生在某些关键时刻，比如，当我们将普遍精神作为我们所有的答案的时候。

假定你喜欢古典音乐，并且想在今晚听一场室内管弦乐队的演奏。他们会演奏两首曲子，尽管这两首曲子总是能让你潸然泪下，但由于你最近深陷爱河，所以你更容易被它们打动。然而事实上，你的伴侣对古典音乐并没有真正的兴趣，当你想要“投其所好”的时候，他或她可能更希望待在家里完成一些工作。

你可能并未觉察到自己这段时间以来一直沉浸在两人一起听音乐的幻想中，情不自禁，无须多言。听完之后你们将会彼此交流，在休息时间深入讨论，在咖啡厅品味余晖。然后会有一个感性的结局，音乐充盈在你的爱情中。

但是，像一个典型的高敏感者一样，你会反思你的失望，并尝试做些似乎别人认为是对的事。那就对了。你努力回想父母或者像我这类作家会给你的忠告。请不要再以自我为中心、幼稚、苛刻，陷入各种情结当中。人与人之间存在不同是可以理解的。在亲密关系中，你必须学会退让。

你可能正在通过普遍精神寻找正确的回应方式来保护你的爱，但这种想法恰恰是错误的，虽然你并未觉察。

那么你该如何处理你们之间的不同呢——你热爱古典音乐，而你的伴侣却对它不感兴趣？整个问题不在于你是否适应或如何处理这种矛盾，而是这种矛盾因何而存在。例如，当你压抑真实的自我时，对话的意义就是保护本质精神，或服从普遍精神。你是否压抑自我取决于你是否有勇气与自己的本质精神保持一致，或你觉得自己像一个孩子，出于对被抛弃的恐惧而不得不屈服于父母的普遍精神。那个孩子别无选择，只能压抑自己的欲望去适应，扼杀自己的本质精神。

用德斯安的话来说，“一个人，如果意识到了自己的力量、权威以及能够拥有家庭或团体的一部分权利，可能会选择牺牲自我”，他们可以做他人想做的事情而不伤及关系里的本质精神。类似于“好吧，那我们不听音乐会了”这样的妥协，可能是由于你们俩都意识到了你们有选择牺牲的力量、权威和权利，你们在解决彼此的不同，或者，它也可能是你们在认识到了个人的界限、差异和对个性的恐惧之后做出的防御性反应，以及对其中暗含的分离和失去的恐惧。而个人的权力、权威、权利和勇气所需要的一切都与内心工作相关，这在他的书中有提及，也是他对高敏感者工作的首要要求。而这其中也存在一些技巧。

表达希望或恐惧，对话，变得有创造性

认为自己有义务帮别人实现愿望，体会别人的恐惧，或为了别人扼杀自己的本质精神，这是行不通的，任何人都不应该完全放弃希望或否认恐惧。但这还是会抑制关系中的本质精神。所以聪明的夫妻要学习发现持续冲突背后的希望和恐惧，继而尽力去保护和尊重它们。他们谈论它们，让他们尽可能地彼此了解，或提出一个折中的方案，但这建立于始终着眼于本质精神的基础上。在这些情境下，高敏感者的任务就是变得极具创造性。

举例来说，阿特和我于 1994 年时搬到长岛，这样他就可以开始一份对他来说很完美的学术工作。但是长岛对我来说并不那么完美。几个月后，我意识到，以我的年纪我并不想扎根在一个新地方，并在这里度过余生。尤其是我不愿在这里开始关于心理治疗的实践，因为一旦开始，就无法离开。我是一个土生土长的加州人，也想一直留在那里生活。（顺便说下，这次经历使我确信，高敏感者比非高敏感者更容易受居住地的影响，因为我们与大自然环境的联系是我们与本质精神的联系中的很大一部分。）

有一天，我想到了一个极好但可怕的计划。阿特可以在加利福尼亚州度过六周的寒假和四个月的暑假，而我可以分别在春天和秋天时，在长岛逗留两个月，所以我们只需要在寒假之前和之后的六周时间里分开。这似乎有点冒险——我们会有隔阂吗？阿特对我的这种激进的生活方式会感到愤怒吗？当我们向朋友和家庭描述这件事时，他们的反应各不相同，有的人对我们严重警告，有的人嫉妒，但他们的态度都不温和。

好吧，事实证明这是一个具有创造性的折中办法，比起我们各自完全按照自己的方式行事来说，这不仅有效，而且使我们俩更为愉快。这就是我所说的创造性的解决方案。

在这些问题上，每对夫妻都要找到他们自己的方式，当你的视野开阔了以后，这可以成为发展个性和创造力的园地。你的希望和恐惧在你自己和你伴侣的这一年和今后二十年的生活以及人生的长远计划中都有什么作用？你如何平衡下面这些事情：买一辆新车，再生一个孩子，买个新房子，获得博士学位，或在年迈的父母去世前带你的伴侣去见他们？若你们共同做艰难的决定并在此过程中互相尊重，你们之间的纽带就会加强。

对情结游刃有余

对大多数夫妻来说，对话、在冲突中减少过度唤醒、防止回避都是非常有帮助的，但那些推荐这些相当理性的技术的人也承认它们有时行不通。例如，约翰·戈特曼发现，85% 的婚姻是痛苦的，因为其中一方或双方都对自己或他们试图亲近的人感觉糟糕（他们自尊低，或用第三章中的说法，他们是不安全的）。举例来说，有这种感觉的人在对话上是有困难的，他们对能力不足的恐惧妨碍了他们自己倾听。他们会立即感到受批评并且批评回去。因此，作为对迄今为止我们讨论过的所有技能训练的补充，许多关系治疗师试图探索一些人不喜欢自己和伴侣的无意识的原因，或无法在亲密关系中和睦相处的原因。不安全依恋是表达那些无意识原因的方式之一，但更广更深的方法是荣格的情结理论（一个被临床经验证实的理论，包括我自己的临床经验）。

每个情结的两面性

情结是我们人格中的区域，它吞噬我们的能量，扭曲我们的感知，很像太空中的黑洞。一个典型的、熟悉的情结就是母亲情结，更恰当的术语是儿童情结，或者母子情结。作为孩子，我们都对母亲有感情，但对于我们其中的一部分人来说，我们的经历让我们产生了真正的情结，即我们人格中的“热点区域”。提起母亲，我们会流泪、兴奋、沉默、感动、喋喋不休、紧张、沮丧、愤怒、游离，或不屑一顾。

情结似乎总有两个极端。例如，积极的和消极的母亲。虽然通常在一段时间内只会有其中一种状态是意识层面上的、活跃的、主要的，然而，另一个状态也会要求出现，毕竟灵魂需要结束片面性，回归完整。我看到很多来访者都会不停地谈论自己那个极好的母亲，而不久后，我们再讨论他们母亲的时候，她们大多数又是麻烦的了（反之亦然）。

当一个主题能够激起或占据你的注意力的时候，你对这件事情就有了情结。（情结往往是一个人生涯的焦点。）我们所有人都会在一定程度上一直处于一个情结中。但当一件事使你在思想和语言方面变得极其健谈、武断和绝对化时，你知道你完全认同了它，以它的方式行事，被吸进了黑洞里。想到这事也可能会让你沮丧、焦虑、过激或准备承担不寻常的风险。你会变得有点“狂暴”或像一个“大炮”。

当然，通常情况下，处于情结中的个体，他们的伴侣会首先发现它被激活，并可能非常熟悉它的后果。然而，此时告诉人们他们正处于情结之中是在玩火。但是，稍后小心翼翼地提出却是非常有帮助的。比如：“伙计，你昨晚的心情一定很不好。你不想知道究竟发生了什么事？我注意到这种情况经常发生在你与你母亲通电话后。”

这里介绍一些高敏感者的典型情结：“明星”情结——能力很强，非常成功且受人尊敬，这一情结其实是为了隐藏或补偿会因压力而发疯的敏感部分。或神童情结，这一情结的另一端通常被压抑了，指一个孤儿如果不是天才，那么没有人会注意他或者爱他。英雄/替罪羊情结，是指群体会抬高和暗暗羡慕英雄的观点和洞察力，但只要英雄的某个观点不受欢迎了，他们便会轻易地把英雄变为替罪羊。相似的命运发生在有古怪的天才/愚蠢的奇想情结的高敏感者身上，他们身上的情结指的是群体中的人有一天会羡慕你，第二天就会排斥甚至拘禁你。这个情结使你成为一个勤劳的、诚实的、有良知的公民，直到有一天你发现你是一个狡猾的骗子或叛徒。或是你认为自己是一个听话的工人，直到你发现自己是一个反叛者或工会组织者。

许多高敏感者有受害者-支配者情结。多年以来，他们一直被认为“太敏感”，为此他们感到软弱、无力，他们认同了自己受害者的角色。他们会花费巨大的精力试图摆脱他们的控制者，变得强大并得到公平对待。他们压抑、忽视的是他们的力量，还有他们支配他人的能力，这些力量和能力可能早已被其他人强烈意识到了。（你可能已经注意到所有的情结都是相互联系、重叠的——你的感觉会告诉你哪些是属于你的，而不是从外界的规则和描述中所得知的。）

分裂和重新投射

被压抑的另一半情结通常是分裂的（正如第六章所述）。它会随时给你带来麻烦，尤其是当你把它投射到你的伴侣的身上的时候。

当你投射的时候，你很兴奋——你会在对方身上看到这个巨大的、讨厌的特质。你会突然间有一种该死的确定感。而所有这些强烈的爱或恨通常都是一个警告，它告诉你你正处于防御之中，这种防御对维持你当前的心理状态至关重要，这种防御拒绝关于你的信息。

如果你把一些美好的事情投射到另一个人身上，可能一切都会很好——你可能会生活在幸福的错觉中——假如另一端没有如预期那般爆发的话。这种爆发只需要一点点失望便会发生。这是理解人们为何由爱生恨的另一种方式，正如第五章中谈论的一样，琳达能够意识到精神上的细微差别，马克关注实际的、显而易见的东西。他们两人都有情结在作祟。

我们似乎经常选择看起来与我们有互补情结的人作为自己的伴侣，他们的意识端正是我们的无意识端，这就使得一切更加凸显。那些希望被拯救、被照顾的人会被那些渴望拯救别人的人所吸引，反过来他们也会吸引这些人。一旦拯救者暴露出任何弱点，他们不仅会与那个总是等待别人救援的人产生矛盾，他们也会被自己内心的批评家所困扰，这些批评家认为，自身情结中的另一半——希望被拯救——是可怕的罪恶。对二人而言，机遇与危险并存，他们可以完全改变以往习惯了的身份，朝着更加完整、现实的方向发展。

回顾杰克和雷文的例子。杰克有母亲情结。他的母亲投身于成功的事业中，因此他几乎从出生开始就由他人轮番看护。杰克强烈地希望雷文能够照顾他一点，就像他曾经经常希望他母亲能够多照顾他一点一样，尽管他并没有完全意识到这一点。在雷文面前，他觉得他自己还算是一个可爱的孩子。所以当雷文像他母亲一样整天在外工作，希望他去照顾三胞胎的时候，那个极端消极的母亲情结出现了，他就是那个被遗弃的孩子。在那个消极的母亲的魔咒下，他只能绝望地顺从。

与此同时，雷文的母亲情结也出现了。她那相当不幸的母亲从未有过自己的事业，母亲要求她唯一的女儿雷文，过跟她不一样的生活。对她母亲来说，雷文是一个强大的、小有成就的母亲，所以雷文知道杰克该如何做。但是她也暗暗渴望能够被杰克照顾。但是，如果她表现出任何被照顾的需要，她就会感到自己越来越像自己不幸的母亲。但是，如果在她知道自己怀了三胞胎的时候表现出这种需要，她可能也会崩溃，而不是对着杰克那其实可以理解的第一反应大喊大叫了（杰克的反应其实也很像她自己）。对于这几个早早来到他们的婚姻和忙碌的工作中、令他们喜忧参半的小家伙，他们或许还可以相互宽慰。

了解阴影

情结中的两极或者分裂而成的两半——那些你自我拒绝并压抑到无意识中的东西——最终都成了荣格主义者所说的阴影。阴影是用以形容我们个性中那黑暗的、不愉快的一面的适当术语。（尽管低自尊的人，例如许多高敏感者，会表现出一些好品质出来，我们称之为“白色阴影”。）

基于以下种种原因，了解你的阴影，把它整合到你的意识中，使它不再进入无意识里，这很重要。这样可以腾出能量，既包括用来控制阴影的能量，也包括阴影本身的能量。例如，你有贪婪、软弱和专横的一面，只要不让它们控制你，它们就有在这个世界上存在的有用之处。并且，一旦你对自己的阴影有所了解，你就不太可能在无意中被极端情结所操纵，或把它投射到别人身上。认识到自己的贪婪，你会忍痛去分享，在看到他人表现出一丝贪婪之时，也不会如此强烈地去批评。认识到自己的弱点，你就会减少对伴侣的这些弱点的批评，你自己也不再被这些弱点所控制。认识到自己可能会变成专制、有控制欲的母亲，那么在其他人表现得有一些专横时，你会宽容以待、保持安静，在他人需要寻找自己的解决方案时，会变得更为安静。

阴影及从情结中分裂出来的消极端会给关系造成严重破坏。但是，正如亲密关系会深受其害一样，亲密关系恰恰也是你们真正能够了解它们的唯一的地方。寻常朋友不会涉及这件事情——这是深化你的友谊的一个很好的理由。但你的伴侣，或任何与你生活或旅行过一段时间的人，他们只能短暂地忍受这个不被你承认的阴影，你也将不得不提及他们的阴影。

荣格说："对一个人的错误的泛泛的、纸上谈兵式的洞察是无效的。"我们感觉不到这对其他人的影响。

但是，如果这种洞察在关系中非常重要，或这种洞察被他人及某人自己注意到了，它们的效应就出现了。那时，人们才能真正感受到它们，了解他们自己的真实本性。同样地，对着秘密的自我坦白一般没有什么用或作用很小，但对着他人坦白则有用得多。

脱离具体的关系，只在"学术"的意义上了解自己的缺陷，就像从一万英尺高的地方扔下炸弹，再飞回安全的空军基地一样。事实上，看到你的伴侣被你的行为所摧毁就像目睹了你投掷的炸弹爆炸后所造成的毁灭一样。当你的伴侣烦恼时，告诉他们，你在让他们经历你所经历的破坏历程。

当分裂更严重之时

我们都有情结，且可能不时地会被情结中分裂出来的强大部分所包围，尤其作为一个高敏感者，当我们被恐惧、需要、内疚、羞愧所包围或感到被不公平地指责时更会如此。问题是，这种"包围"会持续多久呢？几分钟、几小时、几天或者几年？它在映射或被你的伴侣指出后会缓和吗？它会在一个极端和另一个极端中摇摆不定吗？

情结的一个典型特征就是，你忽略了显而易见的事实，即大多数人，包括你的伴侣，通常都是足够好的，而不是完美无缺的或一无是处的。然而，人们并不是那么容易就能形成这一种关于人类境况的明智看法的。随着孩子的成熟，父母应该帮助他们的孩子逐渐接受自己和所爱之人的缺点。如果孩子对父母过早或过度失望，或孩子感受到父母对他们太失望，他们就会产生分裂以防御这个难以忍受的真相，这也是理解不安全依恋方式的另一种途径。

正如我们在第三章中看到的，那个孩子认为自己一无是处，希望并相信存在一些至善至美、无条件接受并全心全意对待他的人，可以倾其一切地施以援手，弥补他被压制的童年。在另外一些案例中，父母自己把孩子视作一无是处或完美无缺的，或延长孩子对自己的崇拜。这种父母的孩子，在发展过程中会分裂形成早期的、强烈的、原始的防御系统。要减少这种防御反应，就需要耐心，也许需要心理治疗。我至少会给你概述这个任务。

分裂如何发生：了解它也许有帮助

希望你在这里阅读的内容会有助于你意识到自己分裂了什么，投射了什么（《高敏感者手册》中的第七章也有任务可以帮你解决这个问题）。如果你意识到这些防御，你可能会克制那些显而易见的、投到自己伴侣身上的投射，即便分裂和它的成因仍处于被治愈的过程中。你的伴侣可以拒绝你的投射，无论是好还是坏，也可以接纳这些投射，把它们与他们自身的情结匹配起来，这会带来相当大的帮助。这会减少你的一些羞愧和自责，而这些羞愧和自责，你并不想再要。更重要的是，这使得你的伴侣承认他们的情结在这段关系中所起的作用，因为它们确实起作用了。了解分裂在你的大脑中是如何发生的也会有所帮助。

研究表明，有些人将他们自己的所有负面描述都存储在一个记忆文件中，例如“语言缓慢”“太严肃”“虽不想但仍然单身”。在另一个记忆文件中，存储着所有的正面描述，如“数学好”“认真负责”“过去人际关系较好”等等。那些不经常把分裂作为自己的防御措施的人，会按照内容来对描述自己的术语进行分类。例如，“语言缓慢”和“数学好”都会被存储到被我们称为“能力”的类目中，“单身”和“人际关系较好”被分到“最近的爱情关系”中。

在面对关于自己的负面信息时，那些将所有的负面自我描述存储在一起的人会更加沮丧，因为它会激活所有其他的负面描述。例如，当被告知他们任务进行得缓慢时，他们会将“任务缓慢”与“语言缓慢”“太严肃”和“虽不想但仍然单身”存储在一起，也可能会与“愚蠢”“坏”“不成功”“不受欢迎”“拒绝”“不开心”等描述存储在一起。显然，如果你能够对这些关于自己的描述重新进行分类会更好，也许你可以有意识地进行这方面的努力。

进一步的研究发现，在人们如何看待自己的伴侣的问题上，这种现象也会发生。因此，也要尝试对那些你用来描述伴侣的词语重新分类。不要把所有的负面描述放在一起，所以当你观察到自己的伴侣“今晚说得太多”时，不一定要引申出“不体谅”“愚蠢”“不自觉”“坏伴侣”“我选择这种人真愚蠢”“我坏，所以我活该跟这种人在一起”等等描述。最好的是使用更有针对性的类目，既包括积极的部分也包括消极的部分：“外向”“有趣”“喜欢交往”“无趣”。致力于领悟“兼容并蓄”这个术语——正面描述和负面描述包含在一起。这与分裂是完全相反的，但它需要时间来培养。

主要是，我必须强调，特别是如果你或者你的伴侣因长期的、个人的历史原因而造成分裂或投射，你们两人都必须在心理上足够聪慧，这样才能有一个长期的、亲密的、满意的关系——或者令高敏感者满意的关系。但是，如果没有大量的关注和学习，这种情况是不会发生的。它要求你们认识到当前所有令人困惑的冲突和情绪背后的不安全感、情结和未解决的童年期问题。相信我，作为一个高敏感者，你可以把这些安排得尤其妥当。但你们必须继续以你们对伴侣的充分了解，来替代你们对彼此的投射。你需要缓和你童年期的情结，例如，你坚决要求你的伴侣给你想要的东西，或者认为当你表达自己的需要的时候他们会批评或拒绝你，变成那个可怕的父母。如果你们中有任何一个人出现这种行为的苗头，另一个人必须坚持更好地处理，而不是变成那个害怕或者生气的孩子。

开诚布公地讨论你们每个人过去可能互相投射的东西，然后承诺尽量不这样做。温柔地提醒对方。雷文可以对杰克说："我不是你的母亲。你可以要求我多留在家里，我会的。"杰克可以对雷文说："我不是你的母亲。你不必每时每刻都表现得很坚强，并向我证明你是多么完美。"

有时你需要帮助

夫妻在他们的关系中经常需要帮助。研究发现，在离婚的夫妻中，只有 1% 曾经寻求过婚姻咨询。不要变成剩下的 99% 中的一员。

也不要变成一个天真的消费者。在一项调查中，调查人员对使用各种不同形式的心理治疗的人群进行了调查，调查发现，婚姻咨询的作用远低于个人咨询的作用。一部分原因是夫妻常常来咨询得太晚，或者由于存在个人问题，例如低自尊或抑郁。最重要的是，许多治疗师在婚姻咨询方面缺乏足够的技能，他们学会了做个体治疗，并认为他们亦可以自学成才，学会婚姻咨询，或者他们可能是在个体咨询或夫妻咨询方面从未经过正规训练的牧师或教育者。但是婚姻咨询需要特殊的技能。所以要选择一个在这项工作中经过良好训练的咨询师，他可能是你所在州取得专业执照的心理学家、婚姻咨询师或其他任何合适的人。

当然了，执照和培训并不能保证任何东西。你还需要听取其他夫妻的建议，与两到三个咨询师交流，然后你再做出选择。这是一个重大的决定，这个咨询师可以强烈地影响你生活的好与坏。这个人应该是你们都喜欢的，而且你们可以信任这三方的合作关系。如果你喜欢这个咨询师而你的伴侣不喜欢，可以说，这是赢得一场战斗却输掉整个战争的事情。你们需要提前达成一致，如果在任何时候，当你们中的一个人开始感觉到遭受强烈的反对时，你们可以就此事与咨询师讨论。而如果问题继续存在，你们可以另行寻找一个倾向性不那么强的咨询师。（好的治疗师通常可以巧妙地避免似乎更多地支持某一方，即便私下里他认为某一方更“正确”。当然，如果你们中有一方被多个咨询师视为有问题的，那么你们可以开始询问你们自己或咨询师原因了。）

我也建议你们不要选择给你或者你的伴侣进行个体咨询的治疗师来作为你们的婚姻治疗师——你的关系治疗师的“客户”是你们的关系，是你们两个，不应该让治疗师在关系与你们中的一人之间分割他 / 她的忠心。

何时退出

有时人们会只见树木不见森林：你专注于解决关系中的问题，可你并没有意识到，你正在面对的是一个极其麻烦的人，你不太可能改变他/她，你也并非真正想要继续与他/她交往。世上充满了极其麻烦的人，他们有很好的防御措施，也有很多掩盖他们的障碍的方式。对我们所有人来说，这种事情遭遇一次就足够了。（对于那些有受害者情结的人，这种情况可能反复出现。）

高敏感者是否应该更好地发现并避免深陷困境呢？是的，我们在这方面更擅长，因为我们有经验。但如果没有经验的话，我们可能会注意到他们强烈的需求，想要帮助他们，却不知道与他们保持亲密关系可能带来的后果。

在这种情况下，解决方法并不是去学习技能以便做得更好，或不再投射，变得更清醒。应认识到别人的缺点并不是由于你对自己阴影的投射而造成的。这段关系本身就是个错误。你需要在心理上变得足够敏锐，从而能够区分哪些问题是你自己或者你们夫妻俩可以解决的，哪些问题是不通过专业帮助单靠你自己或你俩就无法解决的，哪些问题是此时此刻根本无法解决的。

在学习区分之前，你应该知道，在大多数时候，在关系或关系咨询中不能被轻易解决的问题，其实已经渗入到个人生活和其他关系中了。他们的工作往往干不了多久，也难以维系友谊。你也会听到一些非常显而易见的故事，或者有关这些故事的一些线索，在这些故事中，人们在儿童时期曾经历了严重的忽视、虐待或反复的创伤。

作为敏感的人，你会很快了解这些创伤。诀窍在于不要认为你自己可以治愈他们。这样的人需要专业的个体帮助。选择他们作为伴侣是非常冒险的，尤其是当他们还没有开始接受任何有用的治疗时。如果这样一个受过创伤的人要接受治疗，那么他们要经历一个漫长的过程才会好转，并且这个人可能不会再像之前那样需要你。而如果他们拒绝寻求帮助，甚至连婚姻治疗都不愿意参加，那么你就真的不要再坚持了。

这是一次艰难的谈话，但说真的，它对你来说不算什么。在第三章我们讨论了不安全依恋类型，在第四章讨论了对于情侣来说什么是“好的赌注”的特征。想象一下最糟糕的情况，那就是你不能独自处理问题。一个极端就是在依恋上“最大化”的人，他们如此害怕被抛弃，以至于如果你需要一些独处的时间或需要任何形式的改变，他们就会变得疯狂。如果你尝试这么做，他们的反应可能是病态的嫉妒，或完全屈从于你的意愿，而在那种情况下，他们的内心是没有任何思想可以提供给你的。

另一个极端就是最小化者，他们是极度拒绝的回避者和自恋者，他们不需要任何人。作为敏感的人，你感觉到他们“只是需要爱”，并尝试让他们进入一段关系中。但是，他们太恐惧亲密关系了，以至于这种亲密不能长久。他们对自己和他人的生活事件常常缺少被我们称为正常的“人”的情感反应。

上述两个极端的人也可以是第三种类型的人：在关系中处于压力时（例如，分离、争吵、疾病），那些人会变得狂怒、自我毁灭或对你暴力相向。他们看待事情总是倾向于非黑即白。他们总是处于分裂状态下。“你总是”这么做，“我总是觉得”那样。但是黑色面可以瞬间切换到白色面，白色面也可以瞬间切换到黑色面。过去你是一个天使，但现在你是一个恶魔。尽管他们似乎也会有某些情绪，例如愤怒，但这些人本身脆弱的情感往往表现得异常淡漠、疏离，他们这样做是为了自我防卫。但是任何对他们进行改变的企图或劝其接受治疗的建议，都会让他们觉得核心自我受到了威胁，而他们唯一的选择就是回击。

再者，认识到你正在面对的问题不是一件容易的事。一些伴侣可能会非常抗拒或抵制改变，但其中的缘由其实并不是多大的问题，也许仅仅是因为他们不是很有心理学头脑，或者害怕他们的伴侣“剖析”他们。这是一种合理的恐惧，尤其是当你作为一个高敏感者，你的伴侣不是，而你又作为“剖析者”的时候。他们会从过往经验中得知，被你洞悉这似乎隐秘的一切是多么可怕的一件事。但是，当你郑重且明确地告诉你的伴侣这种关系不再适合你们，你们需要一起做一些事情来改变的时候，你的伴侣应该有足够的自我力量去倾听。

如果你的伴侣确实在口头或者身体上虐待了你或其他人，底线当然是离开他，至少在你们都得到很好的帮助之前远离他。但是，如果你的伴侣不能做到亲密而真诚，不承认你们之间出现了问题且双方都有责任，也不愿寻求某种形式的帮助，连阅读相关书籍都不愿意，那么在我看来，你也有充足的理由离开。最起码在他恢复理智前，你都应该远离这个人。不过，你也有责任把不开心的原因告诉他，给他一个改变或与你一起寻求帮助的机会。但是，如果他拒绝了这个机会，并且否定了这种需求，那么，你应重新考虑一下自己的去留问题。

最后的、简单的建议

正如所有的自助书籍一样，这本书似乎给了你很多机会来抱怨他人和一些实际情况——例如，你的性格——而不是正视你的情结以及看看如何处理这个情结。当你在做某些事情的时候，读书不会像咨询师一样是一个相对客观的局外人来帮助你辨别对错。不过，平心而论，请务必记得，不要试图以你的性格为借口，给予伴侣痛苦的束缚。

第八章

我们的性生活：床上的敏感者

据我所知，无论在哪个领域，本章都开了探讨先天气质如何影响性生活的先河。本章的内容不限于对 443 名高敏感者和非高敏感者（作为对照）的访谈和调查数据的推论。我们还讨论了其他基本特质，如高感觉寻求，对性生活的影响。

正如任何高敏感者所预计的那样，我们的性经验和性偏好在一些重要的点上不同于非高敏感者，但是在其他任何异常感觉方面非常相似。对高敏感者来说我们都是正常的。

性教育者、两性关系咨询师以及一些自助书籍的作者忽略了先天气质对于拓宽人们对正常性生活的认识的可能性。这是一个相当大的疏忽，因为虽然绝大多数人都会在意识里认同两个成年人之间可以自由地定义什么是“正常”性生活，但是在较低的意识水平里却有很多人在性观念的束缚中挣扎。当然，我们高敏感者并没有更多的参考信息，我们高敏感者尤其会将自己的反应与一般标准作比较，反思和担心我们的一点点古怪之处。本章应该能够帮助我们对此感到放松一些。

但首先，你会发现下面是我们研究中所使用的调查工具，你可以现在回答这些问题，然后与调查的结果相比较。

气质与性生活问卷

你要尽可能真实地回答所有问题，这一点非常重要——不要去想你应该怎么回答。

问题中对“性”的定义如下：为了使描述简洁，并与其他研究者保持一致，当一个问题中提到“性”或者“性关系”时，是指“任何与他人相互自愿的性活动，包括生殖器接触、性兴奋或者性唤起——也就是说感受到了真正的启动，即使性交或性高潮并未发生”。所以，该定义中并不包括亲吻或者无生殖器接触的亲密性跳舞，也不包括被强迫的性活动。当然，性活动并非一定要有伴侣，对此，调查中也有一些相应的问题。除了性活动的范围比较清晰之外，这些调查问题中的性是指与他人的、自愿的、带有性唤起的性器官接触活动。

1. 在过去 12 个月中，你性爱的频率如何？

□完全没有

□偶尔一两次

□大约一个月一次

□一个月两三次

□大约一周一次

□一周两三次

□一周四次或四次以上

2. 上次性生活持续了多久？

□ 15 分钟或更少

□高于 15 分钟但不到 30 分钟

□高于 30 分钟但不到 1 小时

□高于 1 小时但不到 2 小时

□ 2 小时或更长时间

“伴侣”或者**“主要性伴侣”**是指你最重要的或者频繁的性生活伴侣，或者指虽然目前没有，但在过去与你保持了很长时间性关系的人，特别注明的情况除外。

3. 在过去12个月里与伴侣的关系中，性生活使你感到（尽可能地想一些你描述自己典型情感的词）：

☐满意

☐悲伤

☐被爱

☐焦虑或担忧

☐惊恐或害怕

☐激动或兴奋

☐内疚

请使用如下的等级量度来回答后面的问题：

1	2	3	4	5
没有或几乎没有	偶尔	有时候	经常	总是或几乎总是

4. ____性生活似乎是生活中最可能令人满意的部分吗？
5. ____就性关系而言，你考虑过它对对方可能的影响吗？
6. ____在性关系中，为了你们一起享受性爱你是否需要表达你对伴侣的爱？
7. ____不同的性伴侣对你而言有吸引力吗（如果没有恋爱的话）？
8. ____你会享受与自己不爱的人做爱吗？
9. ____如果你考虑开始一段新的关系，你是否考虑过性传播疾病或者怀孕？
10. ____细微的性线索或信息会使你性唤起吗？
11. ____强烈而明显的性线索或者信息会使你性唤起吗？
12. ____你觉得进入性生活的情绪氛围有困难吗？
13. ____你是否喜欢成为一个在性方面更加主动、“掌控”或者决定应该做什么的人？
14. ____你是否会因自己感到过度兴奋或者过度刺激而停止正在进行的性行为？
15. ____你的生殖器部位如果被触摸，哪怕是在性唤起时，会有疼痛或过度紧张的情况吗？

16. ____如果你做爱时被其他事情暂时分心或中断，你会扫兴吗？
17. ____你喜欢做爱的时候听音乐吗？
18. ____你喜欢做爱的时候说话吗？
19. ____你每次做爱的时候喜欢用相同的东西吗？
20. ____当你做爱或者想做爱的时候，会容易被轻微的声音、气味、某些特定事物等（环境或者他人）所打扰吗？
21. ____你和你主要的性伴侣有过性高潮吗（即将达到或达到性高潮）？
22. ____性生活后，你回归一般日常活动有困难吗？
23. ____对你来说，性会有一种神秘感或力量感吗？
24. ____你会轻易地性爱吗？
25. ____你喜欢做爱吗？
26. ____你喜欢在性生活中变换花样吗？
27. ____酒精会对你的性生活质量带来不利影响吗？
28. ____你是否注意到某些药物会给你的性生活质量带来不利影响？
29. ____在过去的 12 个月中，身体健康会干扰你的性生活吗？
30. ____在过去的 12 个月中，情绪问题会干扰你的性生活吗？
31. ____在过去的 12 个月中，应激或生活压力会干扰你的性生活吗？
32. ____当你与伴侣做爱时会产生性幻想吗？
33. ____当你手淫时会产生性幻想吗？
34. ____如果你产生性幻想，它是在一种非常浪漫的情境中吗？
35. ____如果你产生性幻想，其中会有你强迫别人的情况吗？
36. ____如果你产生性幻想，其中会有别人强迫你的情况吗？

其他问题：

37. 你现在是否处于恋爱关系中？ □是 □否
38. 你过去的性伴侣数是：____
39. 你与之生活过一个月以上的性伴侣数是：____
40. 第一次性交的年龄是：____
41. 第一次与性伴侣共同生活的年龄是：____

42. 过去 12 个月中的性伴侣数（即使与之仅有过一次性活动的伴侣也算）：____

43. 当你还是一名儿童时，在青春期之前（也就是说，作为一个女孩在月经来潮之前，或者对男孩来说，在声音改变和阴毛长出之前），是否有人带有性意味地触摸过你？ □是　□否

如果是，你认为从那以后这种经历对你的生活是否会有影响？ □是　□否

44. 有时候，人们会度过一段对性生活不感兴趣或者很难获得性满足的阶段。下面是关于你在过去的 12 个月中是否有过这种经历的几个问题。你在过去的 12 个月中是否曾经有过两三个月或者更长的时间存在以下情况（在相应的选项前打钩）？

□缺乏性生活的兴趣

□性爱之前对性生活的能力感到焦虑

□性高潮（包括高潮体验）来得太快

□性交时感到生理疼痛

□没有性快感（即使不感到疼痛）

□无法达到性高潮（包括性高潮体验）

女性：□存在润滑困难

45. 平均而言，在过去 12 个月中，你手淫的频率有多高？

□一天 1 次以上

□每天

□一周 2~3 次

□一周 1 次

□一个月 2~3 次

□一个月 1 次

□每隔一个月 1 次

□一年 3~5 次

□一年 1 次或 2 次

□这一年中根本没有

记住平均数的问题

要记住，在我呈现的数据中，我仅仅概括性地报告了两组之间轻微的平均差异。通常存在着很大的重叠——也就是说，我的每一个表述都存在很多例外。你很可能是这些例外中的一个，但这并不会使你看起来很怪。即使你的经历不同寻常，它们仍然能够帮助你界定什么是高敏感者。在本研究中，我发现很多高敏感者曾经有各种可能的经历，甚至包括无性的恋爱关系。无论你们是否具有两性关系，你们所有人都大可放心，实际上有许多因为各种原因而和你们处于同一情况的人。

为了获得你们的信息，我从 308 名女性和 135 名男性中回收了调查问卷。其中，男性的平均年龄为 48 岁，女性为 46 岁。每名被调查者都做了简版的高敏感者自我测验，同时也完成了调查。我们预计并且也发现其中有些所谓的非高敏感者实际上却是高敏感者，有多少高敏感者取决于我对他们如何划分——我尝试从敏感 - 非敏感连续体上的中间点，或者通过比较非常敏感和非常不敏感这两个方面去划分。结果是相同的。

高敏感者与其他人的相同之处

高敏感者和非高敏感者在下列的性生活问卷中的每一项上的得分非常相似：

- 住在一起的性伴侣数量（第 39 题）。
- 最近的性生活的持续时间（第 2 题）。

• 认为性是生活中最可能满意的组成部分（第 4 题）。

• 被细微的性线索唤起（第 10 题）。

• 切换到性生活中有困难（第 12 题）。

• 喜欢做主动的一方，并且决定你们两个人将要做什么（第 13 题）。

• 性爱时喜欢说话（第 18 题）。

• 性高潮的频次（第 21 题）。

• 手淫的频次（第 45 题）。

• 身体或情绪问题，或者药物会干扰性生活（第 28、29 和 30 题）。

• 幻想强迫他人（第 35 题）。

• 遭受过性虐待，而且被虐待的经历会影响自己的生活（第 43 题）。

• 出现过性功能障碍（如缺乏兴趣、没有快感、阳痿、早泄等）（第 44 题）。

• 性爱时的满足感、担忧、兴奋感或者内疚感（第 3 题）。

所有这些数据都非常令人欣慰。我们同样能够将性本身看作令人满足的，在性生活中同样能够采取主动，也会有兴奋感，没有内疚感和担忧，而且没有与非敏感性相关的性生活问题。简言之，我们看起来没有更多的性压抑或其他方面的性困扰。

高敏感者与其他人的不同之处

在下列的问题中，高敏感者，不管是男性还是女性，都会比非高敏感者更容易说“经常”或者“几乎总是”。所有的这些差异在统计上是显著的，这意味着高敏感者与非高敏感者在下列项目上的平均差异是真正存在的：

- 认为性爱本身有一种神秘感或者力量感（第 23 题）。
- 认为性爱之后很难快速回归日常生活（第 22 题）。
- 不能被强烈而明显的性线索唤起（第 11 题）。
- 哪怕在性唤起的情况下，触摸你的生殖器部位都会感到疼痛或过于紧张（第 15 题）（相对于非高敏感女性而言，高敏感女性尤其更容易选择回答“是”，但是对于高敏感男性和非高敏感男性来说，选择回答“是”的情况差不多）。
- 由于过度兴奋或者过度刺激而需要停止性生活（第 14 题）。
- 分心或中断会破坏性爱的气氛（第 16 题）。
- 当正在做爱或者考虑做爱时，很容易被细微的声音、气味、特定的事物（环境或其他人）打扰（第 20 题）。
- 每次性生活喜欢用相同的物品（第 19 题），而且尤其不喜欢在性生活中变换花样（第 26 题）（虽然高敏感女性和非高敏感女性在这两个题目的回答上存在差异，但是在高敏感男性和非高敏感男性之间的差异更大）。

这些正是我所预期的结果。前两个结果反映了我们对经验的深加工。我们发现性是神秘且强有力的，而且它独立于世俗。当然也很难以一种随性的方式回归到日常生活中。

其他的问题则反映了我们生理的敏感性和对细节的感知会干扰到我们的性生活。我之所以问这些问题，是因为我认为这些问题如果对绝大多数高敏感者来说都是真实存在的，那么对我们来说是一种极大的安慰，它让我们知道我们不是孤军奋战，也让我们更加做回自己，即使这意味着我们有时会兴奋过度或者刺激过度，容易分心或熄火，甚至每次都用相同的物品。（当熟悉的性生活仍然充满神秘和力量时，谁需要改变呢？）这是整个性生活的一部分——如果一个非高敏感伴侣喜欢你的热烈，他或她就必须迎合你的需要和偏好，就像你也必须迎合他或她在性生活或其他兴趣方面较低的感受强度一样，例如，呈现直截了当的性线索或性图片。无论是否是高敏感者，每个人都有自己的性偏好。

高敏感女性与性生活

有时候，高敏感者与非高敏感者之间的差异在女性中要大于男性。下列是高敏感女性有别于非高敏感女性的题目（在这些题目上，高敏感男性和非高敏感男性并不存在差异）：

- 高敏感女性比非高敏感女性在达到性高潮或润滑上遇到的困难更少（第 44 题）。
- 更少感到悲伤、惊恐或害怕，更容易感到被爱（第 3 题）。
- 在过去（第 38 题）和目前（第 42 题）拥有更少的性伴侣。
- 在过去一年中性生活频率较低（第 1 题）。
- 会考虑性关系对对方的影响（第 5 题）。
- 在开始一段性关系之前，会关心性传播疾病或怀孕（第 9 题）。
- 需要享受对伴侣有爱的性生活（第 6 题），与不喜欢的人做爱时很少享受到乐趣（第 8 题）。

• 即使在没有承诺的性关系中，也很少渴望各种各样的性伴侣（第 7 题）。

• 很少轻率地发生性行为（第 24 题）。

• 喜欢少一点性生活（第 25 题）。

• 当与伴侣性爱时很少有性幻想，包括浪漫的性幻想，或者对方强迫自己的幻想（第 32、34、35 题）。

• 第一次性交发生的时间较晚（第 40 题）。

敏感女性的形象是多么有意思啊！加上所有高敏感者的一些事实——强烈的内心体验，容易分心、兴奋过度以及被“小事情”打扰等——高敏感性女性似乎更容易达到性高潮，并且她们与非高敏感性女性一样感到满足。同时，她们的性生活相对较少，而且很少享受性生活。导致这种情况的原因可能是，如果生活的刺激已经很充足了，性生活作为一种一般的刺激源，仅仅是一种潜在的唤醒资源。导致这种结果的一个原因可能是高敏感者经常报告说哪怕在性唤起时，她们的生殖器以各种方式被触摸时都会让她们过于疼痛或紧张。尤其是高敏感女性在性交过程中出现疼痛时可能很难做到去埋怨伴侣，还可能会因为干扰到她们的伴侣的快感而有负罪感，却不会表现出困窘、异常、冷淡或拒绝。但是疼痛就是疼痛，况且高敏感者的疼痛阈限确实较低。

最重要的是，本次调查指出，高敏感女性作为一个群体，她们会慎重、认真地考虑以及会看清楚要与之上床的人的真面目——她们想在爱情关系中表达自己的欲望。这种谨慎可以解释为什么高敏感女性在性高潮中更舒适、更容易感受到被爱，以及更少感受到恐惧和悲伤。真是聪明的女人！

高敏感男性与性生活

高敏感男性在下列问题上的评分可能要比非高敏感男性的评分高（总体上高敏感女性与非高敏感女性在这些问题上并无不同）：

- 当前身处一段恋爱关系中的可能性更大（第 37 题）。
- 性爱时不喜欢放音乐（第 17 题）。
- 酒精会影响性生活的质量（第 27 题）。
- 与伴侣做爱（第 32 题）或手淫（第 33 题）时会产生性幻想。（多么丰富和繁忙的想象啊！）

除了高敏感者与非高敏感者之间一般的差异外，显然高敏感女性与非高敏感女性也并无其他大的差异。鉴于所有的高敏感者都更容易受酒精影响，而且相对于女性，酒精会更容易影响男性的性能力，因此我预计高敏感男性的性生活会更容易受酒精影响。所以，酒精对高敏感女性和男性性能力的影响应该是不同的。

高敏感性、高感觉寻求与性生活

你在第一章填写的问卷中包括一个简版的感觉寻求自我测验。正如我在第一章中所说，感觉寻求与敏感性是相互独立的特质——一个人可能在某一特质上表现较突出，或是在两种特质上都突出或都不突出。

有时候，高感觉寻求会影响性生活的某些方面，而敏感性则不会。在有些案例中，感觉寻求对高敏感者与非高敏感者的影响相同。而另一些时候，感觉寻求和敏感性都会影响性生活的某些方面。在一些案例中，感觉寻求会提高或降低高敏感者的性生活质量。这种情况在接下来的调查结果中尤其清晰，感觉寻求对高敏感女性和男性都有影响，它会减少或降低敏感性对性生活的影响。

回顾我们对高敏感者的总体调查的其中一个结果——一般说来，我们喜欢每次以相同的物品进行性活动（第 19 题）。然而，不管是女性还是男性，对于高感觉寻求者来说，他们很少喜欢每次以相同的方式进行性活动（不要太惊讶）。因此，高敏感 / 非高感觉寻求者最喜欢每次使用相同的物品，而非高敏感 / 高感觉寻求者最不喜欢每次使用相同的物品。高敏感 / 高感觉寻求者以及非高敏感 / 非高感觉寻求者则处于中间水平。另外，这也是感觉寻求降低敏感性的影响，以及这两种气质特质的影响相互抵消的一个例子。

在其他结果上，感觉寻求对女性和男性的影响模式不同。

女性的结果

• 与非高感觉寻求的女性相比，高感觉寻求的女性想拥有更多的性伴侣（第 7 题），而且在她们的一生中实际拥有的性伴侣也更多（第 38 题）。但高敏感女性与非高敏感女性在这一点上并无差别，所以高感觉寻求的影响对每个人来说都一样。如果你是一个高感觉寻求者（高敏感 / 高感觉寻求女性——或者是另一种类型，即非高敏感 / 高感觉寻求女性），你可能比非高感觉寻求 / 高敏感女性或者非高感觉寻求 / 非高敏感女性喜欢更多的性伴侣，而且在一生中实际拥有的性伴侣也更多。

• 高感觉寻求的女性在性生活中也很少激动和兴奋（一个非常有意思

的结果）（第 3 题）。此外，高敏感女性和非高敏感性女性在这一点上却并无更多差别。如果你是一个高敏感 / 高感觉寻求女性，相比于非高感觉寻求 / 高敏感女性，或者非高感觉寻求 / 非高敏感女性，你更可能转移性兴奋。（就像前面的结果一样，对非高敏感 / 高感觉寻求者与非高敏感 / 非高感觉寻求者来说，也存在着类似的差异，但是因为本书主要关注高敏感者，为了保持简洁明了，我不会再描述类似的结果。）

• 高感觉寻求的女性更有可能认为她们会享受与自己不喜欢的人上床（第 8 题）。因为高敏感女性会体验到相反的感受，这是两种气质、特质相互抵消，产生削减作用的一个例子。所以，如果你是一个高敏感和高感觉寻求的女性，你可能会在这一点上居于中间水平（而一个高敏感 / 非高感觉寻求女性则可能在这一点上感受较低）。

• 高感觉寻求女性认为性充满力量和神秘感（第 23 题）。高敏感女性也这样认为。所以，如果你是一个高敏感 / 高感觉寻求女性，这两种特质的叠加会使你发现在任何两种气质特质的叠加中它拥有最神秘和最有力量的性爱。

• 高感觉寻求女性比非高感觉寻求女性有更多的性生活（第 25 题）。我之前说过，高敏感女性可能比非高敏感女性的性生活少一些。所以，如果你是一个高敏感 / 高感觉寻求女性，你可能会处于中间水平——这里敏感性抵消了感觉寻求的作用，而且是两种特质相互抵消。

• 如果你是一个高敏感 / 高感觉寻求女性，那么你在过去一年中手淫的次数可能会较少（第 45 题）。

• 高感觉寻求女性比非高感觉寻求女性在手淫时更容易产生性幻想（第 33 题）。高敏感女性和非高敏感性女性在这一个问题上并无差异，所以，如果你是一个高敏感 / 高感觉寻求女性，你会比高敏感 / 非高感觉寻求女性更可能在手淫时产生性幻想。

简而言之，如果你是一个高敏感/高感觉寻求女性，尽管你很少在性生活中兴奋，而且也很少手淫，但你的感觉寻求会增添你对多样性化伴侣的兴趣，让你喜欢更频繁的性生活，享受与不喜欢的人上床，喜欢性生活的美妙感觉，甚至在性生活中感受到更多的力量和神秘感。如果你在感觉寻求上得分不高，那么我认为你并没有任何损失。为什么这么说呢？因为撇开媒体，你的本性并不想要上述的所有感受。就像马不吃肉，狼不吃燕麦一样。

对于高敏感/高感觉寻求女性更享受性生活这一结果，我要说什么呢？这可能仅仅是因为她们为包括性在内的所有相对新奇的感觉和体验所带来的一种热情光环。此外，身为高敏感/非高感觉寻求女性的你在开始羡慕高敏感/高感觉寻求女性之前，要想想高敏感/高感觉寻求女性不可能像你一样从她们认为的很少有感觉的活动中得到很多快乐，例如安静的思考。草地总是看上去更绿，可能是因为我们本能地选择了适合我们中枢神经系统的一块草地。

男性的结果

- 无论敏感与否，高感觉寻求男性都发现，他们的性生活相对于非高感觉寻求男性更会受到情绪问题（第 30 题）以及应激或压力问题（第 31 题）的影响。这或许是因为高感觉寻求者在生活中可能有更多的潜在问题。高敏感男性与非高敏感男性在这一点上并无差别（这本身是一个很有意思的结果），所以高感觉寻求增强了这种可能性——如果你是一个高敏感/高感觉寻求男性，你可能比一个高敏感/非高感觉寻求男性更可能遇到这些问题。

• 无论敏感与否，高感觉寻求男性都不太可能有与缺乏快感相关的性生活问题（第 44 题）。高敏感男性与非高敏感男性在这一点上并无差别，如果你是一个高敏感 / 高感觉寻求男性，你遇到此类问题的可能性会比高敏感 / 非高感觉寻求男性更小。

• 高敏感同时又是非高感觉寻求的男性会比任何其他类型组合的男性更容易在性爱过程中因分心而感到扫兴（第 16 题）。

• 同时具备高敏感和高感觉寻求两种气质的男性，一年中的性伴侣平均不到一个，而其他三种类型的男性一年中平均拥有一个性伴侣（第 42 题）。这可能意味着，如果你既敏感又是一个感觉寻求者，对你来说寻找或维持一个长期满意的性关系比较难。因为你的最佳唤醒范围比较狭窄，你可能想要你的伴侣既要充满活力和趣味，又要思想深刻——再加上要能理解一个有时候想要兴奋和亲密，有时候又想要独处的矛盾类型的男人。

来自调查对象的点评

现在我们已经了解了所有这些平均的差异，接下来听听其中一些受访者的声音吧。

高敏感者性生活的发展

少数高敏感者，尤其是那些较为年轻的高敏感者，描述了自己经过反复试验之后才逐渐明白他们对性的敏感感受的过程。一位 32 岁的女性把它称为“180 度的转身”：

> 很奇怪，我发现与自己的非高敏感的女性朋友相比，我的性伴侣数量稍多。其中大多数的性伴侣是我在20多岁交往的，那时正是我越来越关注（半意识地）自己的高敏感性，并积极与之斗争以试图变得“正常”的时候。大家一遍遍地告诉我，我太敏感了，所以必须要坚强起来，否则会在生活中无法走远……可是，最后我真的恋爱了。

然后，她描述了自己在极度兴奋时刻的情绪和感受。这段感情维系了近三年并最终以失败告终，这很大程度上是因为这对恋人无法理解他们彼此间的气质差异。她感到心碎，却永远也不会忘记他们肌肤相亲时令人激动的“精神体验”。之后她过了三年的“独身”生活。她对高敏感者需求的理解和标准已经“永远改变”了。她发现，如今自己作为一个彻头彻尾的高敏感者，单单是“能有找对象的想法就已经是一项艰巨的任务了——我也正在考虑这个问题”。

另一名女性给我们讲述了一个类似的故事，她在二十来岁时有很多床伴，而到47岁时，已经十年没有性伴侣了。

> 与我自己生活的其他所有方面类似，在早些年的性经历中，我对自己以及我的高敏感性特质感到不真实。自我意识和自尊的增长深刻改变了一个高敏感者对性的看法。

另一方面，有些高敏感者从最初的没有经验到现在逐渐感受到了他们的与众不同。一个26岁的年轻人描述了自己到现在还没有性生活的原因是没有感受到真爱。“我的感受很强烈，我希望有人能尊重我的敏感。我向往并且渴望去享受性爱。我认为自己的敏感并不会妨碍自己——事实上，我反而认为敏感会促进性生活。”然而，她仍然在等待。

并不是只有高敏感女性会遇到这种状况。我曾经访谈过一个33岁的高敏感男性，他当时坚定地说：“我只确定一件事，那就是我必须要恋爱，必须要在恋爱之前了解女性。我总是希望自己与众不同……恐惧的一部分原因是害怕被拒绝，所以我要等到确信自己真正喜欢一个人，并且她也喜欢我时再采取行动。而正是因为这种小心谨慎我才没有遭到很多拒绝。”

学会选择并非意味着异性恋是唯一的选择。一个 40 岁的同性恋男人写道，他年轻时和很多人交往过，但是由于自己的敏感，他对那些没有情绪、生理和精神“三因素”共鸣的感情不再眷恋。他发现大约只有 20% 的男同性恋像他一样敏感，所以他认为自己必须保持耐心来寻找合适的敏感伴侣。

我们对快感非常（不要惊讶）敏感

许多高敏感者认为他们的性快感是紧张——可能这样是不寻常的。例如，一位女性是这样描述的：

> 我在生理上总是对性快感比较敏感，因为即使是最轻微的接触或抚摸都能使我获得极大的满足。当我被亲吻时，我的唤醒水平很高，牙齿颤抖，头皮发麻，而且会发出愉快的呻吟声。
>
> 我经常在想，自己的敏感特性是不是我获得快感的一种“优势”。我对此表示怀疑。

另一位女性描述她自己快“过度兴奋”时，会要求伴侣停止性行为，然后她再帮伴侣获得高潮，这样一来他们就纯粹是通过她的敏感性来获得同时的高潮。她如是说道：

> 在我的身体开始颤抖的过程中，我感到了一些放松，尽管这不是真正的高潮。这种颤抖经常在我的伴侣开始高潮之前就出现了。然后，我们两个都开始扭动，虽然还没有开始做爱，但接着我们就一起达到高潮了。我似乎能感觉到我的伴侣的感受和自己的身体反应。这

些直觉刺激了我的高潮。

还有人同时关注到了与敏感相关的快感和疼痛。一位48岁的女性写道，她能够感受到“阴蒂、阴道的张开，阴道、宫颈、子宫和卵巢的性高潮。我觉得高敏感者的意识能把高潮时的感觉细分为这种有用的、能用的感受”。

这位女性还报告说，从青少年时期起，她就意识到自己和别人不一样——她能对电影、书籍以及别人的谈话做出区分。对她来说，性总是充满“力量和神秘感”，就算其他人以一种浅显的方式谈论性，也会“完全刺激到我的敏感性”。

> 如果一切并不能完全如高敏感者所愿，那么性行为有时候可能是痛苦的。非常细微的刺激都可能会导致事情发生突然的变化，这一点在我的伴侣（一个非敏感者）身上似乎更明显。我也会由于过度敏感的感觉而出现问题。例如，我对生殖器区域的异味就特别敏感。

当她让自己的第一个性伴侣去洗澡时，他认为在她眼里性本身是“脏的”。她现在认识到是因为他的嗅觉不够敏锐，但是这些误会在她的记忆中是相当痛苦的。

性生活与情感联结

许多高敏感者注意到自己与性伴侣之间强烈的情感联结。我先前提到过一位女性，她在没有任何其他刺激，仅仅在感知自己的伴侣时就会有性高潮。一位55岁的高敏感女性是这样描写的：

> 在我三十年的婚姻期间，尤其是在婚姻的最后阶段，我越来越清晰地认识到性的结合本身就是一种深刻的内心交流。我经常关注丈夫的感受……也因此我深谙性的结合的重要性。

情感联结的重要性也通过一些事实展现出来，有些高敏感者发现如果没有情感上的联结，那要获得性快感几乎是不可能的，这位 48 岁的女性给出了解释：

> 我与伴侣之间的性体验既少又疏远。我的婚姻仅仅维持了两年。我与其他伴侣的每一段性关系也仅维持了 6 个月或者更少。作为一个超级高敏感者（我在你们提供的自我测验上达到了满分），在一段关系中我要花很长时间才会准备好去体验亲密……而遇到一个愿意给我那么多时间的男性又很难……我从未与伴侣有过性高潮……因为我的性高潮通常会很紧张，当我手淫时（自己长期形成的一种习惯），我感觉其效果可能与跟伴侣发生关系时的高潮差不多。然而，我从来没有机会去探索手淫时的高潮与伴侣之间的高潮有何差异。

性生活障碍

虽然在平均水平上，高敏感者的性生活并未比非高敏感者的性生活因性功能障碍、疾病、压力、药物、关系不良以及性虐待史而受到更多的影响，但是也有少数高敏感者报告称停经、伴侣缺乏兴趣以及先前的性虐待经历以各种方式影响了他们的性生活。

其中一个最心酸的故事就是童年期的生理创伤如何造成了成年期的性问题。这个故事的主人公就是布鲁斯，他是一个非常敏感的男人，在 7 岁时患了脊髓灰质炎，病情非常严重，以至于有两次他以为自己濒临死亡。当他成年恋爱后，尝试与自己年轻的妻子发生关系时，他完全无法射精。心理治疗揭示了这个病因：住院时他的绝大多数护士都是女性，这些护士必须要“侵犯”他（抽空他的胃，抽吸肺部），这让他不敢相信任何试图从他身体里获取东西的女性，包括获取他的精液的女性。

布鲁斯的妻子这些年以来一直坚守在他的身边，尽管情况还远未达到理想的程度，但是现在已经有了突破和进展。他们发现，原来他们的感情是如此深沉而强烈。

实际上，他们感到他们之间的难题使彼此的爱更牢固了，他们对这整件事的接纳也使他们坚强起来。或许布鲁斯的故事传递出的信息是，让人满意的性生活可能很重要，而且值得双方为之努力，但它并不是全部。

给高敏感者关于性生活的一些建议

在绝大多数情况下，给高敏感者的关于营造良好亲密关系的一些建议也同样适用于创造和谐的性关系。但是有几点值得强调。

关于欲望

对性生活来说，我们必须要有欲望。不管是否是高敏感者，年轻男性似乎不太会有欲望方面的问题。但是据我观察，对许多高敏感女性来说欲望可能会成为一个问题，或许对成熟的和缺乏性激素的男性也是如此。欲望问题通常都是心理层面的，而非生理层面的。为了获得重复、可靠的欲望，包括高敏感者在内的人必须要在每一次的性生活中感受到真正的快乐。为了获得快感，他们必须要放松，而且体验到的疼痛要很少或者干脆不经历疼痛。毕竟，没人会在非性感觉方面被过度唤醒后再被性唤醒——例如，在忙碌了一天之后。因为高敏感者很关注他人的需求，所以即使我们不够放松或者没有欲望时，仅仅是为了取悦我们的伴侣，我们也可能会进行性行为。有时这种做法可以行得通，而且最后我们也会享受其中。但是，通常当我们确实不想做爱时，不管以何种方式来进行，它都不会令人愉快。所以，性爱是一件非常自然的事，如果违背自己的意愿而行事，那么下次也就不会那么想做了。

在屈服于欲望之前，有许多理由可以用来进行“暂停 - 检视”，如担心表现不佳、性生活氛围压抑、有性虐待阴影、担心性疾病传播或怀疑对方不可靠等，在此仅列举几种可用的理由。因为高敏感者在行动前会停下来对潜在的危险做出思考，所以当我们有充分的理由来怀疑这些危险时会失去性欲。

我们能为此做些什么呢？

1. **保持耐心**。如果你有性伴侣，他或她也需要耐心。但是要对性生活主动一点。通常情况下，性欲没有得到关注是不会提高的。

2. **要与你的伴侣就你们喜欢什么和不喜欢什么进行充分的沟通，而不是猜忌或把自己的想法投射给对方**。（如果你没有伴侣，那就自己探索这个问题——或许可以与想象中的性自我来沟通。）关于性的沟通需要信任，就如性本身一样。因为你可能会在这方面经常感受到被批评或被拒绝的危险，所以必须精心建立起性方面的信任感，要沟通再沟通——信任不是凭空而来的。

3. **虽然做你真正喜欢的事情可能没有你想象的取悦他人那样多变或吸引人，但还是要尝试只做你真正喜欢的事情**。当然，你也要考虑你伴侣的喜好。但是如果你们中的一方在性爱时采取了你并不喜欢的方式，那么你们都将长期饱受其害。你的欲望将会蒸发殆尽。也有一种可能是，在性爱过程中采用你伴侣喜欢的一种方式，你甚至也会在这一次中获得快感，但是下次绝不会是这种感觉了。如果感觉不好，你可以随时拒绝该行为，哪怕是性爱进行到一半时。

4. **如果你的性欲比你的伴侣弱，那么你们两个应该把你作为主动发起的那一位**。至少要这样持续一段时间。这样做会使你在感兴趣时强迫自己去关注，而且如果你没有压力，那么你终归会感兴趣的。你要支配自己的性躯体。这种策略避免了我们在第五章中所说的夫妻“分裂”——你不想让自己的伴侣知道你总是有欲望，你就会成为从不主动的那一位。所以，不要用性来取悦或者迎合你的伴侣，至少不要为了片刻的取悦而这样做。如果你不喜欢性爱，就不要卷入其中。他或她可以经常手淫。（然而，如果你和自己的伴侣在性生活的频率上有很大的失谐，那么你很可能需要进一步探索，或许可以咨询专门从事性问题研究的两性关系顾问。）

5. **在你与另一个人开始性接触前，趁独处时反思你的性欲**。一旦与他人发生了关系，所有的感官刺激都可能会分散你身体的欲望信号。独处时，你可以用自己完美的想象力来预想性爱的感受如何，并且控制住对方的性行为，给自己的性反应一个“跳跃的开端”。

6. **享受你的性梦**。并且当别人在你清醒时说你“性”趣良好时，相信他们的话。

7. **如果在性爱过程中有烦恼萦绕心头，那也别担心**。让你们双方的躯体尽情玩乐，并且要相信你们会度过一段美好的时光。当你能够享受其中时便不会再去想那些烦恼。

8. **如果性幻想能帮助你，那就尽情享受**。高敏感者可能会担心在与伴侣发生性爱的过程中想象除了伴侣以外的事情是不“正确”的，但有时候，我们这些敏感者比其他人更需要一把能把日常生活从性生活的变化状态中分离出去的助推力。大多数人即使在与伴侣做爱时也会有性想象，而且研究表明那些有性幻想的被试要比那些没有性幻想的被试拥有更幸福的两性关系——只要他们幻想的不是某个他们想出轨的对象就好！

对恋爱中的人们的其他建议

即使感情欲望对你来说不是问题，你的气质也暗示着下面的问题可能很重要。

1. **要认识到你的气质与你伴侣的气质会影响你们的性生活**。要找到一种途径来接纳你们的气质影响你们彼此的方式。在这一点上可能会令你失望——或许你的非高敏感伴侣永远都不像你一样认为性爱充满神秘感和力量，但是你的非高敏感伴侣也会因为你不会为在飞机洗手间里做爱感到兴奋这种事而感到遗憾。如果你们两个都是高敏感者，或许你会因两个人都容易失去“性”趣而感到失望。如果你们接受彼此的天性，减少对彼此不可能的改变的要求，那么你们都会感觉更自由，也会少些不足感或防御。这可能是一个相当不错的礼物。

2. **了解**。去了解自己和伴侣的性躯体。了解能取悦你们双方的技巧，而且要充分利用只有高敏感者才有的智慧。

3. **要灵活**。这并不是要你必须应允那些会使你（作为一个高敏感者）熄火的要求。恰恰相反——如果你是灵活的，你可能会有令双方都满意的一些发现。

对未恋爱的人们的建议

如果你没有恋爱，那么你的性自我仍然非常真实而且也值得关注。

1. **独自享受性**。根据我的数据，高敏感者与非高敏感者一样喜欢手淫，所以我希望你轻松享受独自一人的性生活。虽然每个人都需要在这个问题上达到自己的期望，但是有证据表明手淫与健康和快乐密切相关。热爱你的身体，并且让它经常感受到自己的性能量是一件好事。那些没有性伴侣的人不应该放弃自发的性能量。

2. **呵护你的激情。**如果你希望找一位性伴侣，那么保持你的欲望之花的盛开就非常重要，而不是直到遇见某人再去修剪欲望之花。性欲会诱发渴望，而性冷淡会带走渴望。如果你压抑自己所有的性能量，你就可能一点也不会意识到沟通是件净赚的事情，你仍然不去与人交流。

3. **要记住，欲望并非如大家所描绘的那样意味着缺乏辨别力。**高敏感女性认为自己的性渴望仍然不被大家所接受。高敏感男性认为自己不会饥不择食。你可能仍然会因某人或某种情境而压抑欲望，但这并不能掩盖你的欲望存在的事实。行为上的暂停－检视系统与激活系统是两个相互独立的系统。虽然你可能想采取行动，但即使那是明智之举，你也仍然会停下来。

4. **如果无性活动是你的选择或是你所处环境下的结果，那就以一种新的方式来思考关于无性活动的问题。**许多高敏感女性和高敏感男性做法相同。希望大家最好记住，在少数文化中，例如，在印度文化中，抑制所有的性活动被视作培养更高境界和精神力量的重要方面。虽然男性更多采用这种方式，但达到此种境界的女性尤其会被众人景仰，甚至让人望而生畏，因为她们所想的内在力量需要以这种方式获得。纵观历史长河，尤其是僧侣们通常会戒色。在我们的文化中，皱眉显然不代表某个观点是完全错误的，这是一种过时的表情——倘若你把节欲看作为了更高目的的苦行，那就是一种大智慧，你也会从中受益。

对高敏感者来说——一种对性的更深的洞察

我发现自己曾经阅读过的很多关于性生活的信息很实用但很肤浅。我不会让你们在本章中有相同的感受。下面是对我所认为的高敏感者描述的性生活的简单引述。他们的话可以让我燃起熊熊欲火。以下描述可以算是高敏感者的色情作品。

摘自劳伦斯 (D.H.Lawrence)：

婚姻是血液间的通信联系。血液是灵魂和深层意识的实体……男人和女人的血液是两种永远不同的涓流，它们永远不会交融……这两条河流环绕起来构成了生活的全部，在婚姻中这个环是完整的，而在性中这两条河流相互触碰、相互补充，不存在混合或混淆。我们知道这一点。阴茎就是填充女性血液之谷的一个血液圆柱体。男性的血液之河触及女性的血液之河的最深处——而不会突破其边界。正如所有的宗教都认为的那样，这是最深处的交流。

劳伦斯的"婚姻建议"？

人类正在濒临灭亡。这就像一棵被连根拔起的大树，它的根部裸露在空气中。我们必须再次把我们自己植根于宇宙之中。让我们现在就为放弃目前微不足道的生活并在更伟大的生活中获得重生做些准备，去触摸一个移动中的宇宙。

摘自里尔克 (Ranier Maria Rilke)：

也许这个世界的伟大重生将包含：已摆脱情感困惑和欲望的男女为了简单、真诚、耐心地共同承担起赋予他们性的重任，不再作为对立的双方寻觅彼此，而是简单地作为家庭中的一员和邻居，并作为人类团结起来。他们在晚上相会，在激情的欲望中交织在一起，是为了执行一个严肃的任务，是为了未来某个诗人对这种难以言表的幸福进行传颂和升华，而收集“甜蜜”、深沉和力量。

大地充满着下至她最微小事物的秘密。哦，我们可能只是以更加恭顺的方式接受了这样的秘密，更加诚挚地承载它，忍耐它。我们感到非常困难，并不能轻松应对。

但是不要担心自己是否意识到这一切，因为“尽管他们会犯错也会盲目接受，未来还是会到来……谁与秘密的错误相伴……只是因为自己的原因而失去它，但仍然会将其传递下去，这就像一封密封的信，不知道里面是什么”。

摘自贝恩德·耶格 (Bernd Jager)

现象学家耶格认为性激情是一种肢体的反抗。在日常生活中，“表面支配着内涵”就像头支配着身体一样。

在激情时刻，内心的想法不再支撑光鲜的外表。它会流露出来，并且会打破迷人的灯光游戏以及事物的光鲜外壳。

任何事物都会展现其隐藏的本质，而我们是同它们秘密联系在一起的。我们与所有这些事物的交流不再仅仅依靠光，靠检查或推断，而是靠一种更密切的关系，即我们的肉体……

我们感受到自己肉体的骚动……在激情时刻，我们如同交融的血管，其中隆起的部分聚在一起，通过这种方式来试探自己，从而渐入佳境。在这里所有的快感都会从深处及中心以波纹形式散布开来。这里的外表是绷紧的鼓面或者铁道上拉紧的钢轨，我们捂住耳朵去听即将到来的隆隆作响的声音。

即将到来的性高潮就像一场旅行的终点，终点就是“一个好的舵手，在做了自己能做的事情后，把自己系在船舵上，并且把自己托付给浪花，让它把自己带走。……在激情的最高点，水会推着船走”。

这种跳跃和间断在性器官中也会出现。耶格将双手视作一种用来探索外部世界、工作以及遵从我们意志的设计。而“性器官是指向内部、用来孕育的器官，对白昼世界的工作来说是无用的，而且也没有反应。阴茎的勃起和萎缩并非一种壮举，也不能说是灵活的……”。到了晚上，我们不再是一个手持工具的劳动者（除非说我们是这个无工作的夜晚世界的仆人），而是成为一个根本不能说是工具的工具。

结语

性——里尔克的这封关于为了将来某个诗人能传颂这种难以言表的幸福，而进行收集“甜蜜”、深沉和力量这份严肃的工作的密封信——其实也是一个高敏感者的幸福和责任。相比于非高敏感者，这可能会是一份别样的幸福和责任。请珍惜这种不同。

第九章

高敏感者的精神之旅：安全的爱引路，回归安全的爱

在我所做的所有访谈里，高敏感者都乐于谈论他们关系里的精神层面。为了纪念这一点，本章的目的不是记录他们所说的话，而是进一步探讨这些话背后的深意。从一个高敏感者的角度来看，已有的大多数关于关系的文章都有点流于表面——怎样快乐起来，怎样保持快乐，但精神及其转变，作为一种关系以及关系里的因素，却被忽略了。我认为，在这样一本关于高敏感者的书里，不能忽略这些方面。

我们一开始将讨论对于大多数人来说，首要关系是什么。不论从哪一方面来说，这里指的都不是我们与父母的关系，而是我们与上帝、精神、自我的关系。至少对于有些人来说，人类所有的关系都影响着这一终极关系，且被这一终极关系影响着。对于其他一些高敏感者来说，精神是一个难以启齿甚至是要回避的话题，但如果你想多了解它一点，你可能会发现，回归到对亲密的恐惧（第三章的主题）这个问题上可能会有所帮助。但这次，我们要讨论对与上帝、精神或自我亲近的恐惧。我们也会讨论我们的内在爱人如何指引我们与自我亲近，以及更多关于这种亲密感的内容。最后，我们将回到人类的爱情这一主题上，尤其是高敏感者与伴侣在

经年累月的生活中如何进行精神交流。

我们这些高敏感者，作为文化的传教士，本打算全面理解关系深入的，有时候是黑暗的，有时候是高度精神性的方面。当扭曲的爱导致的痛苦和欲望以战争和暴行的方式表现出来的时候，它们折磨着这个地球。即便是最智慧的头脑，也难以回答这个问题，即如何处理人类本性中的爱 / 恨，尤其是当人们迷恋某个重要他人时，这个重要他人可能是爱人、领导、民族或者上帝。我们思考我们的关系的真正意义，正如投资者思考他们的股票的真正价值（并不是说我们不会在某时考虑股票）。这个世界上已经有很多人关心股票，如果把这些人的信息写到纸上、装进仓库，那么这些人的信息将装满整个佛蒙特州。而关于亲密关系中的那些深入的方面（无意识的、精神性的）的信息还装不满一抽屉。但是哪一个主题更可能影响人类的下一个千年？因此，无论你现在处于何种关系中——婚姻关系，其他的伴侣关系、友谊、家庭关系、治疗关系——这一章的目的就是激发你自己的关于爱的智慧。让我们开始吧。

精神是看见不可见者

我们每个人都有我们自己关于精神的一些看法，我非常愿意尊重你们的看法。或许我们应该从澄清我的看法开始，当然你需要记住的是这只是我的看法，你并不需要同意。我表达我的看法并不是要划定一条界线，而是澄清我的看法可能帮助你们澄清你们自己的看法，因此当谈论到某个话题的时候，我们就能够跟其他人分享这些看法了。（这也是为什么在《高敏感者手册》这一本书里，我敦促你写下你信仰的宗教里的一些戒律、箴言，不管这些戒律、箴言是什么。）

我的感觉是，精神或者上帝无处不在，尽管我们更容易看见不可见者——这有点矛盾意味。为了看见那些不可见者，我们从文化中那些蕴藏在艺术与法律里面的价值观——面具之下的人格——开始。如果我们深入思考，这些蕴藏的东西就是约翰·德斯安所说的普遍精神，明智的、适应良好的个人和集体精神（尽管这里面也可能有阴影）。如果我们再进一步思考那些不可见者——来去无踪的呼吸，植物里的汁液，自然界里那些奇怪的自然美景——我们就触到了精神的精髓，这神秘的、本能的汁液哺育着万物，使得我们像现在这样热爱万事万物。

最后，对于那些思考得更深入的人来说，那些不可见者还有更深层的方面、精神精髓的来源——圣灵、上帝、婆罗门、救世主、真主，以及绝对的和纯净的意识。谁知道这些来源呢？在某种程度上，没有人知道。但是那些敏感的、不断求索的人，会与之越来越近。因为我们这些高敏感者通常能看见其他人不能看见的东西，能直觉到现象背后的东西。你可以说我们具有精神天赋——我们可以在所有这些水平上弄清楚精神到底是什么。这些是我对精神的看法。

我们带到关系中的另一项资产——精神天赋

来自我自己的证据

我曾经见过成千上万的高敏感者，有些是在小组中见的，有些是单独见的，我观察到以下现象。

1. **沉默的质量**。当小组中只有高敏感者时，比如开例会，或者听我演讲时，无论他们是在听，还是在等我讲话，或者是在冥想，他们通常都会陷入深度沉默中，这种沉默一般只出现在庄重的场合里或者那些探索精神世界的小组中。他们似乎沉浸到了那个不可见的世界里。

2. **道德倾向**。高敏感者一般都很体贴他人，至少从表面来看，这是很多宗教教义所提倡的宗教态度的一部分。我们没有人是圣洁的，而且圣教徒通常也会有阴暗的一面——例如，我们可能在一定程度上出于对他人的反应的恐惧而表现得和善，但私下里我们希望成为一个超级令人讨厌的人。但是，无论何人，当他跟高敏感者说话的时候，他们会觉得，相比于混合型气质的人，高敏感者更会倾听，更会支持，在小事情上更加体贴（很少窃窃私语、离座、抱怨）。高敏感者偏爱那种看不见的情感氛围。

3. **渴望精神体验**。我们寻求精神体验，也因此会经常拥有这种体验。例如，当我提供机会让他们冥想、自省或者祈祷时，高敏感者往往能很自如地转向内部世界，而非高敏感者却通常不能自如地做到这些，他们会焦虑或者生气地询问他们应该做什么。高敏感者从童年早期开始就会常常有精神体验，即便他们还没有宗教体验，他们也会认同“我的内在世界丰富而复杂”。他们熟悉那个内在的、看不见的世界。

4. **灵性浸润生命**。高敏感者会在生活的方方面面表达灵性。如果被问起——即便没有被问起——他们比非高敏感者更多地谈论这一话题。我们会经常去进行宗教服务，或者进行精神、哲学方面的讨论。事实上，我们往往是探索者。我们可能把自己的职业、健康甚至所有一切都看作我们灵魂的一部分。因此，我们当然也会如此看待我们的爱情和关系——把它们看作精神之旅，通往更大的智慧、谦逊或者生命的统一体，或作为衡量我们离精神目标远近的指标。我们在万事万物中看见了那些不可见者。

遗传学的证据

是什么导致高敏感者或者其他人注重精神？在某些圈子里，比较流行的看法是，脆弱或者无知导致了人们对宗教或精神的兴趣——人们在无法面对现实的艰难或难以接受“科学事实”时往往会转向精神世界。这种轻视在那些非高度敏感的武士国王中很常见，而我则认为这些人缺乏高敏感者/祭司所具备的灵性才能。

当然，武士国王有他们自己的才能，在“面对不堪的现实”时能够不计后果地勇往直前，就像高敏感者一样。这很好，但是，由于这个社会偏爱武士国王的这种坚忍不拔的品质，精神方面的品质被完全无视了，这是不对的。

一项由行为遗传学家肯尼斯·肯德勒(Kenneth Kendler)、查尔斯·加德勒(Charles Gardener)和卡罗尔·普雷斯科特(Carol Prescott)进行的研究发现，类似于我们所说的灵性才能方面的一些东西在一定程度上是遗传的，就像音乐能力是部分遗传的一样。他们设计了一项研究来考察宗教信仰、酒精依赖、精神疾病以及这些特征的遗传性及其之间的关系。他们访谈了2 000个女性，其中包括500个同卵双胞胎和350个异卵双胞胎，他们询问了这些被试的三个宗教特征：个人信仰（精神对于日常生活的重要性，私人祈祷，寻求精神上的舒适）、个人化的宗教保守主义（例如，她们是否认同《圣经》是真实的），以及机构化的宗教保守主义（她们是否经常去保守教堂）。

如果某一项特征在很大程度上是由遗传决定的，那么同卵双胞胎在这个特征上的相似度应该是最高的（因为她们具有完全相同的基因）。如果环境是最主要的影响因素，那么基因不完全相同的兄弟姐妹与同卵双胞胎的相似度应该是差不多的。因此，同卵双胞胎和异卵双胞胎在这一特征上的相似度是相等的——因为异卵双胞胎的基因与一般的兄弟姐妹的基因相似度是相同的。（顺便说一下，关于高敏感者的类似研究的一个原因是，人们认为敏感性是遗传的。）

结果发现，同卵双胞胎在个人信仰方面的相似性要比异卵双胞胎要高。也就是说，寻求或拥有精神体验的倾向是遗传的。但是，在个人化或机构化的宗教保守主义方面，同卵双胞胎和异卵双胞胎的相似度并没有什么区别，这表明这些方面更多地受到家庭、社区环境因素的影响。

同样值得注意的是，由于压力的原因，在那些酗酒者或者抑郁者中，个人信仰更少见，而不是更常见，而且个人信仰与所有的精神障碍之间都没有关系。关于宗教体验源自脆弱的理论就说到这里。受教育的年限越长，个人的信仰也越坚定。关于宗教情感源于无知的理论也就说到这里。

当然，这项研究并不是关于高敏感者的。研究发现，有些东西是受到基因影响的，但是它并没有告诉我们哪个基因影响了它。但是，我能很高兴地保证，这绝不是一个“宗教基因”，而是我们神经系统里一些更基本的东西——一种停下来、反思、意识到细微差别的倾向。也就是说遗传而来的敏感性。

精神是一种关系

这本书是关于人类爱情、人类关系的。然而，毫无疑问，我们爱别人的能力会被我们的精神所影响。同时，我认为反过来也成立，即我们与圣灵建立亲密关系的能力会被我们的人际关系所影响。毕竟，任何宗教与精神体验，从佛教禅宗、神道教到基督教，都强调个体及精神之间的关系。我们在与他人的关系中获得的个人体验要如何才能不影响我们在与圣灵、宇宙以及自我的关系中的感知呢？

暂停一下。显然，我必须想出一个术语来表达那些终极的不可见者，而不是一直说“上帝、精神、圣灵等等”。我选择用“本我”这个词，这主要是因为我想讨论荣格主义心理学中的自我－本我轴的概念，就像爱德华·爱丁格（Edward Edinger）在《自我及其原型》一书中所描述的那样。但是我还是最好解释一下本我这个术语。这个术语并不是指对上帝自恋式的拒绝。它是对东方观点的一种传统翻译。在东方观念中，我们每个人的个体意识都是更大的意识，即本我的一部分，本我囊括万事万物，因为万事万物都是上帝意识的展示。它反映了我们大多数人的一种直觉，即上帝是不可知的，但是我们每个人对本我的这种体验并不是不可知的。事实上，你也可以说，本我归根结底就是个体自己所经历的所有事情。

个体究竟是“与上帝一体的”，还是与上帝分离但忠于上帝的，这二者在神学上是有非常大的区别的。虽然从我个人来说，我并没有发现这两种体验有什么矛盾之处。它们就像是光的波粒二象性一样——如果你想了解本我，拒绝任何一种可能出现的形式都是没有好处的。这两种体验非常像我们人类关系中的体验——有时候，我们会感觉跟他人是融为一体的，有时候，我们又会觉得我们独立于他人但忠于他人。

自我－本我轴的另一半，是关于自我的，就是你的意识。因此剩下的需要定义的就是轴。在爱丁格的定义中，轴就是一条直线，连接着两个物体，这两个物体可以出现在直线上的任何位置。无论二者之间距离远近，它们之间的联系始终存在，看不见，但是很强大。

当然，尽管我们试着用各种词语来描述轴，但是它太丰富，难以用任何一个隐喻来描述。你也可以简单地说，自我 – 本我联结就是一根脐带，联结着孕育你那尚未成型的自我的母体。或者说本我就是一个浴缸，你的自我在里面洗澡，或者也可以说本我是海洋，你的自我从海洋进化而来，就像生命源于海洋。这些隐喻想要表达的是，本我最终就是整个心灵，个人的也好，集体的也好，是德斯安的普遍精神与本质精神的结合体，包括所有的典型特征以及你自己的自我。你的自我来自整体，同时也是整体的一部分，就像孩子虽然会逐渐与家庭分离，但仍然是家庭的一部分。

自我 – 本我轴与早期关系

对于许多人来说，像自我 – 本我轴以及灵性这样的概念是先验世界的一部分——如果这个世界真的存在的话——它与亲密关系毫不相干。但我又认为，个人关系以及我们与超然世界的关系错综复杂，交织在一起。当我们忘记这一点的时候，我们也就意识不到通往精神的脐带。因此，让我们回顾一下这些意识。

根据爱丁格以及荣格（他创造了自我 – 本我轴这一术语）的观点，我们自本我里开始生活，直到童年早期，我们与本我仍然是一个无意识的统一体。对本我的完全认同使婴儿与学步儿童更加沾沾自喜与贪心，散发着迷人的光芒，更加自然、强大，这是一种本能的、无意识的反应。（在成人身上就没那么迷人了。）大概两岁左右，我们开始产生自我意识，我们不再像以前那样无知，我们对自身的个性开始有了意识。我们开始从本我里面分离出来，天堂不再，轴线出现——现在有了关系。

但在那个年纪，最重要的关系是与照料者之间的关系，因此我们会把自己关于本我的一些缩略的记忆投射到照料者身上，与父母形成自我 – 本我关系。但渐渐地我们会意识到父母并不是完美的——他们也不是我们那丢失的本我。（如果这个过程不是循序渐进的，那么我们可能会撕裂父母那些不好的部分——例如，否认它们或者把它们归咎于我们自己——或者撕裂父母/自我，认为父母全是坏的，而其他一些真实存在的或假想的人都是好的。）

由于我们不愿意把本我投射到父母身上，我们会从其他地方寻找本我，可能是老师，也可能是初恋。当许许多多的特殊他人都不能像本我一样完整、美妙时，我们可能停止寻找，认为没有人值得我们去理想化本我，甚至在无意中放弃本我。或者我们会皈依某个能够接纳我们投射的宗教——这就是我们信仰某个宗教的一个原因。但是许多人发现，他们信仰的宗教其实并不能达到这个目的，他们对本我存在的怀疑只会加深。

但是，高敏感者通常不会这么轻易放弃。确实，尤其是作为刚刚成年的人，我们可能决定自给自足，在这个世界里寻找目标，忘记那渐行渐远的梦想。但是这种方法很少能长时间管用。对于高敏感者来说，那些没有意义（终极的、精神的意义）的目标一般来说并不令人满意。不知道该做什么、该去哪里，我们最终进入了自我-本我疏离的状态——我们在我们的轴上尽可能地远离本我。在这种状态下，高敏感者会感到孤独，觉得宇宙是空洞的、没有神灵的、缺乏魅力的。

高敏感者的循环往复

对于非高敏感者来说，如果出现了这种疏离，那么它通常发生在人到中年时。对于高敏感者来说，我认为这是一个循环往复、不断找寻的过程，在这个过程中，我们可能找到或似乎找到了我们想要找的东西，但旋即又幻灭。也可能在这个过程中我们会完全受阻，或中断这个过程。根据爱丁格的观点，以及我个人的经验，所有这一切在很大程度上受到童年经历的影响。

例如，在这个过程中，有些人会固着，他们与本我完全混在一起，就像婴儿一样。他们可能会进入某种恢宏的精神境界中，相信自己是明智的，他们被上帝选中来进行某项运动或完成某种伟大的使命。我们必须小心判断这种情况：这些人有可能在童年期被过度溺爱——就像我们在第三章里面提到过的那些矛盾型依恋的个体——或者是那些在情绪上或身体上被忽视、被虐待的个体，他们会无意识地黏附于本我，在这个充满敌意的世界里防御对被遗弃的恐惧（对自恋的恐惧，或逃避型依恋）。

你也可能固着于这个过程的另一个极端，处于一种完全的疏离状态。在那些被父母突然遗弃或者对本我极端失望的儿童身上，这种情况比较常见。高敏感者可能出于恐惧而远离本我。或许在你的儿童时代，你周围的成人对你过于强势，过度刺激，你会把本我投射到他们身上。也可能你的父母利用你来达成他们自己的愿望——例如，希望拥有一个天才儿童，或有一件小棉袄，或更极端的性侵儿童。作为一个成人，你可能会绝望地想要接近本我，但又在无意识里担心被压迫或虐待。如果你不能像小孩一样拥有本我的边界，这些恐惧就会被强化。如果自我不能掌控自己，那么它有可能被本我碾成泥，这是事实。

自我 - 本我的依恋风格

我和爱丁格都不会把你与精神之间的关系本质完全地归咎于你童年时代的问题。但一直以来，研究都发现，人们脑海中关于上帝的形象与他们关于自己的形象非常相似，这其实并不令人惊讶。举例来说，那些具有高自尊的人往往也认为上帝是仁爱的。说到依恋风格（见第三章），社会心理学家李·柯克帕特里克 (Lee Kirkpatrick) 和菲尔·谢弗 (Phil Shaver) 发现，相对于非安全型依恋的个体，安全型依恋的个体觉得上帝更加仁爱一些，不那么疏离和强控制欲。（安全型依恋的个体并不比其他人更容易信仰宗教或精神——高敏感者倒是更可能如此。但是如果他们真的如此的话，他们的精神是积极的。）在那些非安全型依恋的个体中，回避型个体（他们同时具有拒绝型和恐惧型依恋的一些特征）正如我们所预料的那样，更有可能是不可知论者，回避所有的关系问题，对所有的事情都不抱希望。然而，回避型依恋的个体最容易经历突然的宗教转变（这种依恋风格的人中有 44% 的人会出现这种情况，但其他依恋类型的人中只有 10% 会出现这种情况。）

矛盾型依恋的个体更可能走向极端——要么是热心的无神论者，要么会有强烈深刻的体验，如“言语混乱”。这些现象原本是你认为会在焦虑、矛盾的个体的关系中看到。他们对依恋高度关切，包括他们对本我的依恋。

正如我在第三章里说的那样，高敏感者成为不安全依恋型个体的可能性并不比其他人高——对所有人来讲，这个概率都是对半开。当说到对本我或上帝的依恋时，考虑到你的灵性天赋，你可能会形成更加安全的关系。然而，如果你和自己的早期照料者之间形成的关系是非常不安全的，那么你需要记住贡纳 (Gunnar) 的研究所带来的启示，即相比于其他的儿童，敏感的非安全型依恋的儿童往往会认为新异的体验更加具有威胁性。如果你的生活背景恰好如此的话，当你思考宇宙的时候，它几乎不可能是非常安全的。考虑到你的自然精神倾向，你可能会求助于上帝，把他作为一个安全感的来源，但如果你的经历和你的哲学思想都充满了深深的不安全感，那么你很难相信这种安全感是真实的。

自我－本我轴对非安全型依恋背后的东西的解释对于高敏感者来说尤其有用。例如，它有助于解释为什么童年期的非安全型依恋会导致高敏感者比非高敏感者在成人期出现更多的抑郁和焦虑。我们认为，缺乏慈爱的父母/本我在逻辑上会导致这一后果——宇宙是虚无的。他们有无数的理由感到绝望、没有价值。根据爱丁格的观点，当父母拒绝孩子时，双方都会在无意识里将父母看作上帝。即，父母“过度膨胀，把自己当成了上帝”，孩子把父母/本我的拒绝“看作不近人情的、彻底的、无可挽回的”。这就是发生在敏感性儿童身上的事情。

理解了童年时期的创伤对自我－本我的伤害，我们也就能理解宗教的好处了，它告诉人们上帝有多爱我们，有多接纳我们。但是非安全型依恋个体内心深处的一些东西还是难以改变的。

受阻的自我－本我轴和爱情

现在我们回到自我－本我轴对成人期爱情的影响这个话题上来。当我们经历了伴侣的拒绝时，即便他们不是真的如此（或并不像我们投射的那样严重），我们也可以说，我们投射出来的本我体验是拒绝性的。在这个意义上，我们可以说，依恋风格的“内部模型”就是我们在自我－本我轴上的位置。

让人称奇的是，那么多的人，尤其是高敏感者，即便在儿童时期遭受了虐待，或者在成人期被创伤所击溃，他们仍然如此信任上帝，仍然如此艰难地谈恋爱（回想一下回避型依恋个体的突然转变）。有人可能会说，这证明我们确实有一个梦想、一个原型——或多或少是无意识的——与本我有强大的、稳定的联系。我们诞生自这种关于本我的记忆，无论我们感觉到多么疏离，轴一直在那里。如果我们试图去信任本我，或陷入爱情

（我暂时将二者等同起来），我们就仍然有可能变成安全型的，在一个足够友好的世界里与一个足够友好的他人建立起足够友好的联系。

问题回到了变得安全上（见第三章）。但是现在这个问题与精神安全完全交织在一起。即，如果一个人与本我没有亲近感和安全感的话，那么很难与另一个人亲近并感受到真正的安全。然而，有关依恋的研究也表明，如果一个人在与他人的关系中不能亲近或感受到安全的话，那么他也很难与本我亲近。我们都有关于爱情的梦想/记忆，我们都有关于本我的梦想/记忆。但是我们中的一些人很难相信这个梦能实现，或者这个记忆是真实的。

治疗自我－本我轴

现在我们可以用一种新的，自我－本我轴的方式来思考指向安全依恋风格的“路标”（我在第三章里提到的）。例如，这两种方式的疗愈性方面——对你自己有耐心，有新的、更加安全的体验——其实就是对本我的接纳。

本我的接纳

聪明的治疗师在治疗过程中都会首先在来访者头脑里树立这样一种观点，即他们所有的想法或感受都是被接纳的（尽管把这些想法付诸行动可能是不被接纳的）——它们都是本我这个整体的一部分，而不是我们去害怕或者去疏离它的原因。接纳每一种冲动、每一个方面，无论它们看起来多么不道德，这对本我的重建非常重要。在人们感觉到自己和上帝的爱是安全的之前，每个圣教徒都必须面对他或她内心深处的罪恶想法，并且觉得上帝知道这些想法，谅解了这些想法，甚至这些想法就是上帝给予的。

难怪用爱丁格的话来说，“治疗师变成了病人生活和思想的中心。治疗成为这段时间的中心任务。在混乱和绝望中，产生了意义和秩序”。在接纳治疗师的过程中，来访者与治疗师形成了脐带连接，这个脐带接纳自我，哺育它，使它与本我更接近。

无论是在心理治疗，还是在宗教或者其他领域，当一种关系能够接纳人性中最黑暗的部分时——为了生存，非安全者从一开始就学会了隐藏它——这种关系能够最大限度地帮助你建立安全感，生出信任自我和他人的勇气。但是这种接纳需要持续很长一段时间才行。

第三章里给出的其他建议也可以相应地用自我 - 本我轴这一术语来理解：悲痛会使你体验所有的感受、情绪和身体反应，这些都是本我发出的信息，就像是梦里出现的意象和符号。个体化和冥想可以被简单地看作那个轴上更接近本我的方式。

关于梦和治愈

做梦是接近本我、了解本我的最好方式之一。每次，当你在白天里记起某个梦境并回味它时，你就会洞察一些你从来没有思考过的东西。梦来自何处？每个宗教都说，梦是本我向自我发出的信息。一个例子如下文描述：

> 在梦里，在夜光幻影中，当人们躺在床上，沉沉入眠时，上帝开始教诲，他的至理名言使人们充满了畏惧。他阻止他的鲁莽行为，检

视凡人的骄傲，将他从万丈深渊前拽回来，阻止他跨过那条死亡之河。

在这段话里，对本我的意识使我想起了我们的父母，他们对我们关爱而又固执，过马路的时候他们紧紧抓着我们的手——他们希望能将我们从万丈深渊前拽回来，他们吓唬我们，让我们不要穿过那条死亡之河，进入一个与本我隔离、充满绝望的地方。

如果你做梦不多，这可能意味着你在逃避（“本我与我没有关系”）。我希望你能再试试。如果你能注意到最小的细节（并有足够的睡眠），那么梦自会发声。你可能需要帮助来理解它们对你所说的话（它们会用一种独特的语言来跟你说话，但即便如此，诸梦之间仍然有一些共同的“语法”来帮助我们解析梦）。你可以从这本书里，或者研讨会上，或者荣格主义学者的治疗中获知这些。但是梦自会发声。

内在爱人指引我们与本我建立稳定的亲密感

内在爱人——这一特殊的、神秘的人物，我们在第二章里已经介绍过了，但是从精神的角度来看待这个问题会提供一些新的理解。例如，为什么异性对内在生活来说经常是如此重要？只有这一奇怪的、不同性别的人能够承载你生命中那些最奇特的，甚至是分裂的部分，他或她渴望与你交合、融合或创造。你越喜爱这个内在爱人，你就越完整——你离自我对本我的接纳，以及本我对自我的接纳更近。

然而，我并不希望暗示，你的梦，或者你积极幻想的与内在爱人的交往只是一个符号，它标志着你在整合自己情结的另一极的过程中取得的进展。内在爱人指本我如何以一种人类可以理解的方式与我们建立起联系，你需要做的就是像呵护你与外在爱人之间的关系那样呵护你与内在爱人的关系。然而，你的内在爱人首先出现在你的梦中——当你梦到外在爱人、过去的爱人，或者一个完全陌生的人，或者一个全新的人物时——最后，当你意识到他或她并对他或她做出反应时，他或她会合体并变得栩栩如生。内在爱人对我们来说是一个巨大的安慰，会成为我们安全感的来源，指引我们通往本我，或者是一个更容易接近的本我的替代品。

当我们离本我越来越近，有时候这种愉悦的状态会以梦境来表达，在梦中，我们与内在爱人举行了一场不同寻常的婚礼。其他一些有关婚礼的梦境，比如说，在去婚礼现场的途中遇到了困难，或者拒绝出席婚礼，或者只是婚礼上的一名服务员，可能预示着，在你们彼此爱慕之路上或者在整合另一个截然不同的你的道路上出了一些状况。弗洛伊德认为，关于性或者性障碍的梦境通常预示着与本我或者本我中的另一性的关系，而与真正的性完全没有关系。

如果自我－本我轴需要切实的治疗，内在爱人也会有所提示，以令人不安的梦境人物出现，用这些符号来表达在自我和本我的亲密关系中存在的各种扭曲。例如，如果你把本我投射到了某个人身上，而这个人拒绝了你，你到现在仍然被这种拒绝所影响，那么你的内在爱人会以一个苛责的、缺乏支持的或者拒绝的，甚至是嘲弄的形象出现。

对这个潜在消极的内在爱人的“修复”过程与你修复外在关系的过程很相似。当你在修复这一端时，另一端发生了变化。在双方的博弈中，你唯一需要学习的是臣服于这种亲密联结。否则你就必须捍卫你自己，或者更多地接受、聆听或说服他或她去改变。通过梦境，本我会告诉你这一进程。

例如，艾丽斯（第三章里提到的那个正在治疗对遗弃的恐惧的高敏感者）尚不能够冒险去体验爱与被爱，因为对她来说，爱情最重要的一点就是，再爱的人也有远走的一天。当她开始进行内在修复时，她梦到她喜爱的一只狗死掉了（似乎她的心智不足以承受失去爱人这样的梦）。在这个梦里，她清楚地知道她自己对于这次丧失很困扰，但是她却不能去体验任何情绪。她的内在爱人以修道士的身份出现（这具有象征意义，这人根本不是她能结婚的对象），为死去的狗作法。在作法的过程中，他不能自已地为她哭泣，为她的丧失而哭泣。艾丽斯听到了他的哭声，她能感受到悲伤从心底升起，不受意志控制，她终于控制不住自己，在修道士作法的过程中放声大哭。但是没关系——没有人在意。自那之后，她在梦中感受到了强烈的、难以诉说的悲伤。但是，通过这件事，她在一定程度上可以承受这种悲伤了，因为修道士即便在哭泣的时候仍然在作法，这显然是出于对她的爱。

你是如何处理这种内在关系的呢？你可以再次通过关注你的梦境，来开始你与内在爱人的浪漫之旅，并通过积极的想象来强化它（第二章中描述过）。当你们对彼此的爱生根发芽时，你们将开始进入我所谓的与本我亲密的生活中。

与本我亲密的生活

随着个体化进程的持续，始于本我的亲密、远离乃至完全的疏远这一闭环结束了。你的梦境和积极的想象越来越强烈地提示你，你所接收到的信息和符号是来自深度卷入的本我的信号。你也会开始经历很多的外在事件，这也是来自本我的信号。似乎不仅你的那些可接受的和不可接受的方面之间的撕裂变小了，而且意识与无意识之间、内在生活与外在生活之间的分歧也变小了。我的看法是，这就是高敏感者的生活方式。

理解这一情形（荣格和后来的荣格主义者将生存称为“符号生活”）的一种方法就是比较这种撕裂治愈前的生活和撕裂治愈后的生活。由于与本我疏远，外在生活看起来如此平庸、缺乏意义，尤其对于高敏感者而言，它确实让人感觉像“在悬崖边上……在死亡之河里”。为了消除这种空虚感，你很可能在无意识之中将本我投射到一些真实的事情上，比如工作中的一个大项目，养育一个完美的小孩，甚至是类似于酒精之类的东西（精神而不是圣灵）。你通常会选择那些让你做这些事情的蠢专家或牧师，或者一场不可能的爱情。这种行为由那些盲目的、本能的精神渴望驱动，并被那些强大的个人情结放大，比如，婴儿期未被满足的爱的需求。这是一种“不计后果的行为”，是一种完全没有与本我亲密的人生。

回头看马克和琳达

马克和琳达（第五章提到过）是一对夫妻，他们因为琳达的几段艳遇直至婚外情而陷入挣扎。琳达绝望而盲目地寻找本我——这是马克（或其他任何人）无法做到的。尽管一开始，她觉得似乎找到了自己在其精神导师那里寻找的东西，弄清楚了她把本我投射到了谁身上，但是最终她发现了自己在精神层面所追求的东西。但是她那明智的精神导师拒绝了这种投射，并告诉她要守护她与马克的婚姻，这是她通往精神之途的必经之路。也就是说，她应该把马克看作本我给予她并希望她处理的东西，而不是弃之不顾，也不是通过婚外情来解决。婚外情不会让她离本我更近，也不会让她将自己那些分裂的部分整合起来，例如，应在面临诱惑时仍然忠于马克的部分。将她的艳遇看做她需要离本我更近一些的表达最终减轻了马克和琳达离婚带来的痛苦。

为什么与本我亲密也被称作“符号生活”？

符号是本我亲密的核心。荣格主义者认为，符号就是那些不为人知或者无法用言语来形容的神秘事物的指针。（而标记，例如停车标记，指的是那些很容易用言语来表达的事物。）但是，符号也意味着：符号带有本我的信息和本我的能量。它们是活的——像任何一个爱人一样鲜活。如果你没有意识到这些鲜活的能量是什么，你就可能会盲目地顺从它们或者按字面意义去理解它们（不是把它们作为符号），把它们投射到这世上的人与物上。

例如，吉莉安，一位高敏感女性，也是一个快乐的、年轻的已婚妈妈，在一天的马术课后，发现自己迷恋上了马术教练。他是国际马术比赛的冠军获得者，据传有过短暂的、极具爆炸性的婚外情，尽管与他产生婚外情的女士据说流露出些许遗憾之情。吉莉安被他深深吸引了，但这是这个敏感的、尽责的妻子和妈妈最不愿意发生的事情。我所能告诉她的（不完全是原话）就是她对这个男人所产生的感觉是本我发出的信息，意味着当下的她忽视了她自身的一个很重要的方面——自我愉悦的、野性的、自由的人。通过性和马来接近本能，我们必须私下里了解马的兽性思维才能像冠军一样来驾驭它们。这就是马术教练，作为一个符号，所象征的东西。她可以选择按字面意思来理解这一符号，发生婚外情，或者，说得更确切些，她可以选择像她的内在爱人－骑马者那样做。但是，当然，无论她想怎么做都会毁掉很多人，这些想法太可怕。然而，如果她从更抽象的角度来看待这些感受，它们就不那么可怕了——它们是从本我发出的迫切警示，警示她的生活片面，太过于自我牺牲，与本能缺少联系。

但也并不是说我们要从如此抽象的角度看待任何事情，那样的话我们什么事都不用做了。重要的是，如果我们能够体面地做这些事情的话，我们最好根据本我发出的信息来行事。在吉莉安的例子中，或许她以后能够骑马出现在马术秀中，也或许无论什么事情对她来说都一样。（如第七章所述，如果她的家人足够聪明，那么他们会鼓励她，意识到牺牲她的希望从长远来说对她及其家人都不好。）

高敏感者通常特别关注做自觉的、有道德的选择。为了做到这一点，你的选择必须是真正的选择，而不是被某种你自己都不知道的力量支配。对于那些无意识的冲动，高敏感者并不比其他人具有更好的免疫力——我们的免疫力或许更低。因此你需要变得擅长分析那些从本我发出的、隐藏在欲望之中的象征性信息。

你甚至要理解，你生活中所遭遇的大部分事件都是来自与本我的交流，因而在你的生活中，似乎一切都是因果循环，不偏不倚。我喜欢爱丁格的隐喻：生活中的事，无论是好的坏的，都像是生活的佛珠串上的那一颗颗珠子，象征着在自我和本我之间发生的一次次神圣的相遇。

乔希和带水者

最后一个例子。乔希，一个社交退缩、恐惧的高敏感者。他试图解决这个问题，因此参加了一个教授组织的关于社交技巧的治疗小组，

服用了百忧解，甚至开始思考他那拒绝的母亲和缺位的父亲如何降低了他的自尊，从而导致他害怕被社会拒绝。但是在他的例子里，这些往常有用的方法都不管用了。

有一天晚上他做了一个梦。他梦见有一个怪物抓住了他，他拼命反抗，但是毫无作用。也就是说，本我在告诉他，社交技能训练或者百忧解或者沉思都不能杀死这个怪物。

乔希又多次梦到了这个怪物，它以各种形象出现——梦到一个女巫把他变成了石头，梦到他在沙漠里渴死了，梦到他被蜘蛛挂在网上。在一些知道如何释梦的人士的帮助下，他开始思考每一个梦境代表什么含义。如何对付女巫呢？许多关于精灵的传说给出了对付这些典型的邪恶人物的典型答案。但是在他的生活中，女巫是谁呢？蜘蛛是什么？它是绿色的，为什么是绿色的？关于蜘蛛，他想到了什么？它们都是不好的吗？

有天晚上，他梦到了一个神秘的女人，给沙漠里的他带来了水。现在这激起了他的兴趣。无论他是否清楚地知道，他都意识到了，本我在向他建议一些治疗方法。但是为什么是这个女人带来了水？他希望从这个女性身上得到什么？他一直觉得他自己太女性化了。但或许他不是。因此，自我和本我之间的对话开始了。他不再受那不加区分、强制性的本能驱动并退缩了。它有一些特征，他知道该如何应付它了。这些想法并不是来自书籍或者治疗师（尽管，在一开始的时候，人们需要学习如何来解码），梦境、信息、智慧帮助他到达了他的内心。

只是，一些问题的答案来自内在这一事实，开始影响乔希在社会情景中的恐惧、退缩的需求了。他甚至开始质问自己，他究竟是不是自己所认为的那个肤浅的、无趣的人。他想弄清楚他是否真的如此孤独，即便他从未结过婚。他的人生真的是毫无希望、毫无价值的吗？

就与本我亲密的生活而言，乔希在一开始的时候并没有线索。他完全被害怕受伤害的本能恐惧给揪住了。但是本我通过他的梦境告诉他，他表现得好像自己被怪物抓住了，或像被网困住的一只昆虫。他被抓得这么紧，沉浸在这种处境中，以至于他把它们都表现出来了。他曾经是被怪物控制的人，被蜘蛛网困住的昆虫，他还可能与那个第一个给沙漠里的他带来水解渴的女人开始恋爱。但是，当他更多地意识到内在人物是一个符号时，他开始利用那些符号里的信息来摆脱、处理他那些纯粹无意识的、本能的反应。他已不再被怪物或蜘蛛支配，也不再对给他带水的人充满感激。那些令他恐惧或着迷的形象被提升到另一个层次上了，被赋予意义。他的本能在一定意义上被教化了。

教化与意识有关，意味着对本我进行选择，考虑这些象征符号所揭示的所有后果。这种教化的、象征性的影响是高敏感者特有的。这就是为什么武士国王通常会求助于高敏感的咨询者，让他们帮忙解释他们的梦境。

当所有的心理状态，即便如恐惧或害羞，都被看做是自我和本我之间神秘的相逢时，我们已经完成了精神生活的大多数目标。接下来，即便我们面临最大的恐惧或丧失，甚至是死亡，我们也能够找到这种神秘的相逢。像乔希那样害羞是一个不错的选择。

两种象征性生活的结合

几乎每一种宗教和精神传统都提倡在别人的陪伴下完成宗教仪式和活动。这种方式使精神活动更加强大。同时，与我们爱的人一起肩并肩完成这些仪式和活动能够扩展、治愈一些关系，这是其他任何事情所不能做到的。如果你处在某种关系中，并且还没有与他人一起进行过参加仪式、冥想、祈祷，或宗教服务活动，那么这对你来说可能是很重要的一步。

当然，我们不能指望用精神来解决关系中的所有问题。它点亮了顶层之光，而其他一些更艰难的工作，如交流、理解人类心理——我们的情结、创伤、本能、象征性表达——使得低层之光得以继续。肩并肩一起完成这些工作，既不靠近，也不远离，只是巍巍屹立，两个人终将变成两座灯塔。

但是，从远处来看，它们似乎是光明之城的一部分。在众多不断重复的有关本我的梦境符号中，其中一个就是圣城，尽管打心底来说，我是一个乡村女孩，但此刻我也在幻想，爱就是回到那个城市的家，成为有戒律、有生命的——一座塔，或两座，在光的地平线里。

因此，什么是爱？

在这本书行将结束的时候，我们开始以一种激进的新方式来理解爱了。在第四章中，我将爱冷冰冰地定义为对与某一个特殊的人建立、维持一种亲密关系的渴望，但现在，我们知道，这个特殊的人可以是能够让我们将本我投射到他或她身上的任何人。因此，在一定程度上，所有的爱情都指向本我。你和自己的爱人进入圣城，肩并肩地站在那里，像地平线上的两座塔。即使我们爱的是一辆汽车或一只狗，当然，也可能是爱母亲、朋友、爱人，我们也会试着进入本我、爱本我。

我认为，这并不意味着，爱一个人会妨碍我们看清真正的目标——本我，像一些精神传统所暗示的那样。爱的作用远不止于此。首先，因为他或她并不是本我，每个爱人都会让我们失望，所以我们会不断向内寻找，直到我们找到我们想要的。但是，有一些人类的爱似乎是通往本我的路径，就像苏菲派所描述的——从无我到永存，从一开始看到爱人的神性到把爱人看作神性的一部分（记住第四章里关于这些的描述）。要想使这种转变发生然后稳定直至能够度过各种风雨，你和你的爱人需要时间。

那些处于长期爱情中的高敏感者

高敏感者希望建立长期的关系——我们深入思考过这个问题，认为这里是最有潜力深入探讨的（即使大多数情况下，随着时间的推移，关系越来越不令人满意，有一半的婚姻都以离婚收场）。或许我们有一些不那么美好的理由来期望关系的稳定——我们讨厌改变，我们讨厌拒绝或被拒绝，我们意识到结束一段关系不可避免是痛苦的，其他的选择也不一定更好。

无论坚持的理由是什么，人们需要各种各样的长期关系来促进与本我的亲密，也需要用与本我的亲密来加深长期的爱。荣格认为，尽管他很内向，但个人成长毫无疑问需要在关系中才能实现。

> 与他人无关的人缺乏完整性，因为人只能通过心灵达到完整性，而心灵若缺了它的另一极则无法存活，而这另一极经常在“你”身上。完整性是我和你的结合，它们和谐统一，人们只能象征性地抓住它们的本质。

在某种程度上，荣格说，我们可以与自己的爱人一起面对我们的阴影和情结，停止投射，接纳由我们的人格和气质导致的局限性，通过一些我们所缺乏的过程，超越这些局限性，变得更加完整。但我认为，还不止于此——这还意味着，关系是本我的一部分，是本我回指向本我的一种新符号。

或许，不是每一种关系都让我们觉得它来自本我又回到本我。但是，当某种关系的确如此时，我认为它是命中注定的。我喜欢的一个例子是诗人罗宾逊·杰弗斯 (Robinson Jeffers) 和尤娜·考尔·库斯特 (Una Call Kuster) 的爱情。杰弗斯的诗盛名在外，他的诗大多写于二十多岁时，都是关于他在加利福尼亚的荒岛南蒙特雷上发现的意义的。很明显，他是一个高度敏感的人，当他和尤娜在洛杉矶的高级德语研究生课程班上相遇时，他深深地爱上了尤娜。她是一个充满活力、充满激情、受过良好教育的女性，能够欣赏他的深刻。不幸的是，她已经结婚了，她的丈夫是一个有魅力但是肤浅的商人，他们俩唯一的共同点就是那个让他们相遇的洛杉矶的上流社会圈子。

罗宾逊和尤娜不断地尝试放弃他们的关系，他们主动分手了，但是一年之后，罗宾逊从圣迭戈回到了洛杉矶，在他到达洛杉矶一个半小时之后，他就在街上遇到了尤娜。荣格认为，这种偶遇就是一个符号，这是不能忽略的。经过挣扎——当然是由于公众的流言蜚语——他们结婚了，在一起生活了四十五年，直到她去世。他在海滩上找到一块坚硬的地方，用双手为她建了一个小房子和一座塔。当他建托尔塔时，他写出了他此生最好的诗。他把塔和诗都献给了他的爱情。

像罗宾逊和尤娜那种命中注定的神圣爱情似乎有它自己的生命。两个人相遇后，产生了一些新事物——第三者，即伟大的爱情本身，它是出现在两个相爱的人之间的本我。这个第三者对两人提出了要求——比如，尤娜和罗宾逊承受了流言蜚语，他为她建造了一座塔，留下了他的诗。

浪漫的爱情并不是唯一让人觉得命中注定的、神圣的、由本我导向的关系。友谊也可以是。人们可以在同一时间拥有不止一种这样的关系。在亚瑟王 (Arthur)、吉尼维尔 (Guinevere) 和兰斯洛特 (Lancelot) 的例子中——历史上最让人觉得命中注定的、神圣的、痛苦的三角关系——每一对都与另一对存在这种关系，三个人在一起也是如此。

无论这种似乎由本我注定的关系以什么样的形式出现，它变成了——像一个重要的梦——来自本我的信息，来自精神导师的教诲。它要求你的奉献、顺从以及谦卑的服务，作为回报，你有时候可以沉浸在它的极乐之中。但是，如果它要求你们两个人打斗的话，你们就必须打斗——用黑尔乐 (Haule) 在《疯狂牧师》(*Divine Madness*) 中所用的术语来说，成为“有价值的对手”。如果它要求你原谅，那么你就原谅。如果它要求你坦白自己的罪行，那么你就坦白。它甚至会要求你们放弃彼此的物理存在，但这也是为了爱情，它牺牲了你们两个人对本我的愿望，它仍然是神圣的，甚至比以往更强大。

人们如何知道本我的意志呢？通常而言，它会通过梦境、符号、“巧合”或者日常生活中的其他标记来告诉你，或者它会通过隐藏在凡间的那个玄幻的、神秘的世界来告诉你。你和我，作为高敏感者，尤其热衷于弄清楚本我的意志，关注它，尽我们所能来实现它，这样做使我们保持了自我和本我、爱人与爱的完整性，拥有了完整的人生和发展。可以说，它是我们的圣杯。

回想一下亚瑟王、吉尼维尔和兰斯洛特的故事，有人可能好奇为什么吉尼维尔和兰斯洛特的爱情没有受到上帝（或者讲故事的人）更多的惩罚，两个人的奸情不仅背叛了亚瑟王，也使柯莱特 (Camelot) 受到了打击。但是就如黑尔乐在《疯狂牧师》中指出的那样，人们忘记了所有的目标——亚瑟王、他的王位、梅林、圆桌、兰斯洛特、吉尼维尔和柯莱特，它们都是圣杯，是本我的符号。在寻找本我的过程中，每一种精神传统都告诉我们，对所有参与其中的人来说，会有一些奇怪的要求和黑暗时刻，对于任何新生事物来说，都有一些旧事物必须死去。

高敏感者特别不希望发生任何变化或者死亡，因此这条信息是很重要的：在长期关系中，你必须做好准备来接受这一事实，即为了使本我重燃激情、精神获得重生，你的友谊会遭遇背叛，或许是通过一场可怕的打斗。重要的是，你必须做好准备，在你的柯莱特（形象地来说，或许是你们一起承担的项目，你们建起来的温馨的家，或者你们养育的孩子）倒下时进行挽救。你不仅要为你的柯莱特的最终倒下做好准备，也要为你们两个人中的任何一人的死亡做好准备。

当兰斯洛特和吉尼维尔最终各自回到了修道院独自生活时，我们往往把它看作一种赎罪。但是或许它更像是他们的爱的下一个阶段，即我们在第四章里讨论过的永存。本我把他们带到了这样一个层次上，以至于他们对各自的宗教生活和死亡都能泰然处之，因为两个人已经融为一体。圣洁的精神使他们不再需要对方的物理存在，他们能够在本我里享受更加满意的婚姻。

现在，是告别的时候了

像兰斯洛特和吉尼维尔一样，是时候告别，去享受更加微妙、更持久的关系了。写下最后这几行字对我来说是很困难的。我感觉到了丧失。你们和我已变得亲近起来。我一直感受着你们的存在，尽管我不知道你们的名字。我也曾试图去想象你们的需要、你们的问题、你们的困难。但这都是我敏感的天性造成的——你们也可能会对我做同样的事情。

也正是由于这种敏感的天性，讨厌这样的告别。但是我的内在爱人，一个睿智的男人，试着帮助我来度过这种转折，告诉我任何一个开始都需要一个结束。因此，我安慰我自己，你们可能与某些人有了新的开始，内在的或外在的，男人或女人，开始了新的神话，或者到了神话的一个新章节。我们梦想着一往无前。晚安。[①]

① 本书中的绝大部分内容都有研究结果或其他证据的支持。如需英文参考文献，可向出版单位索取。——译者注

译后记

芸芸众生中，有人天生善于关注细微线索和不起眼的事情，喜欢全面而深刻地思考，为人处世总是谨小慎微，对周围的人抱有更强的“防御”态度。我们总会想当然地认为这类人过于敏感而“不好”相处。实际上，我们可能并没有发现他们身上的长处，没有走进他们的心灵。甚至很多时候，我们自己本身在某些方面也很敏感，只不过我们不自知而已。两个高敏感者，或者一个高敏感者与一个非高敏感者在亲密关系中该如何相处？这是被我们很多人经常忽视的一个问题。亲密关系或者婚姻关系不同于普通的社会关系，伴侣之间要朝夕相处，互相包容和接纳，尤其如果一方或双方都是高敏感者，更是需要恰当的相处之道。

或许你正徘徊在寻找爱情的道路上，或许你正处于炽热的恋爱中，或许你正为婚姻中的柴米油盐诸事而烦心。如何经营好自己的亲密关系或婚姻关系是每个人都要面临的命题。《亲密关系：敏感的心灵该如何安放？》这本美国著名敏感性人格特质的研究专家伊莱恩·阿伦博士的呕心之作将会使你拨云见日，豁然开朗。伊莱恩·阿伦博士在多年对高敏感者亲密关系的研究基础上，用通俗的语言详细阐释了高敏感者区别于普通人的心理特点，指出敏感性是天生的一种气质特点，容易受早期经历的影响，很容易被大众“误解”或标签化，并且在书中提供了判断自己是否是高敏感者的实用测验工具。她用科学翔实的研究证据和生动鲜活的案例分析了高敏感者害怕亲密的原因，以及如何摆脱这种恐惧的方法，这些对高敏感者了解自己并且克服亲密恐惧有实质的帮助。在此基础上，阿伦博士鼓励高敏感者自己要大胆去探索属于自己的亲密关系，而且要有准备地去投入和经营。她给不同敏感性和感觉寻求组合类型的伴侣给出了非常接地气的建议，这些建议都是出自她多年婚姻治疗的实战经验，具有非常强的操作性和实用性。此外，本书还从深度的精神层面分析了高敏感者在亲密关系中如何接近本我，探讨高敏感者在亲密关系中如何才能不迷失自己，找到自己内心的爱人，使自己具有实质的安全感。这一点会使得我们每个人深思自己心灵深处的自我，使我们在亲密关系中得到精神升华。因此，《亲密关系：敏感的心灵该如何安放？》是一本科学性和实用性很强的科普读物，它不仅仅适合于正在找寻亲密关系或者刚刚组建家庭的年轻人，也适合那些结婚多年的中年人或老年人。处于不同亲密关系阶段的人都能从中找到自己关心的话题。

本书是我与夫人张光珍博士及研究生翻译的第一部著作，因此，我们非常认真地对每一个语句和术语都进行了充分的斟酌，但由于水平有限，疏漏之处难免，敬请各位读者斧正。非常感谢我们的研究生吴安莲、杨韵、王桑、赵哲炜、严嘉新、梁淼，她们为本书的完成付出了艰辛的劳动。还要致敬中国人民大学出版社的张宏学编辑，没有她的邀请和鞭策，本书的翻译工作不会如此顺利。掐指一算，我和夫人结为人生伴侣已八年，在这八年中我们也遇到了本书中所述的部分问题，我们经历了甜蜜，也经历了为人父母，经历了冲突，但我们一直都在努力走进彼此的内心，使我们双方都拥有内心的安全感。希望本书的读者也能领会书中的精髓，接纳彼此的气质特点，找到各自内心的安全港湾。

梁宗保

2018 年 2 月 22 日于东南大学李文正楼

图书在版编目（CIP）数据

亲密关系：敏感的心灵该如何安放？/（美）伊莱恩·阿伦（Elaine N. Aron）著．梁宗保等译．—北京：中国人民大学出版社，2018.7

ISBN 978-7-300-25625-2

Ⅰ．①亲… Ⅱ．①伊… ②梁… Ⅲ．①心理交往－社会心理学－研究 Ⅳ．①C912.11

中国版本图书馆 CIP 数据核字（2018）第 049506 号

亲密关系：敏感的心灵该如何安放？

［美］伊莱恩·阿伦（Elaine N. Aron）著

梁宗保　张光珍 等　译

Qinmi Guanxi: Mingan de Xinling Gai Ruhe Anfang?

出版发行	中国人民大学出版社		
社　　址	北京中关村大街 31 号	**邮政编码**	100080
电　　话	010–62511242（总编室）		010–62511770（质管部）
	010–82501766（邮购部）		010–62514148（门市部）
	010–62515195（发行公司）		010–62515275（盗版举报）
网　　址	http://www.crup.com.cn		
经　　销	新华书店		
印　　刷	涿州市星河印刷有限公司		
规　　格	148 mm × 200 mm　32 开本	**版　　次**	2018 年 7 月第 1 版
印　　张	9.375 插页 2	**印　　次**	2020 年 4 月第 2 次印刷
字　　数	224 000	**定　　价**	39.80 元